国家出版基金項目
NATIONAL PUBLICATION FOUNDATION

陝西出版資金資助項目

「十二五」國家重點圖書出版規劃項目

關學文庫·關學文獻整理系列

總主編 劉學智 方光華

李復集

[宋]李復 著

魏濤 點校整理

西北大學出版社

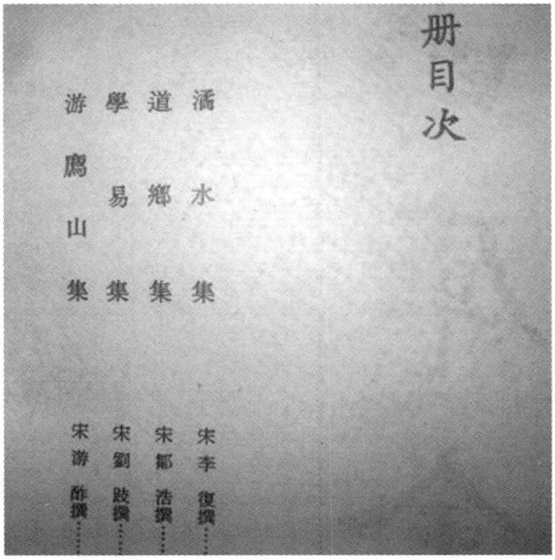
冊目次

《潏水集》書影（四庫全書文淵閣本）

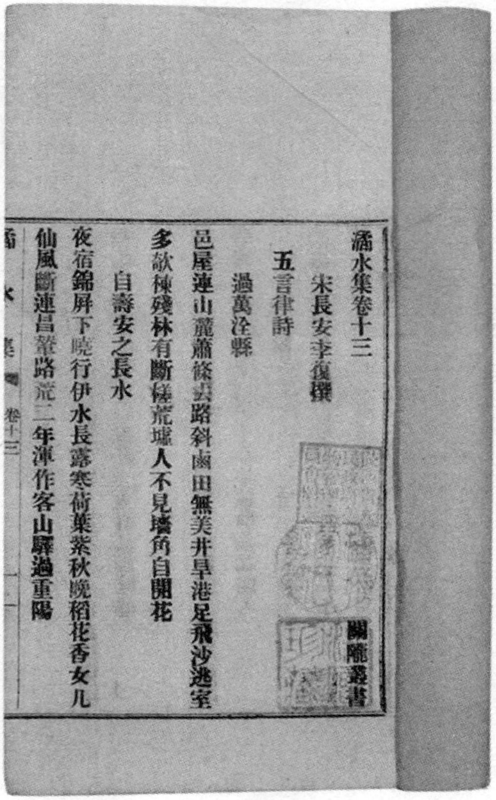
潏水集卷十三
宋長安李復撰
五言律詩
過萬泉縣
邑屋連山麓蕭條去路斜鹵田無美井旱港足飛沙逃室
多欹棟殘林有斷槎荒墟人不見墻角自開花
自壽安之長水
夜宿錦屏下曉行伊水長露寒荷葉紫秋晚稻花香女几
仙風斷蓮昌輦路荒二年渾作客山驛過重陽

關隴叢書本《潏水集》書影

總序

張載（一〇二〇—一〇七七），字子厚，宋鳳翔府郿縣（今陝西眉縣）人，祖籍大梁，宋仁宗嘉祐二年（一〇五七）進士。張載出身於官宦之家。祖父張復在宋真宗時官至給事中、集賢院學士，死後贈司空。父親張迪在宋仁宗時官至殿中丞、知涪州事，贈尚書都官郎中。張迪死後，張載與全家遂僑居於鳳翔府郿縣横渠鎮之南。因他曾在此聚徒講學，世稱「横渠先生」。他的學術思想在學術史上被稱爲「横渠之學」，他所代表的學派被後人稱爲「關學」。張載與程顥、程頤同爲北宋理學的創始人。可以説，關學是由張載創立并於宋元明清以至民國初年，一直在關中地區傳衍的地域性理學學派，亦稱「關中理學」。

關學基本文獻整理與相關研究不僅是中國思想學術史的重要課題，也是體現中國思想文化傳承與創新的重要舉措。關學文庫關學文獻整理系列以繼承、弘揚和創新中華文化爲宗旨，以文獻整理的系統性、全面性爲特點，是我國第一部對上起於北宋、下迄於清末民初，綿延八百餘年的關中理學的基本文獻資料進行整理的大型叢書。這項重點文化工程的完成，對於完整呈現關學的歷史面貌、發展脈絡和鮮明特色，彰顯關學精神，推動傳統文化創造性轉化、創新性發展無疑具有重要意義。因爲文庫關學文獻整理系列的各部分均有整理者具體的前言介紹和點校説明，我這裏僅就關學、關學與程朱理學的關係、關學的思想特質、關學文庫關學文獻整理系列的整體構成與學術價值等談幾點意見，以供讀者參考。

一、作爲理學重要構成部分的關學

衆所周知，宋明理學是中國儒學發展的新形態與新階段，一般被稱爲新儒學。但在新儒學中，構成較爲複雜。比較典型的則是程朱理學與陸王心學。南宋學者呂本中較早提到「關學」這一概念。南宋朱熹、呂祖謙編選的近思録較早地梳理了北宋理學發展的統緒，關學是作爲理學的重要一支來作介紹的。朱熹在伊洛淵源録中，將張載的「關學」與周敦頤的「濂學」、二程（程顥、程頤）的「洛學」并列加以考察。明初宋濂、王禕等人纂修元史，將宋代理學概括爲「濂洛關閩」四大派別，其中雖有地域文化的特色，但它們的思想內涵及其影響并不限於某個地域，而成爲中國思想文化史上重要的一頁，即宋代理學。

根據洛學代表人物程顥、程頤以及閩學代表人物朱熹對張載關學思想的理解、評價和吸收，張載創始的關學本質上當是理學，而且是影響全國的思想文化學派。過去，我們在編寫中國思想通史第四卷、宋明理學史上册的時候，在關學學術旨歸和歷史作用上曾作過探討，但是也不能不顧及古代學術史考鏡源流的基本看法。

需要注意的是，張載後學，如藍田呂氏等，在張載去世後多歸二程門下，如果拘泥門戶之見，似乎張載關學發展有所中斷，但學術思想的傳承往往較學者的理解和判斷複雜得多。關學，如同其他學術形態一樣，也是一個源遠流長、不斷推陳出新的形態。關學沒有中斷過，它不斷與程朱理學、陸王心學融合。明清時期以至民初，關學的學術基本是朱子學、陽明學的傳入及與張載關學的融會過程。因此，由宋至清末民初的關學，實際是中國理學的重要組成部分，它是一個動態的且具有包容性和創新性的概念，它開啓了清初王船山學術的先河。

關學文庫關學文獻整理系列所遴選的作品，結合學術史已有研究成果，如宋元學案、明儒學案、關學編及關學續編、關學宗傳等，均是關中理學的典型代表，上起北宋張載，下至晚清的劉光蕡、民國初期的牛兆濂，能够反映關中理學的發展源流及其學術內容的豐富性、深刻性。與歷史上的關中叢書相比，這套文庫文獻整理更加豐富醇純，是對前賢整理文獻思想與實踐的進一步繼承與發展，其學術意義不言而喻。

二、張載關學與程朱理學的關係

佛教傳入中土後，有所謂「三教合一」説，主張儒、道、釋融合滲透，或稱三教「會通」。唐朝初期可以看到三教并舉的文化現象。當歷史演進到北宋時期，由於書院建立，學術思想有了更多自由交流的場所，從而促進了學人的獨立思考，使他們對儒家經學箋注主義提出了懷疑，呼喚新思想的出現，於是理學應時而生。理學主體是儒學，兼采佛、道思想，研究如何將它們融合爲一個整體，這是一個重要的課題。從理學產生時起，不同時代有不同的理學學派。譬如，在「三教融合」過程中，如何理解「氣」與「理」(「理」的問題是迴避不開的，華嚴宗的「理事説」早在唐代就有很大影響)的關係？理學如何捍衛儒學早期關於人性善惡的基本觀點，又不致只在「善」與「惡」的對立中打圈子？如何理解宇宙？宇宙與社會及個人有何關係？君子、士大夫怎麽做才能維護自身的價值和尊嚴，又能堅持修齊治平的準則？這些都是中國思想史中宇宙觀與人生觀的大問題。對這些問題的研究和認識，不可能一開始就有一個統一的看法，需要在思想文化演進的歷史進程中逐步加以解決。宋代理學的產生及不同學派的存在，就是上述思想文化發展歷史的寫照，因而理學在實質上是中國思想文化的傳承創新，具有重要的歷史意義。

張載關學、二程洛學、南宋時朱熹閩學各有自己的特色。作爲理學的創建者之一，張載胸懷「爲天地立心，爲生民立命，爲往聖繼絶學，爲萬世開太平」的學術抱負，在對儒學學説進行傳承發展中做出了重要的理論貢獻。北宋時期，學者們重視對易的研究。易富於哲理性，張載通過對易的解説，闡述對宇宙和人生的見解，積極發揮禮記、論語、孟子等書中的義理，并融合佛、道，將儒家的思想提升到一個新的高度。

張載與洛學的代表人物程顥、程頤等人曾有過密切的學術交往，彼此或多或少在學術思想上相互產生過一定的影響。宋仁宗嘉祐元年(一〇五六)，張載來到京師汴京，講授易學，曾與程顥一起終日切磋學術，探討學問(參見二程集河南程氏遺書卷二上)。張載是二程之父程珦的表弟，爲二程表叔，二程對張載的人品和學術非常敬重。通過與二程的切磋與交流，張載對自成一家之言的學術思想充滿自信：「吾道自足，何事旁求！」(呂大臨橫渠先生行狀)

因爲張載與程顥、程頤之間爲親屬關係，在學術上有密切的交往，關學後傳不拘門戶，如呂氏三兄弟呂大忠、呂大鈞、呂大臨，蘇昞、范育、薛昌朝以及种師道、游師雄、潘拯、李復、田腴、邵彦明、張舜民等，在張載去世後一些人投到二程門下，繼續研究學術，也因此關學的學術地位在學術史上常常有意無意地受到貶低甚至質疑（包括程門弟子的貶低和質疑）。事實上，在理學發展史上，張載以其關學卓然成家，具有鮮明的特點和理論建樹，這是不能否定的。反過來，張載的一些觀點和思想也影響了二程的思想體系，對後來的程朱學說及閩學的形成也有重要的啓迪意義，這也是客觀的事實。

張載依據易建立自己的思想體系，但是，在基本點上和易的原有内容并不完全相同。他提出「太虛即氣」的觀點，認爲没有超越「氣」之上的「太極」或「理」世界，换言之，「氣」不是被人創造出的產物。又由此推論出天下萬物由「氣」聚而成；物毁氣散，復歸於虛空（或「太虛」）。在氣聚、氣散即物成物毁的運行過程中，纔顯示出事物的條理性。張載説：「太虛不能無氣，氣不能不聚而爲萬物，萬物不能不散而爲太虛，循是出入，是皆不得已而然也。」（正蒙卷一）他用這個觀點去看萬物的成毁。這些觀點極大地影響了清初大思想家王船山。

張載在西銘中説：「乾稱父，坤稱母。予茲藐焉，乃混然中處。故天地之塞，吾其體；天地之帥，吾其性。民，吾同胞；物，吾與也。」天地是萬物和人的父母，人是天地間藐小的一物。天、地、人三者共處於宇宙之中。由於三者都是氣聚之物，天地之性就是人之性，所以人類是我的同胞，萬物是我的朋友，歸根到底，萬物與人類的本性是一致的。進而認爲，人們「尊高年，所以長其長；慈孤弱，所以幼其幼。聖，其合德；賢，其秀也。凡天下疲癃殘疾、惸獨鰥寡，皆吾兄弟之顛連而無告者也」。這裏所表述的是一種高尚的人道主義精神境界。

二程思想與張載有别，他們通過對張載氣本論的取捨和改造，又吸收佛教的有關思想，建構了「萬理歸於一理」的理論體系。在人性論方面，二程在張載人性論的基礎上進一步深化了孟子的性善論。二程贊同張載將人性分爲「天地之性」和「氣質之性」。但二程認爲「天地之性」是天理在人性中的體現，未受任何損害和扭曲，因而是至善無瑕的；「氣質之性」是氣化而生的，也叫「才」，它由氣稟決定，稟清氣則爲善，稟濁氣則爲惡，正因爲氣質之性不可避免地受到了「氣」的侵蝕而出現「氣之偏」，因而具有惡的因素。在二程看來，善與惡的對立，實際上是「天理」與「人欲」的對立。

朱熹將張載氣本論進行改造，把有關「氣」的學説納入他的天理論體系中。朱熹接受「氣」生萬物的思想，但與張載的氣本論不同，朱熹不再將「理」看成是「氣」的屬性，而是「氣」的本原。天理與萬事萬物是一種怎樣的關係？朱熹關於「理一分殊」的理論回答了這一問題。他認爲：「太極只是個極好至善的道理。人人有一太極，物物有一太極。」又說：「太極非是別爲一物，即陰陽而在陰陽，即五行而在五行，即萬物而在萬物，只是一個理而已。」（朱子語類卷九四）「理一分殊」理論包括一理攝萬理與萬理歸一理兩個方面，這與張載思想有別。

總之，宋明理學反映出儒、道、釋三者融合所達到的理論高度。這一思想的融合完成於兩宋時期。張載開創的關學爲此做出了重要的學術貢獻。正如清初思想家王船山所說：「張子之學，上承孔孟之志，下救來茲之失，如皎日麗天，無幽不燭，聖人復起，未有能易焉者也。」（張子正蒙注序論）船山之學繼承發揚了張載學說，又有新的創造。

三、關學的特色

關學既有深邃的理論，又重視經世致用。這可以概括爲以下幾個方面：

首先，學風篤實，注重踐履。黄宗羲指出：「關學世有淵源，皆以躬行禮教爲本。」（明儒學案師說）躬行禮教、學風樸質是關學的顯著特徵。受張載的影響，其弟子藍田「三呂」也「務爲實踐之學，取古禮，繹其義，陳其數，而力行之」（宋元學案呂范諸儒學案），特別是呂大臨。明代呂柟其行亦「一準之以禮」（關學編）。清代的關學學者王心敬、李元春、賀瑞麟等人，依然守禮不輟。

其次，崇尚氣節，敦善厚行。關學學者大都注意砥礪操行，敦厚士風，具有不阿權貴、不苟於世的特點。張載曾兩次被薦入京，但當發現自己的政治理想難以實現時，毅然辭官，回歸鄉里，教授弟子。明代楊爵、呂柟、馮從吾等均敢於仗義執言，即使觸犯龍顔，被判入獄，依舊不改初衷，體現了大義凜然的獨立人格和卓異的精神風貌。清代關學大儒李顒，在皇權面前錚錚鐵骨，操志高潔。這些關學學者「窮則獨善其身，達則兼善天下」，體現出「富貴不能淫，貧賤不能移，威武不能屈」的「大丈夫」氣節。

最後，求真求實，開放會通。關學學者大多不主一家，具有比較寬廣的學術胸懷。張載善於吸收新的自然科學成果，不斷充實豐富自己的儒學理論。他注意對物理、氣象、生物等自然現象做客觀的觀察和合理的解釋，具有科學精神。後世關學學者韓邦奇、王徵等都重視自然科學。三原學派的代表人物王恕以治易入仕，晚年精研儒家經典，強調用心求學，用心考證，求疏通之解，形成了有獨立主見的治國理政觀念。關學學者堅持傳統，但并不拘泥於傳統，能够因時而化，不斷地融合會通學術思想，具有鮮明的開放性和包容性特徵。由張載到「三呂」、呂柟、馮從吾、李顒等，這種融會貫通的學術精神得到不斷承傳和弘揚。

四、關學文庫關學文獻整理系列的整體構成與學術價值

關學文獻遺存豐厚，但是長期以來没有得到應有的保護和整理，除少量著作如正蒙、涇野先生五經説、少墟集、元儒考略等在清代收入四庫全書之外，大量的著作仍以綫裝書或手抄本的形式散存於陝西、北京、上海等地的圖書館或民間，其中有的已成孤本（如韓邦奇的禹貢詳略、李因篤的受祺堂文集家藏抄本），有的已殘缺不全（如南大吉集收入的瑞泉集殘本，現重慶圖書館存有原書，國家圖書館僅存膠片；收入的南大吉詩文，搜自西北大學圖書館藏周雅續）。即使晚近的劉光蕡、牛兆濂等人的著述，其流傳亦稀世罕見。二十世紀七十年代以來，中華書局出版了張載集，并將藍田呂氏遺著輯校、關學編、正蒙合校集釋、涇野子内篇、二曲集等收入理學叢書陸續出版，這些僅是關學文獻的很少一部分。全方位系統梳理關學學術文獻仍係空白。

關學典籍的收集與整理，是關學學術研究的重要基礎。這次關學文庫文獻的整理與編纂者在全國范圍的圖書館和民間廣泛搜集資料，一是搶救性發掘整理了一批關學文獻，二是對一些文獻以新發現的版本進行比對校勘、輯佚補充，從而使關學文庫關學文獻整理系列成爲目前最能反映關學學術史面貌，對關學研究具有基礎性作用的文獻集成。關學文獻整理系列圖書共涉及關學重要學人二十九人，編訂文獻二十六部，計一千八百六十餘萬字。這些文獻分別是：張子全書、

藍田呂氏集、李復集、元代關學三家集、王恕集、薛敬之張舜典集、馬理集、呂柟集涇野經學文集、呂柟集涇野子內篇、呂柟集涇野先生文集、韓邦奇集、南大吉集、楊爵集、馮從吾集、王徵集、王建常集、王弘撰集、李顒集、李柏集、李因篤集、王心敬集、李元春集、賀瑞麟集、劉光蕡集、牛兆濂集以及關學史文獻輯校等。其中的韓邦奇集、南大吉集、李柏集、李因篤集、牛兆濂集屬于搶救性整理；李復、王恕、薛敬之、呂柟、馬理、楊爵、王建常、王弘撰、王心敬、李元春、賀瑞麟等學人文獻屬于首次系統整理出版；張子全書、藍田呂氏集、李顒集、劉光蕡集、關學史文獻輯校是在進一步輯佚完善的基礎上整理出版的。總之，關學文獻整理的系統性和全面性得到了體現。

關學文庫文獻整理力圖突出全面性、系統性和深度整理的特點。就全面性和系統性而言，就是保證關學史上重要學人的文獻資料不被遺漏，這裏所選的二十九位學人，都是關學史上較爲重要的和代表了關學發展某一環節的學人。其中如張載、藍田「三呂」、馬理、呂柟、楊爵、馮從吾、王弘撰、李顒、李柏等人的著作集，是迄今文獻收集最爲齊全的。同時對於有關關學史的文獻也進行了全面系統的搜集和整理，如關學史文獻輯校，不僅重新點校整理了馮從吾的關學編，收録和點校整理了王心敬、李元春、賀瑞麟以及由劉光蕡、柏景偉重加整理校勘的關學續編，還首次點校整理了清末民初張驥的關學宗傳，并從諸多史書中輯録了一些零散的關學史資料，使之成爲目前能全面反映關學史面貌的文獻輯校本。關學文庫關學文獻整理系列，以豐富的關學史文獻，證明了「關學之源流初終，條貫秩然」，關學有其自身發展演變的歷史。就深度整理來說，關學文獻整理系列遵循古籍整理的傳統做法，采用繁體字、竪排版，標點、校勘，并對專用名詞做下劃綫處理。其目的不僅在於使整理與編纂者在文獻整理中提高自身的學術素養，同時也爲以後文獻研究者提供方便，推動關學研究深入開展，這也是關學文庫關學文獻整理系列圖書出版的重要目的。

關學文庫係「十二五」國家重點圖書出版規劃項目、國家出版基金項目、陝西出版資金資助項目，得到了中共陝西省委、陝西省人民政府、國家新聞出版廣電總局以及陝西省新聞出版廣電局的大力支持。文庫的組織、編輯、審定和出版工作在編輯出版委員會領導下進行，日常工作由陝西省人民政府參事室（陝西省文史研究館）和西北大學出版社負責。本文庫歷時五年編纂完成，凝結着全體參與者的智慧和心血。總主編劉學智、方光華教授，項目總負責徐曄、馬來同志統籌全書，精心組織，陝西師範大學、西北大學、西北政法大學、中國人民大學、華東師範大學、鄭州大學等十餘所院校的數十位專家學者協力攻關，精益求精，體現出深沉厚重的歷史使命感和復興民族文化的責任感；他們孜孜矻矻，持之以恒，任勞任怨，樂於奉獻，以古人爲己之學相互勉勵，在整理研究古代文獻的同時，不斷錘煉學識，砥礪德行，努力追求樸實的學風和嚴謹的學術品格。出版社組織專業編輯、外審專家通力合作，希望盡最大可能提高本文庫的學術品質。作爲文庫編輯出版委員會主任，我謹向大家卓有成效的工作表示衷心的感謝。由於時間緊迫、經驗不足等原因，文獻整理中存在的疏漏差錯難以完全避免。希望讀者朋友們在閱讀使用時加以批評指正，以便日後進一步修訂，努力使文庫文獻整理更加完善。

張豈之

二〇一五年一月八日

于西北大學中國思想文化研究所

前言

李復（一〇五二—一一二八），字履中，世稱潏水先生。宋仁宗皇祐四年（一〇五二）生於開封祥符縣（今河南省開封縣）。宋英宗治平元年（一〇六四）隨父任同州夏陽（今陝西省韓城市南）縣令而移居關右。宋神宗熙寧二年（一〇六九）始居京兆杜陵（今陝西省西安市長安區韋曲附近潏水邊）。在其詩文中李復常自題「趙郡李某」或「東蒙李某」，此皆就郡望而言。而文集名則與其居住地緊密相關。在李復爲其兄所作的墓志銘中有「世家開封祥符縣，先人累官關右，遂居京兆，今爲京兆人。」由此可知李復文集中所提潏水當指故長安城南的潏水。在文集卷十五送張景純詩中有「我居杜陵君淮東，平生南北馬牛風」，亦可斷定李復當家居杜陵，即潏水流經之地，故其文集因此而得名潏水集。

熙寧十年，張載從京城返歸橫渠途中，病亡於臨潼館舍，這對於處於興盛期的關學而言，不啻爲一沉重打擊。時隔一年多後，藍田三呂、蘇昞等原張載弟子先後投歸於二程門下，遂使關學面臨傳承危機。數月之後，呂大臨陪同程頤至關中雍、華間講學，當時「關西學者相從者六七人」。隨着「四先生」陸續受學程門，洛學在關學漸趨衰落的同時興盛起來。張載逝後，真正從學術上繼承張載思想的門人屈指可數，此後的十餘年間，身在關中且用較長時間傳播關學，李復則是其中重要的弟子之一。以下通過對李復之生平、著作及思想的考論，進一步明瞭張載逝後關學發展的另一個不同于三呂及蘇昞的方向。

一、著作

李復著有潏水集四十卷。有關其最早的記載見於錢端禮的書潏水集後序。錢氏在該序中云：「至若履中，亦可以追配古之君子矣。其孫龜年、龜朋出遺集四十卷，余熟讀其文，想見其當年風采……乾道癸巳歲閏正月辛丑。」乾道年間錢氏本欲刊刻該書，未果，由其孫象祖繼之。據該序中所云：「先祖帥會稽時，欲刊先生之集，期以行遠。未幾奉祀歸，不克就。象祖今於上饒郡齋刊之，從先志也。淳熙癸卯十月既望，郡守錢象祖書。」由上可見，李復文集四十卷早經李復之孫李龜朋、李龜年二兄弟編次，後經錢氏祖孫二人之努力，於淳熙十年（一一八三）刊刻於上饒郡齋。可以推想，洪邁容齋四筆中所稱「比得上饒所刊潏水集」當爲該本。由宋史地理志四可知，上饒郡乃信州府治所。朱子語類中曰：「信州刊潏水集有一段説浩然之氣。」[二]尤袤遂初堂書目亦載有「李履中潏水集」字樣。陳振孫直齋書録解題中云「潏水集四十卷，集英殿修撰李復履中撰」。據這些典籍記載，潏水集當時恐怕只有信州上饒刊本。

此後成書於元代的宋史藝文志載曰：「李復潏水集四十卷」。文獻通考經籍志則言「潏水集四十卷，陳氏曰：『集英殿修撰長安李復履中撰。』」恐馬氏當時並未見潏水集原書，此正印證了危素（生平跨元明兩代，而其文集説學齋稿成書於元代）所言得元代全本潏水集的困境。危素説學齋稿潏水集序云：「潏水集四十卷，宋士大夫集英殿修撰李公之文也。……比供奉翰林，始獲讀公全集。猶是賈丞相似道家本，廣信舒彬文質以書來言曰：『吾郡所刻潏水集僅存，而多所脱落，彬遊京師，遂摹刻其書以來，彬又從儒學假舊藏本補其闕以遺素，仍假翰林本校定。然彬與素皆貧，恨力不能完其版，姑序識之。使吾後之人知先正之文日就湮没，其難致如此。』」依上可知，終元之世，儘管潏水集面臨着脱落甚至湮没的危險，但當時尚有全本，當爲不爭事實。後經危素、舒彬勉力校補，方致基本完善。該序所提之「廣信」，治所即在上饒。據此似可推斷，此時在信州流傳的包括丞相賈似道家藏本當仍爲淳熙年間所刻的信州本。

到了明代，關於潏水集的佚存，祝尚書的宋人别集敍録分辨甚詳：「簡言之，明文淵閣書目卷九著録二部，一部四册全，一部五册全。至内閣書目卷三著録時，僅一部全，即李潏水先生集五册全……凡四十卷。又潏水先生集殘闕一束』。私家唯菉竹堂書目卷三著録五册。今人祝尚書推測説「是集淳熙刊板後，似再未重刻」，但在清人邵懿辰著、孫詒讓等補

[二]〔清〕黎靖德編：朱子語類，北京：中華書局，一九八六年，第一二四八頁。

註、邵章續録的增訂四庫簡明目録標註的「續録」中記有：「濡水集四十卷，宋乾道間嘗刻於饒郡，即朱子所謂信州本也。明刊本。莫郘亭有抄本。八千卷樓傳鈔閣本。」因此，祝尚書先生的推測是不成立的。當然，全宋文的「濡水集佚於明代」的説法亦是不符合歷史事實的。

至清代，明內閣及葉氏本後皆散佚。而收有濡水集的永樂大典至當時已大部分佚失，故清四庫館臣僅從中輯出十六卷。四庫提要云：「集本四十卷，乾道間嘗刻於饒郡，即朱子所謂信州本也。後散佚無存，談宋文者多不能舉其名氏。今從永樂大典裒輯編綴，爲一十六卷，著之於録。」所謂「乾道間嘗刻於饒郡」的提法不确，乾道間錢端禮嘗欲刊之而未果，後由其孫象祖繼之而刻於淳熙中。余嘉錫已於四庫提要辨證中駁其非是。今傳清鈔本及民國時鉛印關隴叢書，皆由四庫本出。另邵懿辰等邵氏幾代人撰寫的增訂四庫簡明目録標注中，清末民國時人邵章「專著元豐以後嗣出各本，並補標注及附録所未及存」，其續録中提到「濡水集四十卷。莫郘亭有抄本。八千卷樓傳鈔閣本」，顯然，在清代，民間尚有善本四十卷濡水集，惜乎至今未見。

近人張鵬一在濡水集關隴叢書本的後跋中提到了濡水集的所謂「廣州刊本」的問題。張氏言「今歲由王幼農君就金陵圖書館抄寫副本寄陝，卷首有危大樸序，似又得之廣州刊本，而脱十餘字，今仍之……」翻檢原文可見，張氏所謂「廣州刊本」的説法來自「廣州舒彬文質以書來言曰：『吾郡所刻濡水集僅存，而多所脱落。』」對照元危素説學齋稿濡水集序的相關文字，可見兩者的差異在於關隴叢書本的「廣州舒彬」在説學齋稿中寫作「廣信舒彬」。顯然，關隴叢書本的「廣州舒彬」系傳寫之誤，故所謂的「廣州刊本」實爲以訛傳訛的結果。

儘管四庫館臣爲整理殘卷做了大量的工作，但今本濡水集十六卷仍未能盡善。首先，在從永樂大典裒輯編綴中，館臣漏輯了一條。現存永樂大典録：李復詩（二條），李復濡水文集（一條），李復濡水集（一十九條），以上共計二十二條。欒貴明先生將之在與關隴叢書本濡水集十六卷對校後，發現館臣漏輯者一條：「（失題）問『好貨好色』，孟子何以對齊宣

王？曰：『宣王之言，有強據孟子之意。孟子遂以入之，欲漸引而趨善也。其對今樂猶古樂，又及樂之本矣。』」〔一〕

其次，明黄淮、楊士奇編輯歷代名臣奏議共引李復奏議十條，其中有三條爲今本潏水集所無。因爲明代四十卷本的潏水集被重新刊印，因此歷代名臣奏議所多出的三條完全可以采信。此三條分別是：「李復輸鑊罐量劄子」〔二〕、「李復又輸刑法劄子」〔三〕、「徽宗時李復上限田劄子」〔四〕，共計一千餘言，在潏水集中所占比重不輕，是研究李復政治觀念的不可或缺的資料，然館臣未收。

對李復著作真正進行係統整理者則是全宋文与全宋詩。其中全宋詩收録了李復潏水集後八卷的全部詩歌，未見有補遺之作。而全宋文則不僅收録了潏水集前八卷的所有文章，並且收録了四庫館臣所失録然卻保留在歷代名臣奏議中的三篇奏議，即上限田劄子、謹權量奏、論刑法劄子，並且吸取了今人欒貴明在四庫輯本別集拾遺中的研究成果，補充了「論孟子對齊宣王」一節的內容。應該説全宋文与全宋詩在對李復遺著的整理方面做出了重要貢獻，但也留下了一定的遺憾。

在相關文獻中被反複稱道的朱子言李復論孟子「養氣」一節，即未被全宋文收入。根據相關文獻推測可見，該部分實乃集中本有之內容，且對瞭解李復理學思想，尤其是其修養工夫論，彌足珍貴。但四庫館臣卻置之不顧。全宋文在整理李復之文時同樣也未能收録。另外，在王梓才、馮雲濠所撰的宋元學案補遺中收有「潏水遺説」一則，可謂補了諸多史傳之缺。本次整理即是在前人的基礎上，儘可能對李復遺著進行廣泛地調查与蒐羅，參照流傳至今的主要版本和相關失傳文獻，綜合輯校而成。

〔一〕曾棗莊主編：全宋文（第一二一册），上海：上海辭書出版社，合肥：安徽教育出版社二〇〇六年版，第三六八頁。

〔二〕黄淮、楊士奇：歷代名臣奏議，上海：上海古籍出版社一九八九年版，第二七九三頁。

〔三〕黄淮、楊士奇：歷代名臣奏議，第二七九三—二七九四頁。

〔四〕黄淮、楊士奇：歷代名臣奏議，第一四八九頁。

二、主要思想

（一）「太極元氣」

李復將其師張載的氣學派特色與周、邵二子圍繞「太極」立論的象數學理論結合起來，緊扣著易傳中與「太極」相關的表述，以「元氣」釋「太極」，從而別開生面地闡發了張載關學「氣論」的特色。翻檢李復遺著，可見其關於「太極」的解說主要有如下數端：

「太極元氣，函三爲一，故三爻成卦，萬物皆函三數，皆自然之數也。卦各有體，其氣交通，八卦二十四爻，陰陽各一十二，其氣旁通……」[二]

「太極元氣，函三爲一，元氣之中亦有數也……」（卷五答曹鑑秀才書）

「太極未判，兩儀未生，雖未形，易之象而易之妙固已存在其中矣。元氣既分，象數即形，夫物芸芸而生。」（卷八易說送尹師閔。）

這裏值得注意的是，李復所謂「太極元氣」的提法，其實是將「太極」與「氣」的概念聯系了起來，這在横渠易說中已見端倪。在張載解說說卦一章中，先後出現了主詞相同而賓詞略有不同的兩種提法，即「一物兩體（者），氣也」和「一物兩體（者），其太極之與謂歟」。當然，李復在發展師說時，其所用的「太極元氣」的提法並非是他的首創。漢書律曆志有言：「太極元氣，函三爲一。極，中也。元，始也。」儘管李復借用了漢志中「太極元氣」這一提法，但卻體現的是由周敦頤、邵雍以「太極」立論的視角及其師張載開啓的氣學派與易學宇宙論相結合的鮮明特色。李復所謂的「太極」概念雖處於世界基始的地位，但卻類似於老子中「無」的概念。從「太極」與「元氣」的連用，及與「太極未判」與「元氣既分」的呼應來揣摩，顯

[二] 李復：潏水集，文淵閣四庫全書本，卷四答辛祖德書。以下凡引該書直接在文中以夾注形式標明卷數和篇名。

然，這裏的「元氣」即指「太極」，並且是萬物存在的根源，即所謂的「元氣既分，象數即形，夫物芸芸而生」。李復將「太極元氣」提高到世界基始的至高地位，將其視爲化生萬物的根源。

同時，李復還對「太極元氣」化生萬物在象數學上作了進一步的闡發。在解說「大衍之數五十，其用四十有九」時，李復說：「一者，數之總也，四十九者，數之用也。凡言數必先求一，得一則數自然生；不得一則無由見數。既得一而用數，一乃在於其用數之中矣。」（卷五答曹鑑秀才書）其實這來自於張載所謂的「虛太極之一，故爲四十有九」。接着，他進一步結合蓍占作了更爲形象的說明，「今揲蓍取四十九莖，兩手圍而未分，雖四十九莖，聚而爲一也，分其一於兩手，然後有數矣。此一在四十九中。」（卷五答曹鑑秀才書）。顯然，蓍占過程的分二、掛一、四、歸奇就是對「太極」化生萬物的模擬。這裏，李復對「一」的絕對地位的強調，就是對「太極元氣」的本體地位的體貼，所以才有「一者，數之總也」，「凡言數必先求一」的說法。

不僅如此，還說「既得一而用數，一乃在於其用數之中矣」，顯然，這已不是「太極」這一概念所能涵蓋的，只有與「氣」的萬物統一之性相結合，才能既是本體意義的「元氣」，又是能貫穿宇宙生化的始終，因而也存在於萬物的始終。卷九的雜詩說得更明白，「大衍四十九，周流通一氣。陰陽窮必變，往返無終始。元化密推移，消長生默契」。

另外，「太極」即「元氣」是整體的一，絕對的一，也就是「函三爲一」中的「一」。那麼，這裏的數「三」到底指什麼呢？其實這涉及易學中的象數問題。四庫館臣曾稱道李復「於易象、算術、五行、律曆之學，無不剖析精微，具有本末」。（卷十六書濡水集後）律曆志言「太極元氣，函三爲一。」「太極運三辰五星於上，元氣轉三統五行於下，其於人，皇極統三德五事。故三辰之合於三統也，日合於天統，月合於地統，斗合於人統……」。其中，三辰指日、月、斗，三統指天統、地統、人統。太極、元氣、皇極屬同一層次的概念。由「太極運三辰五星於上」可知，「太極」與「三辰」之間在數理上是一「運」三的關係。而從「元氣轉三統五行於下」中，「元氣」與「三統」之間是一「轉」三的關係。「運」「轉」互釋，都是描述「一」對於「三」的主導性、統率性地位。而太極即元氣，是「一」，合而言之的「太極元氣」仍是「一」。因而，「三統」至少是漢志中的「太極元氣，函三爲一」中的數字「三」的內涵之一。太極元氣包涵天、地、人三才之道應是不成問題的。這也是漢唐以來，乃至宋儒對「太極元氣，函三爲一」中數「三」內涵的慣常理解。儘管李復並未明言「太極元氣，函三爲一」中的數「三」的內涵，但從「元氣之中亦有數也」及「太極未判，兩儀未生，雖未形，易之象而易之妙固已存在其中矣」中可以看出，李復象數學中的「太極元氣，函三爲一」中的數「三」當至少包涵著三才之道。而其重點當在強調「一」的絕對性，從而力圖實現宇宙本體與宇宙生成的合一。

（二）「善本」「養心」

南宋時期士人錢端禮曾盛讚李復「可以追配以爲己之學而著稱的古之君子」。（卷十六書潏水集後）洪邁在夷堅志宋都相翁中也認同李復「晚悟性命之理」的說法。〔一〕朱熹曾對李復論孟子「養氣」的言論予以高度評價：「此語雖粗，確得大旨，近世諸儒之論似過高，流于老、莊而不知，不若此說爲得矣。」〔二〕通過這些評論，我們可以看出，李復的修養工夫論已引起了學者們的廣泛關注。

李復首先倡導要「窮性源」，即所謂「知本」。進而他將對「善」的體認提高到「道」「性」的層次，他提出「草木雖無知，養本已足論。人生感元化，道貴窮性源……」（卷九雜詩）張載也非常強調「立本」的重要性，如其所言：「今之言性者滿屋所執守，所以臨事不精。學者先須立本。」〔三〕強調爲學要善於「發源立本」，這一觀點，儼然流露出其師張載「立本既正，然後修持」〔四〕，從立本處著眼的思路。其次，在李復看來，「知本」僅爲「入德」的開始，關鍵就是要在「知本」的基礎上「善

〔一〕洪邁：夷堅志，北京：中華書局，二〇〇六年，第一一二七頁。
〔二〕黎靖德編：朱子語類，北京：中華書局，一九八六年，第一二四八頁。
〔三〕張載：張載集，北京：中華書局，一九七八年，第三一四頁。
〔四〕張載：張載集，第二六九頁。

本」「養心」。他曾講：「善學必探本，知本貴善養。」（卷九雜詩）只有做到「動必由理」，才能「仰不愧於天，俯不怍於人，無憂無懼，其氣豈不充乎？捨是則明有人非，幽有鬼責，自謙於中，氣爲之喪矣，故曰無是餒也」。〔一〕

首先，李復宣導心要「虛一而靜」，或者說，「自合於虛」。在靜齋記中，李復曾就動靜問題有過專論：「動靜之理，一體而未嘗離。靜自有動，雖動而靜在其中矣。」對於動靜關係的認識可謂深刻全面。在此基礎上，進而引出了面對人世紛擾如何「處靜」的重要思考：「應天下之故，反而照之，凝然、寂然、曠然、闃然，無榮辱利害之紛然，而有虛白之皎然，乃不偏滯於一曲也。」（卷六靜齋記）宣導在紛擾的社會之中，人們應該儘量擺脫外物的奴役，做到「正心順行」。經過這樣的修身養性，人們可以避免「與接爲酬，日與心鬥，神猶受其役焉」。達到「虛其中」而「處靜」。通過該篇文章深刻論證了「虛一而靜」的修身之道。李復亦曾說：「予嘗思人之心，虛一而靜者，微巧獨立。不與物俱，或失其本心，則物必引之。」（卷六靜齋記）強調只有「虛一而靜」，才不會爲外物所牽引而出現「滋口紛擅亂，悅耳聲音繁，衆攻日外戰，目暗天地暗」（卷六七祖院吳生畫記）的亂局，才不會如張載所強調的「殉物喪心」。而只有如此「虛一而靜」之心才有可能合於太虛，從而上升到「萬物生芸芸，與吾本同氣」的境界。此種「虛一而靜」的修養方法從表面看是遙接荀子，實際上是對乃師張載「大其心」「虛其性」思想的繼承。

其次，李復還主張要具備「脫然自悟」的能力。李復以「聞見」爲「心之所自得」的「筌蹄」，即是認爲「聞見之知」是體悟「天道」或「天性」的途徑或手段。聞見只是見道的一個基本條件，但並非充分條件。並且意識到了多聞見、只求之於聞見的弊端，即「多聞見適足以長小人之氣」。〔二〕所以要超越見聞之知的層次，積極去求道，達致與天地萬物相通。此點與張載所談到的德性之知與見聞之知的關係中不拘於見聞之知，通過求道，達致誠明所知的路徑是相通的。

〔一〕朱熹：晦庵先生朱文公文集，朱子全書，上海：上海古籍出版社，合肥：安徽教育出版社，二〇〇二年，第三二一三頁。

〔二〕張載：張載集，第二六九頁。

（三）「立政有本」

在今本潏水集中保留有李復大量的政論性文字。基於其豐富的從政經歷，李復的政論，往往能切中時弊，切實可行，較少浮誇色彩。雖然從總體的思維取向上與張載同，然在具體問題上卻往往有自己獨特的看法。

在李復看來，立政須「有本」，這包括三方面的內容，或者叫「三本」，即養民、兵政和取士，分別涉及經濟、軍事及人才培養，這是爲政者須著力解決的三大基本問題。他對立政的「三本」的認識來自於對西周聖王之治的歷史經驗的總結。李復認爲，正是昔之聖王爲政立足於解決好這三方面的問題，才成就了「其政美，其治久」的大治局面。儘管李復沒有直截了當給出這「三本」的具體所指，但從他對聖王之治的描述中，我們還是可以推知。對於西周的「養民之政」，李復總結道：「一夫一婦，授田百畝，勞來勸相督察，皆有法。歲或不登，則舉荒政以周之，此養民之政有本也。」（卷五答人問政書）從中我們不難概括出李復所謂的「養民之政」的內容，即耕者有其田，勸民、恤民有法，其核心是耕者有其田。李復談「兵皆寓之農，講閱有時，出入則以公卿大夫將之」。（卷五答人問政書）在這裏他僅指出「兵政」的基本內容，即兵源、軍費和統帥的問題。至於西周的「取士」制度，李復總結道：「上至天子之都，下至鄉邑，皆有學。塾學序庠遍於天下，教以德行道藝，月吉考其實，次第陞而官之。」（卷五答人問政書）李復所謂的「取士」，簡言之，就是要廣建學校，培養實用型人才。張載亦提出了治國的三個重要問題，即封建、井田和肉刑。他認爲要想治理好國家，首先要從這三個方面入手，「立養民之本」，最終方能恢復「周道」，實現「均平」。李復繼承了乃師張載「立政有本」的基本思路。

在李復看來，在爲政有本的前提下，隻有「觀時之宜，酌今之政」，纔能「損益以致美意」（卷五答人問政書）。在答人論政書中，李復分別從立政「三本」的不同領域入手，詳細分析了古今時勢所造成的社會現實的差異，並指出，若不「觀時之宜」，而一味地照搬先王舊典，將會造成當世立政「三本」盡失的局面。此外，李復還從宋代要有宋一代典禮的高度對「觀時之宜」作了進一步的強調：「國朝承平一百六十年，高出唐虞，豈三代可擬……臣願詔有司，上自郊廟社稷，下至三祀一祀……不僭不逼，據於古而不泥，宜於今而不陋，著爲一代之典。」（卷一議禮）這裏，「據于古而不泥，宜於今而不陋」就是「觀時之宜」的具體體現。他還提出既然有宋一代「高出唐虞，豈三代可擬」，那麼宋代就應該有超越前代且能反映新時代風貌的一套制度。

李復在地方從政長達三十年之久，涉足政治、經濟、軍事等關乎國計民生的各個領域，身體力行著「學政不二」的關學宗旨。南宋人錢端禮亦曾評價李復說：「公以通儒喜論事，每執正議，不爲勢利所奪。」（卷十六書潏水集後）四庫館臣讚揚他「在宋儒之中，可謂有用者矣。」（卷首提要）二程曾對包括李復在內的關中學者頗爲稱道：「關中之士語學必及政，論政而及禮樂兵刑之學，庶幾善者。」[一]這也說明，「學政不二」當是他與張載其他弟子包括張舜民、种師道、蘇昞及藍田三呂等人所表現的共同特徵。

三、李復與張載思想的分歧

（一）在宇宙論建構上的差異

在有宋一代的理學建構中，以易立說是理學家建構自己理論體系的慣用手法。馬宗霍曾云：「宋之道學至周子始漸醇，而與儒學爲近，張子羽翼之，二程擴充之，至朱子始大。然要不外乎象數與義理兩派，兩派之于經學，初不外乎周易一經。」[二]張載于此表現得尤爲明顯。在張載諸多弟子中，李復是最重視「以易立論」的，他通過對周易的詮釋，形成了一套以往被視爲繼承張載的氣論體系。那麼，他的氣論到底與張載是何關係？筆者以爲這裏的關鍵在於考察李復思想中「太極元氣」意旨及其與張載「太虛即氣」的關係，以及他所講的「一」的含義及與張載「太虛」之間的關係，而對前者的考察尤爲重要。

[一] 程顥、程頤：二程集，北京：中華書局，二〇〇四年，第一一九六頁。
[二] 馬宗霍：中國經學史，上海：上海書店，一九八四年影印版，第一一三頁。

周敦頤援道入儒的思路雖對宋明理學的建構產生了重要的貢獻，〔一〕但從某種意義上講，其「太極」論成爲宋代新儒學建構的重要針對。〔二〕儘管張載早期曾說過：「一物而兩體，其太極之謂歟？陰陽天道，象之成也；剛柔地道，法之效也；仁義人道，性之立也。三才兩之，莫不有乾坤之道。」〔三〕此言後來被其晚年著作正蒙原封不動采用，但這並不能說明張載就是要將「太極」推到至高無上的本體層次。有學者認爲張載這裏的太極就是氣，〔四〕應該說是比較準確的。但問題在於張載在「太極」之外，又引入了「太虛」的概念。這說明張載對宇宙論的探討並沒有止於「氣」抑或「太極」。大概在張載看來，周敦頤的「太極」理論大有「虛生氣」之嫌，批評周敦頤「不知擇術而求」而援道入儒，不够純粹。所以引入「太虛」的概念以貫通「上下」「有無」「虛實」「庸聖」，真正實現爲人類道德價值立本的目的。故而，周敦頤的「太極」理論成爲張載哲學的主要現實針對和批評對象。

如上所及，李復思想非常重要的方面即是其「太極元氣」說。在他那裏，儘管也繼承了乃師「以易立論」的視角，但「太極」卻被多處強調，從形式上看與其師張載強調「太虛」的取向有很大的不同。李復借助於「太極」或「元氣」而講的宇宙統一性實際上並沒有將宇宙創生萬物的動力和根源揭示出來，故其憑依「太極元氣」所講的統一性也就相當於張載的「氣化之道」。儘管李復注意對包括月食在內的自然現象的觀察，似乎在一定意義上對乃師「先識造化」的思路有所繼承，然李

〔一〕劉又銘在宋明清氣本論研究的若干問題中指出：「在歷史上太極圖說也跟張載正蒙一樣，對明清氣本論的興起與發展起了相當大的催化作用。」（楊儒賓主編：儒學的氣論與工夫論，上海：華東師大出版社，二〇〇八年，第一五八頁。）

〔二〕劉學智在關於張載研究的幾點思考（哲學研究一九九一年第一二期）中指出：「張載的論戰對象是儒者營壘的人，也許主要是針對周敦頤。……張子認爲周子講『自無極而爲太極』認爲太極之前有『無極』（虛），然後太極因動靜而生陰陽，陰陽『二氣交感，化生萬物』就是一種『虛生氣』的觀點。這種觀點顯然與佛道二氏劃不清界限，故張載指出他『使儒、佛、老、莊渾然一塗。』」

〔三〕張載：張載集橫渠易說，第二三五頁，亦見於正蒙三兩，第一〇頁。

〔四〕張岱年先生提出：「這裏的太極似乎是氣。」（見張岱年：中國古典哲學概念範疇要論，北京：中國社會科學出版社，一九八二年，第五二頁。）

復並沒有將這些上升到理論的層面，實現在宇宙生成論上的質料與動力的相即不離，也沒有進而像乃師張載那樣建構出一個由太虛（天）統帥陰陽二氣而構成的「天參」宇宙論模式，〔二〕從而解決「爲天地立心」的問題。這也是李復宇宙論哲學建構的局限性所在。

從另外的角度來看，「一」是李復思想裏面非常重要的另一個範疇。老子曾將「一」作爲一個宇宙論範疇，他講道：「道生一，一生二，二生三，三生萬物。萬物負陰而抱陽，沖氣以爲和。」（道德經第四十二章）這裏「三」指陰陽與沖氣。「二」指天地。「一」應指天地未分的統一體。這裏「生」是比喻之詞，主要是表示先後的區別，與父母生子女的生有所不同。在老子以前，人們都認爲天地是最根本的，老子認爲天地不是永恆的，尚有天地未分之時，稱之爲一，這未分之一不是最根本的，最根本的是道，道是永恆的絶對，此乃「道生一，一生二」的含義。但老子中，尚有另一個意義的「一」。第十章云：「載營魄抱一，能無離乎！」二十二章又云：「是以聖人抱一以爲天下式。」三十九章云：「昔之得一者，天得一以清，地得一以寧，神得一以靈，谷得一以盈，萬物得一以生，侯王得一以爲天下貞。」這些「一」字都指統一性，亦即自我同一。之後經莊子、呂氏春秋、禮記、淮南子等的詮釋，「一」逐漸演化爲「太一」和與道並立之「一」的新的概念，給「一」賦予了新的哲學含義。

張載亦曾講「一」。在解説「大衍之數五十，其用四十有九」時，張載講道：「虛太極之一，故爲四十有九」〔三〕。張載這裏的「一」除了與多相對的意義外，強調對「一」的虛位，但又不是絶對的虛，而是將之置於「無形」，惟其如此，萬物才爲「可狀」之物。而李復則將該句解爲：「一者，數之總也，四十九者，數之用也。凡言數必先求一，得一則數自然生；不得一則無由見數。既得一而用數，一乃在於其用數之中矣。」（卷五答曹鑑秀才書）將這段話與「太極元氣，函三爲一……」一段

〔二〕林樂昌：張載兩層結構的宇宙論哲學探微，中國哲學史，二〇〇八年第四期。
〔三〕張載：張載集，第一九六頁。

做參照，即可推斷出，這裏的「一」即爲「太極」抑或「氣」。他進一步結合蓍占對此作了更爲形象的說明，「今揲蓍取四十九莖，兩手圍而未分，雖四十九莖，聚而爲一也，分其一於兩手，然後有數矣。此一在四十九中。」（卷五答曹鑑秀才書）從這兩段可以看出：

其一，「一」和數是辨證統一的關係，即「一中有數」，「數中有一」；

其二，作爲世界統一性的「一」和萬事萬物之間是「總」和「用」的關係；

其三，由「一」到「四十九」正是「太極」化生萬物過程的模擬，即由聚到散，由散又歸於聚的往復過程。

由上可見，李復仍然是從生成論的意義上講「一」。李復曾強調「太極」即「元氣」是整體的「一」。這正是老子所講的「道生一」中的「一」。是道孕於「一」之中，還是在「一」之外存有作爲他者之「道」？這是我們進一步要追問的問題，也是整個宋明理學所要討論的核心問題。李復強調的「一」即氣統「數」的說法，並不是在回答這個問題。他所提出的「既得一而用數，一乃在於其用數之中矣」，似乎已有用體用思維理解「一」與「數」之間關係的意識，然而從萬物一體的視角審查，這裏的「一」和「數」之間並非沒有間隔，故而從思維層次上並沒有達到宋明理學「體用一源，顯微無間」的層次。儘管他也講：「大衍四十九，周流通一氣。陰陽窮必變，往返無終始。元化密推移，消長生默契。」（卷九雜詩）這裏的「周流通一氣」一句與「萬物生芸芸，與吾本同氣」（卷九物我）兩句成爲過往定李復爲氣本論者的主要根據。仔細分析似可見，該觀念與莊子講的「通天下一氣」的思想及漢儒講的元氣思想從本質上並無二致，〔二〕皆未對於「一」與「道」的關係問題作出必要的回答。

〔二〕莊子在知北遊裏講道：「氣之聚也，聚則爲生，散則爲死。……故萬物一也。是其所美者爲神奇，其所惡者爲臭腐，臭腐複化爲神奇，神奇複化爲臭腐。故曰：『通天下一氣耳。』」在莊子這裏，氣是道所產生的一種細微原始物質，是構成宇宙萬物的材料；漢儒無論是劉歆、王充、班固等都講宇宙當以元氣爲本，基本上還是從宇宙生成的意義上來講的。

應該說將「太極元氣」提高到世界始基的至高地位，將其視爲化生萬物的材料，有一定的理論高度，然而李復的這一用法是與其師張載哲學體系中對「太虛」至上性地位的強調有異：

其一，在張載那裏，太虛就是「至實」「至一」，「不動搖」，乃爲「氣之本體」。此處作爲本體的「太虛」之自足性與獨立性已充分顯現。而李復所講的「太極元氣」之「一」在解釋存在根源問題時，卻不得不借助於自然而然的價值觀念。

其二，張載太虛本體是超越於氣或一切相對性層面之上的至高無上、獨一無二。而李復在這裏只是強調「一」必然要衍生「萬」，而萬又必然歸於「一」的平面關係，對於「一」亦即「太極元氣」絕對性地位的強調是不够的。

第三，在張載那裏，「太虛」的永恒性是非常明顯的，而李復儘管講「太極未判，兩儀未生，雖未形，易之象而易之妙固已存在其中矣，元氣既分，象數即形，夫物芸芸而生。」似乎「易之象而易之妙」具有永恒性，但它們到底所指爲何，與「一」有何關係，並不是非常清楚。

其四，張載「太虛」概念的引入，使得形上的價值世界與形下的事實世界實現了有效的溝通與銜接，可謂「即體即用」，而李復所講的「一」則僅爲從天地萬物演化過程的角度來談，有「體用殊絕」之嫌。因此，李復儘管也在講「一」，但並未達到其師基於虛氣「二而不二」之關係基礎上而形成的宇宙本體論與宇宙生成論合一的思維層次。〔一〕

與魏晉玄學本體論不以「無形之元氣」界說本體，不談「宇宙之構造」、「萬物之孕成」，而是「舍物象，超時空」，「研究天地萬物之真際」，直接「爲本體之體會」〔二〕的特徵不同，漢儒多以元氣界說萬物的生成和宇宙的構成。而李復則與此相

〔一〕李東峰：李復及其思想研究（陝西師範大學歷史文化學院專門史專業二〇〇七届碩士論文）第二一頁指出：「李復「太極元氣」的用法摒棄這種太極或元氣從屬地位的安排，將「太極元氣」提高到世界基始的至高地位……最終完成了宇宙本體論與生成論的統一。」這種說法是不符合李復思想實際的。

〔二〕湯用彤：魏晉玄學流別略論，魏晉玄學論稿，北京：人民出版社，一九五七年第一版，第四九頁。

類，其思想當停留在漢儒的宇宙生成論層次，或可稱之爲「自然氣本論」。〔一〕由上亦可見，自上世紀八十年代以來，有關關學史研究中李復爲氣本論者的說法是比較模糊的。〔二〕

李復雖然力圖以「易論」探本溯源，然他沒有像乃師那樣，在氣與萬物之外，引入「太虛」的概念，以體用合一的思維建構起「太虛」與氣「一而二」「二而一」的理論體系，在生成論上強調「虛氣相即」，在本體論上立挺「太虛」的超越與絕對，最終解決爲人類道德價值立法的問題〔三〕。這也正是其氣論與乃師張載「太虛即氣」理論在宇宙本體論建構上的差異所在。

（二）在修養工夫論上的差異

那麼，李復作爲張載後學，在修養工夫論上與張載思想有無差異呢？以下便通過文本分析對此作一考察。

首先，李復儘管講「虛一而靜」，但在如何做到「虛一而靜」方法上，他並未具體講明。張載除「大心」「虛心」之外，所提出的「以禮爲教」方法可以讓人們達到擺脫世俗的纏繞，從而避免修養工夫流於空疏。將「虛心與得禮相發明」，這一點

〔一〕劉又銘在宋明清氣本論研究的若干問題中指出：「我認爲宋明清氣本論初步可以分成兩類共計三型。第一類暫且稱爲「神聖氣本論」（以便跟第二類的「自然氣本論」形成對比和區隔），它又包括以下的兩型。第一型以王夫之爲代表，它在氣本論間架中含攝著理本論的觀點，等於跟理本論相容相結合。第二型以劉宗周、黃宗羲爲代表，它用氣本論間架發揮心本論的觀點，等於跟心本論相容相結合。……第二類氣本論暫且稱爲「自然氣本論」（以羅欽順、王廷相、吳廷翰、顧炎武、戴震、焦循等人爲代表），它的型態、理論較爲單純素樸，屬於氣本論中的基本型態或純粹型態。我曾一度稱它爲「本色派氣本論」，現在覺得可以稱它爲「混淪（混沌）元氣氣本論」「自然元氣氣本論」或「自然主義氣本論」，簡稱「自然氣本論」。（儒學的氣論與工夫論，第一五六頁。）

〔二〕方光華主編的古都西安——關學及其著述第四〇頁中指出：「在本體論方面，李復傾向於氣本論，仍然能夠在尊重自然之理的情勢下進行宇宙論的探討。」（西安：西安出版社，二〇〇三年。）李立宏西安傳統哲學概論第一五六頁指出：「李復的氣本論思想，是針對「理本論」而提出的。……其思想具有一定的唯物論成分。」（西安：西安出版社，二〇〇七年。）此兩種說法代表了諸多以李復爲氣本論者的基本思路。但對於李復作爲氣本論者都未有充分的文獻根據，往往將這個判斷作爲一個不需論證的命題直接套用。

〔三〕林樂昌：張載兩層結構的宇宙論哲學，中國哲學史，二〇〇八年第四期。

未得到李復的充分重視。

其次，李復還主張要具備「脫然自悟」的能力。李復詩中的「求於形器外」即反映出對「聞見之知」的超越，而且由此所達到的「脫然有所得」頗帶有二程「只是窮理便是至於命」〔二〕的禪宗的「頓悟」方式。而此點在張載看來則是「失於太快」。張載宣導由窮理——盡性——至於命、從學者——大人（賢人）——聖人的層級遞進的修爲方式，認爲「知命與至於命，盡有遠近」，應逐步經由「己之性」至「人之性」，再推衍到「萬物之性」，然後通過「下學」而「上達」而至於「道」「至於命」。李復在實踐中所表現出的「頓悟」傾向，正是其與乃師的觀點之分歧所在。

（三）政治思想的分歧

在今本潏水集中保留有李復大量的政論性文字。基於其豐富的從政經歷，李復的政論，往往能切中時弊，切實可行，較少浮闊色彩。雖然從總體的思維取向上與張載同，然在具體問題上卻呈現出与其師張載的分歧。

李復在答人問政書中所提出的「觀時之宜，酌今之政」，與張載主要推崇古禮的主張是根本不同的。在井田制的推行問題上，張載力圖通過恢復西周的井田制，以解決土地高度集中的問題。而李復則不贊成恢復井田制，他認爲：「井田之法，壞已久矣，今天下之田皆私田，民自養也。民之私田，可盡奪而爲王田，以周制分授之乎？此養民之政無本。」（卷五答人問政書）他認爲當時社會土地皆爲私有，不應由政府奪而分之。基於如此的社會現實狀況，李復認爲恢復井田制違背了「因時之宜」的原則。與張橫渠書一文，記載了其與張載探討「宗子之法」之事，李復基於人的差等性及繼嗣方面所將出現的問題，反對推行張載積極宣導的宗法制。在關於王安石變法的問題上，李復主張立政的「因時之宜」原則，堅持厚今薄古的現實主義態度，堅持勿圖虛名，強調社會實效；在變法的策略上，李復認爲變法之初，不宜冒進，「當徐而措置之」（卷一禮樂）。這些都與其師在政治理想上宣導「法乎三代」的原則是有差別的。

〔二〕程顥、程頤：二程集，第一一五頁。

四、李復思想的歷史地位

（一）未轉依「洛學」者非僅李復一人

未轉依「洛學」往往成爲李復作爲「關學正傳」的另外一個重要根據。然而，詳考史籍會發現，張載逝後，除三呂和蘇昞，不少弟子都沒有轉依洛學，如游師雄、种師道等均投筆從戎；李復、田腴、邵彦明、張舜民等「篤信師說而善發其藴」。〔一〕

據呂本中童蒙訓：「田腴誠伯，篤實之士，嘗從横渠學，每三年治一經，學問貫通，當時無及之者。」蓋據此條資料，宋元學案卷三一呂范諸儒學案方有其從學張載之說：「田腴，字誠伯，安丘人也，後徙河南。從横渠學，而與虔州宿儒李潛善。每三年治一經，學問通貫，當時無及之者。尤不喜佛學，力詆輪回之説，曰：『君子職當爲善。』建中靖國間，以曾子開薦，除太學正。崇寧初罷去。先生之叔明之，安定先生高弟也，其學專讀經書，不治子史，以爲非聖人之言皆不足治。而先生不以爲然曰：『博學詳說，然後反約。如不徧覽，非博學詳說之謂也。』先生嘗言：『近世學者無如横渠先生，正叔其次也。』蓋其守關學之專如此。」〔二〕從黃百家之敘述中可以看到，田腴亦是張載逝後篤守其說之人。另據宋元學案卷三一呂范諸儒學案所載：「邵清，字彦明，古田人。元祐間太學諸生有『十奇士』號，先生與焉。嘗從張横渠學易，遂不復出。有故人任河南尹，召之，先生曰：『子以富貴驕我邪？』卒不往。」〔三〕可見邵清在從張載學易之後，遂潛心於此，未轉依他學。張舜民（？—約一一一一）字芸叟，號浮休居士，又號矴齋，邠州（今陝西彬縣）人。進士出身，曾任襄樂令、監

〔一〕馮從吾：關學編，北京：中華書局，一九八七年，第一〇頁。
〔二〕黃宗羲原著、全祖望補修：宋元學案，北京：中華書局，一九八六年，第一一一八頁。
〔三〕黃宗羲原著、全祖望補修：宋元學案，第一一一九—一一二〇頁。

察御史，陝西轉運使，歷知陝、潭、青三州，右諫議大夫、集賢殿修撰等職。爲人慷慨剛直，尚氣節而不爲名，喜論時事，擅長詩、詞、書、畫。據黃宗羲所論：「先生之從橫渠學，見於晁景迂集中，他書無所考。考橫渠之卒，先生爲之乞贈於朝，以爲孟軻、揚雄之流。」[一]在張載逝後，張舜民向朝廷爲其師乞謚，雖遭到了司馬光等人的反對，然其對乃師及其學說的崇奉之情由此可見一斑。王安石倡新法，張舜民上書言：「裕民所以窮民，強內所以弱內，辟國所以蹙國。以堂堂之天下，而與小民爭利，可恥也。」對王安石變法提出強烈反對。而且此後長期堅持自己的觀點，堅持乃師的政治觀點，至死不渝。

李復生當北宋後期，青年時正值北宋周、邵、張、程的儒學理論改造運動進行之中。張載退居橫渠後，遂往受學，歷時五六載，直至張載病逝。經過了關學的薰陶，他由「幼時所學，聲律偶麗之文耳」（卷四答彭元發書），到十六歲取得國學解，此後，「自以年少，十年不試於禮部，刻苦於學」，逐步成長爲「居官行己，咸取『六經』，而尤邃于易」（書潏水集後）的對於易學和修養工夫論均有一定的研究和體貼的當時名儒。張載逝後，李復走上了從政的道路。元祐四年調任上黨之前的十餘年間，他一直身處關中。此間，曾于元祐元年至四年任耀州教授。今本潏水集中保留的大量論學問答書信大概成於此時。利用耀州教授的學官身份，李復爲諸生答疑解惑，弘揚關學。然不久即調官離任，遂和其他同門一樣，忙於政務，無暇顧及講學，其從理論上對關學的發展所生發的歷史影響也非常有限。故以李復未轉依洛學，而稱其爲「正傳」是不合適的。

（二）「正傳」與「洛學化」的關學二分說之理論誤區

以往認爲張載逝後，關學出現了分化，即以李復爲「正傳」，而三呂、蘇昞等則走向「洛學化」。應該說這是不符合張載

[一] 黃宗羲原著、全祖望補修：宋元學案，第一一二〇—一一二一頁。

之後關學發展狀況的。況且即便是投奔洛學，也不能說就「洛學化」了。〔一〕如有學者所指出的，關學自張載之後，李復等雖能「篤信師說」，但道學初起並無嚴格門戶，關中士人多及程子之門，亦爲事實。不過，如三呂雖師事二程，卻仍恪守張載關學傳統，這一點二程也是承認的。〔二〕伊川說：「呂與叔守橫渠學甚固，每橫渠無說處皆相從，才有說了，便不肯回。」〔三〕作爲在理論上代表關學弟子的呂大臨，雖然從形式上投于二程門下，但並沒有放棄師說，此恐爲當時關學弟子的共同品格。所以二程說：「關中學者，以今日觀之，師死而遂倍之，卻未見其人，只是更不復講。」〔四〕張載逝後，其原有的私淑弟子仍在廣泛地傳播關學，並非因完顏之亂而致「中絕」。更何況之後出現了周行己「兼傳關洛」〔五〕，對於關學的南傳起到了重要作用。

張載一生除短暫的從政生涯以外，大部分時間都從事於學術思考和講學活動。張載早在未中舉時，即已聲名遠揚，曾受時知永興軍的文彥博邀請，在長安講學。橫渠先生行狀稱：「方未第時，文潞公以故相判長安，聞先生名行之美，聘以束帛，延之學宮，異其禮際，士子矜式焉。」〔六〕其後一直到去世，在這個長期思考和講學的過程中，張載自己的思想逐漸形

〔一〕姜國柱在張載關學中指出：「關學盛傳於關中，且自成一家，當然有自己的傳播、發展系統。雖然有的弟子轉師二程，但並不表明關學已經完全『洛學化』。」（見姜國柱：張載關學，西安：陝西人民出版社，二〇〇一年，第三九〇頁。）此說甚確。

〔二〕劉學智：儒道哲學闡釋，北京：中華書局，二〇〇三年，第二八一頁。

〔三〕程顥、程頤：二程集，第一一九六頁。

〔四〕程顥、程頤：二程集，第五〇頁。

〔五〕全祖望云：「世知永嘉諸子之傳洛學，不知其兼傳關學。……而周浮沚、沈彬老又嘗從藍田呂氏遊，非橫渠之再傳乎？」（宋元學案，第一一三二頁。）陸敏珍在被拒絕的洛學門人：周行己及其思想（中國哲學史，二〇一〇年第三期。）中指出：「在關於『道』的認識上，周行己就既接受洛學以理訓道的思想創見，又吸納了關學以氣言道的理論立場。」該文從對周行己思想的深入分析入手，系統揭示了周行己「兼傳關洛」的學術取向。

〔六〕張載：張載集，第三八二頁。

成、發展並日益成熟；同時，隨著名聲的擴大和門人弟子的增多，關學學派也逐漸形成。思想日趨深入和門人弟子的增多，使得其理論之中所蘊含的不同發展方向之間的張力，也必然會隨著門人性格和經歷的不同而增大，學派最終的分化便不可避免。應該説，儘管北宋各種理學學派林立，但各學派並非是在單個孤立中發展，而是彼此在交織、互動中形成和發展。這種情況既反映在如關學和洛學這樣的「共倡道學」的學派之間，也發生在新學、洛學、蜀學這樣廣義的「新儒家」學派之間。當然，互動的具體展開形式是有所不同的。與洛學把新學和蜀學看作儒家學派，但卻是批評對象不同，在關學和洛學之間，因爲有共同的思想宗旨和學術傾向，因而更多是在彼此激勵和義理商榷中互相影響的；而他們的門人弟子在兩派之間的門戶觀念也較小，他們不但直接參與了張程當面的議論，促成了地方學派之間的互動，而且在其師去世之後，轉投到二程門下，繼續深研義理，就成爲非常自然的現象。故而一味地以關學學派爲本位進行「洛學化」與「正傳」的刻意區分，是不符合思想本身相互砥礪、相互交融的實際的。

當然，李復繼承乃師「以易立論」的視角，強調氣，像其他張載弟子一樣，將關學「學政不二」的宗風發揚光大，成爲關學史上不可忽視的重要人物，這也是不可抹煞的歷史事實，他的思想對於關學有著重要的價值和意義。其實，在整個北宋後期，李復思想也是不容忽視的。北宋中期，政治、思想和文學等領域的創造活動至北宋後期已有了相當的發展。李復生當諸賢之後，他的思想明顯帶有對諸賢文化創造成果加以兼收並蓄的意味。李復義理與象數兼顧的解易方法，就是在繼承了其師張載主要重於義理的解易方法的同時，又大膽吸收了周敦頤、邵雍等象數學派的成果，形成了獨特的風格。而李復務爲實用的政治觀，尤其是對王安石變法秉持的平和持正的認識，在一定程度上具有總結變法得失的意義，可謂代表了當時一批士大夫對王安石變法的態度，產生了一定的社會影響。

魏濤

二〇二二年十月識於鄭州

點校說明

一、濟水集蓋爲李復所定其文集之名，初爲四十卷，或在明代原四十卷本文集已佚失。幸得永樂大典保留了部分詩文，後清四庫館臣將其輯出，成今所見之十六卷本，存於四庫全書集部之別集類。

二、本書點校，即以民國時期（一九二二年）陝西文獻徵輯處鉛印本爲底本，文淵閣四庫全書本、文津閣四庫全書本爲校本，他校本用朱子語類、夷堅志、容齋隨筆、晦庵集、玫瑰集、歷代名臣奏議、永樂大典、十駕齋養新録等文獻，反復核校而成。

三、本書校勘以對校爲主，其有改定，或有參考價值的異文，均作校記。但屬明顯錯字及避諱字，則徑予更改，不再出校。另外，由于通假字、異體字本是古籍的特色，所以，通假字一律保留，不替換，異體字是否替换，視内容而定，但盡量保持全書的統一。

四、本書遵文淵閣四庫全書之編排順序編排，仍作十六卷，詩文順序一仍其舊。十六卷後附從晦庵集、歷代名臣奏議、永樂大典和宋元學案補遺中輯得的佚文六則。

五、附録一，收録夷堅志、容齋隨筆、朱子語類、説學齋稿、宋元學案、十駕齋養新録、宋元學案補遺、四庫提要、四庫提要辨證等文獻中的作者傳略及文集概述等。

六、因作者生平史料較少，故參閱梁曉菲女士李復年譜及其交遊考重新編訂李復年譜，作爲附録二。

目録

卷二……二四

書牘

卷四……三七

書牘

卷五……四九

書牘

卷六……六二

記

卷七……七四

賦

辭

序

卷十二

七言古詩

卷十二……一五五

五言律詩

五言絶句

七言絶句

潏水集序

金溪危素太樸撰

潏水集四十卷，宋中大夫集英殿修撰李公之文也。公諱復，字履中，世家開封之祥符。其先人累官關右，遂爲京兆人。公年十有六取國學解。自以年少，十年不試禮部，方刻苦學問。元豐二年登進士第，不就制舉。宋用兵靈夏時，相誘公爲侍從，公毅然卻之。邊臣請造戰船、戰車，公又力疏其非，役乃罷，其節概之粗見者若此。所蘊之大者，因未試也。參知政事觀文殿學士吳越錢忠肅公從公之孫黿年、黿朋得公文集，將刻而傳之，不果，錢公之孫左丞相成國公象祖稱公學問淵源，文章爾雅，議論醇正。淳熙九年守信州，乃刻於公庫，以成先志，今百七十年矣。素少讀夏書，建安蔡氏於禹貢「導河積石」之下引公數言，且謂公之學甚博。自是欲求公他文，久而弗得。比供奉翰林，始獲讀公全集，猶是賈丞相似道家本。廣州舒彬文質以書來，言曰：吾郡所刻潏水集僅存而多所脫落，彬遊京師，遂摹刻其書以來。彬又從儒學假舊藏本，補其缺以遺素，仍假翰林本校定。然彬與素皆貧，恨力不能完其版，故序識之。使吾後之人知先正之文日就湮沒，其難致如此，彬之高誼詎可忘哉？公嘗謂漢唐之文，人皆竭其精思，自謂闊步一時，曾何所補，亦小技而已。其志必欲發道之奥，明理之隱，宜其文之可傳也。

戊辰秋七月三日臨小浹居主人燈下書

卷一

奏疏

論治道

臣聞聖人御天下也必以道，而道者南面之術也。其所謂道者，豈但漠然而無所事哉！其用至微，其功至周，皆隱於綱紀、法度、禮樂、德政之間，使四海安然而無事，至千萬世而無弊，天下由之，不知其所以然而然也。古之致治者惟堯能之，孔子稱之曰：「焕乎其有文章」，乃綱紀、法度、禮樂、德政之謂也；「巍乎其有成功」，乃天下安然無弊之效也；「蕩蕩乎民無能名」，乃不知其所以然而然也。夫惟如是，所謂道也，後世無可稽焉。前世自唐末至五季，天下糜爛大壞，有識者傷之，至於不忍言。國家之藝祖、太宗潛而未躍，熟稔昔者禍亂之所由起，自膺天命，凡立一法，欲絶一蠹；凡舉一政，欲去一弊。小大遠近，皆有綱紀法度維持。不以喜而妄予，不以怒而妄罰。使居官者修其職、安其分，而不敢妄作，不敢苟悦，無狂易徼幸之心；百姓守其業、樂其生，無横擾困苦之患。累聖循之，迄今一百六十年，天下晏然，自三代而下，未有若本朝平定之久也。恭惟陛下即位以來，延見臣下，必訪治道，四方聞之，皆曰今唐堯在上矣。臣願陛下思祖宗修立綱紀法度維持天下之意，不取目前之虚美，而求經久之遠慮。使上下各安其分守，職業具舉，朝廷清明，民物繁富，弊無由而起，

蠹無從而生，天下不知其所以然，豈非配天廣大之業哉！治道莫盛於此。臣疎遠愚戇，不知治體，狂妄獻説，惟赦之，幸甚。〔二〕

議禮

臣聞聖王治世莫重于禮，事不由于禮，無巨細皆不可行。三代之禮至周而備，今考諸載籍，所傳者十無二三。前世江都、開元皆嘗纂綴舊文而行之，當時折衷，執於古者泥而不通，順其時者陋而無法，學禮者有所不取，後世無可稽焉。傳曰：「治定制禮。」國朝承平一百六十年，高出唐虞，豈三代可擬？一代禮典，今猶未講，至使好禮之士，有家自爲禮者。荀况云：「禮莫大於聖王。」是惟聖人乃能制禮，惟王者乃能行禮。記曰：「非天子不議禮，不制度，不考文。」臣願詔有司，上自郊廟社稷，下至三祀、一祀與夫冠昏、喪葬、賓軍，辨其等威，裁其文物，不僭不逼，據於古而不泥，宜於今而不陋，著爲一代之典。其士庶所當行，則頒之郡縣，使通知焉。事有制度，燦然可觀，四夷百蠻嚮風取則，爲治世甚盛之舉，豈勝幸甚！取進止。〔三〕

議樂

臣聞治定制禮，功成作樂，此王者甚盛之舉。天下熙洽，人心悦豫，發爲和聲，因其人聲之和而播之八音，又形容其成功之象也。三王不相沿，樂豈苟爲異哉？治世成功各不同也。記曰：「大樂與天地同和。」樂豈易知乎？三代之樂亡

〔二〕按：此文又見歷代名臣奏議卷四十四。

〔三〕按：此文又見歷代名臣奏議卷一百二十。

已久矣。唐貞觀中命祖孝孫、張文收考定雅正，粗而未備。後累經喪亂，其器與書今皆不傳。載籍所言，雖皆以黄鍾爲本，上生下生，隔八相生，及其律管徑寸短長，但糟粕耳。有能遺其舊説，脱然識其聲、别其音者，未之聞也。夫黄鍾，律之始也，半之清聲也，倍之緩聲也，三分其一而損益之，此相生之聲也。十二變而復黄鍾之總，乃旋相爲宫之法也。萬物動皆有聲，若造樂精微之妙，凡聞其聲，則知是何音，合何律，是爲正音，是爲變音，是爲清，是爲濁，如此方爲知音，可以議樂矣。近者陛下有詔選官定樂，又博求前代之器。夫前代之器，各一時之用，若得漢唐之器，乃漢唐之樂也，若得魏晉之器，乃魏晉之樂也，但欲求爲多見則可矣，遽欲用爲今日本朝之樂，恐未然也。晉之荀勖取牛鐸爲黄鍾，出於獨見，果合於古乎？樂之作欲動天地、感鬼神，自漢以還，未之聞也。朝廷昔嘗定樂矣，陛下以爲未盡美善，亦不能形容祖宗之功業；而又本朝運膺火德，獨徵音未明，此固當重爲考定也。今聞衆議，又只依往昔糟粕而制器，此安足以副陛下所降之詔意？夫知音者聞之於耳，得之於心，自不能傳之言，遇其應於心方可默契。徵音火，南方之音也，火性炎上，音當象之，乃欲就其下而抑之，恐非也。臣願詔天下廣求天性自能知音者，敦遣令赴議樂所，多方以試之，是誠不謬，共爲講論，庶幾其可矣。若徒以舊説尺寸長短廣狹重輕而製器，此工匠皆能爲之矣，何足以爲樂乎？臣愚見如此，惟陛下擇之。〔一〕

論虚名實弊

臣聞古先哲王之舉事也，常艱於其始而深慮於其終。始雖可爲終不可繼則不爲，蓋慮得其虚名而受其實弊。天下四海雖甚大，亦猶庶民之一家，以一家之事推之，乃天下之事爾。臣嘗觀舊史，見前世不能深思遠慮輕動生患者，其事甚衆。不敢遠引以瀆聖聰，以臣今親見所謂庶民之家者論之。臣居有鄰人承其父業，負郭有美田十餘頃，衣食富足，不能力穡篤

〔一〕按：此文又見歷代名臣奏議卷一百二十八。

治，爲人所怵，喜多田之豪名，罄索家資，又營遠山之瘠田數十頃，欲人稱其田之多也。遠田無所得，常以負郭資之，歲久因遠而困。此求虚名而受實弊也。陛下承祖宗積累之休，無幽不燭，無遠不察，其多事輕動以求利者不能昧聖聰，必久已察之矣，固不待螻蟻之微獻其愚。臣惓惓之誠，更冀終謹之，幸甚。〔二〕

論取士

臣恭睹神宗皇帝憫士弊於俗學之久，慨然作新，造之以經術，發明聖人之遺言，使講求義理之所歸，庶知乎修身行己，上以事君，内以事親，涖官接物，弗畔於道。而今之學者，曾不思此，平日惟是編類義題，傳集海語，又大小經題目有數，公試私課，久已重疊，印行傳寫，其義甚多，無不誦念，公然剽竊以應有司之試。終身之學止於如此，甚者至於所專之經句讀不知，音切不識。或誤中選入仕，平生所學皆無可用，非惟鄉閭無一善可稱，雖有甚不齒者亦更不問。朝廷建學立師，設館給食，而偷惰苟且若是，安能副上教養之意哉？欲責其移孝資忠、臨民應務之效，必不能也。古者鄉舉里選，非但取其浮文，必皆考其素行。臣欲乞立法，取士以博學行義爲先，試言爲次，抑亦絶其干託奔競之私，察其器識材術之異，庶幾所養可取，所取可用，聖朝有得士之實。取進止。〔三〕

〔二〕按：此文又見歷代名臣奏議卷一百四十四。

〔三〕按：此文又見歷代名臣奏議卷一百一十五。

乞置榷場

臣竊見回紇、于闐、盧甘等國人嘗賫蕃貨，以中國交易爲利，來稱入貢，出熙河路。朝廷察知其情，故限之以年，依到本路先後之次發遣赴闕，而來者不已，守待發遣，有留滯在本路十餘年者。其所賫蕃貨散入諸路，多是禁物，民間私相交易，遠商物貨厚利，盡歸於牙儈。臣累次詳問所賫物貨，上者有至十餘萬緡，下者亦不減五七萬。且遠人懷久客之情，平民陷冒禁之法，利贏無極，盡歸於牙儈，往來無已，每遇發遣，徒擾州縣。今湟州新復，正要措置，使商賈奔輳，不惟通其有無，誠亦厚其根本之勢。臣今欲乞於湟州依雄州、火山軍等處，例置立榷場，於湟州別置蕃市以居來者，更不發遣赴闕，使利歸於公，貨通於下，亦可少補經費。取進止。〔一〕

乞置弓箭手堡

臣竊見極邊弓箭手就土山削成峻壁，盤開細徑，鑿穴以居，謂之崖巉。凡一巉所聚，少者百餘家，多至三四百家。其情非不樂居城邑，就堡鄣，意務便於耕牧，又密邇敵境，相與保險，以防抄掠之患。然本欲防患，賊寇若至，患不可逃，蓋各潛於穴不能相救，賊前阨其門，尋氣窻灌浸熏燎，束手就禍。嚮者元祐間夏賊寇犯涇原，大被其毒，邊民皆自知其如此，顧戀生業，無以爲計。臣欲乞下逐路經略司委官相度，就弓箭手耕牧近便處團併指揮，建置堡子。分擘地步，先爲土堋，漸次修完，使之就居，備列戰格，開掘壕塹，修立門橋。一堡之内，正丁家丁不減二三千人，於其暇時教以戰守之法。逐指揮人員

〔一〕按：此文又見歷代名臣奏議卷二七〇。

將校統領分定城上地分，每季輪那城寨官前去點檢，地分巡檢常切往來照管。遇有探報，無起遣之擾，雖有攻圍，必以死守，遠近聲勢相接，互相應援。近年新邊城寨相去近者四五十里，緩急卒不相應。此壘若成，血脉方通，人旅行役不及城寨可就安泊，不待官兵戍守而藩籬密完，誠一舉而兩利。取進止。

乞罷造戰車

臣準樞密院劄子，奉聖旨，令本司製造戰車三百輛，專令臣催促製造，應副本路出入攻戰使用。臣嘗覽載籍，古者師行固嘗用車，詩云：「公車千乘，公徒三萬。」又曰：「元戎十乘，以先啓行。」及周制自步百爲畝，積而至於通十爲成，成出革車一乘，其他班班亦可見。古之用兵與今不同。古者兵不妄動，征戰有禮，不爲詭遇，皆有法度，多在平原廣野，故車可以行，敵人不敢輕犯，此以車爲利也。今之用兵盡在極邊，戎狄乘勢而來，雖鷙鳥飛翥不如是之迅捷。下寨駐軍，各以保險爲利，得其機便；或有負敗，各逃散不相顧。其往也，車不及期，居而保險，車不能登；歸則敵多襲逐，爭先奔趨，不暇回顧，車安能收？非若古昔，於中國爲用。臣在兵馬間，親冒矢石，前後十餘次，觀之屢矣。有至糧糗衣服器械不能爲用者，又况於車乎？聞此議出於許彦圭，彦圭因姚麟之子師閔而得見麟，遂獻說於麟，懇告求以此爲進身之謀，麟遂憐而上其說。朝廷以麟邊人，必熟於邊事，意遂然之。不知彦圭劇爲輕妄，麟立私恩，不思誤朝廷之事，是亦容易。昔唐之房琯嘗用車戰，大敗於陳濤斜，十萬義軍無有脱者。當時止在畿邑平地且如此，况今欲用於峻坂溝谷之間乎？又戰車比常車闊六七寸，運不合轍，牽拽不行，今配買木植物料，差顧工匠，大爲費擾。既成，艱於牽拽，昨東來者牽拽不行，致兵夫典賣衣物，自賃牛具，終日方進五七里，遂致兵夫逃亡，戰車棄於道路，大爲諸路之患，其糜費不知其幾千萬矣！苟望一官之進，上罔朝廷，下害百姓，此而不誅，何以懲後！臣今乞便行罷造，如别路已有造者，乞不牽拽前來，免致徒費人力。如朝廷未以臣

言爲然，乞賜博訪。謹具奏聞，伏候勅旨。〔二〕

乞罷造船

臣準尚書省劄子，涇原路經略安撫使邢恕奏，乞下熙河路轉運司打造三百料及五百料船五百隻，將造成船於黃河順流放下，至會州西小河内藏放。奉聖旨專委臣監督催促打造，限一年了當契勘。臣竊知邢恕欲用此船載兵順流而下去取興州。契勘本路見有船匠一人，須乞於荆湖南北、江淮、兩浙剗刷和顧。又釘線物料並非本路所出，昨造蘭州浮橋，皆自別路應副。非惟工匠物料全無，臣觀邢恕奏請，不止於道聽塗説，亦實是兒戲。且造船五百隻，若目今工匠物料並備，亦須數年，其聲勢夏國必已詳知，自蘭州駕放至會州約三百里，北岸是敵境，豈可容易？會州之西，小河碱水，其闊不及一丈，深止於一二尺，豈能藏船？黃河過會州入韋精山，石峽險窄，自上垂流直下，高數十尺，船豈可過？若只是栰木經此亦須撲散，然間有浮者，船既破散，一沉無有却浮。過此峻流，至西安州之東，大河分爲六七道散流，謂之南山，逆流數十里方再合，逆流水淺灘磧，不勝舟載。設若可行，自會州之東便是生界，兩岸皆是敵境，一船所載不過五馬二十人，五百船共該馬二千五百匹一萬人，兼糧糗草料、器械衣物盡在舟中，縱使在河不爲敵人所取，雖到興州又何能爲？又不知幾月得至？此聲若出，必爲夏國侮笑，豈止謂秦無人矣！臣今未敢便依指揮擘畫乞差刷工匠應副物料，伏乞再下邢恕令詳具如何措置，應有萬全之策，朝廷詳酌，實見可行，再降聖旨，造亦未晚。臣愚見恐虛費錢物，終誤大事，不敢緘默，須至奏聞，伏候勅旨。

〔二〕按：此文又見歷代名臣奏議卷二二二。

守坐臺鋪議

臣昨見沿邊守坐烽臺口鋪，最是重難。自來本地方城寨分擘守坐之人，不限戍兵蕃兵，一例輪差。東來戍兵不能辛苦，多是不着臺鋪，蕃兵又難以盡依官軍驅使。地方官雖時或點檢，終不整齊，若有緩急，竊恐誤事。欲乞沿邊烽臺只差土兵與側近弓箭手，其口鋪如土兵弓箭手人數不足，方許兼差蕃兵，亦不得只差蕃兵。如此則烽燧巡防不致誤事。伏候聖旨。

乞於阿密鄂特置烽臺

臣近廵歷自蘭州京玉關至通湟寨，入湟州路，經巴咱爾宗，其路極深，峻窄險滑，闊不及二尺，陡臨宗河，般販斛斗客旅畏其難行，頭畜脚乘盡由宗河北路過往。北路是夏國生界，三處有賊馬，來路又近夏國幹珠爾城，溝谷屈曲，賊馬隱伏不測，出入抄掠，前後被患，已十餘次。緣客旅往來通湟寨、京玉關四十餘里，中途倉皇，南北奔趨不及，遂被殺虜。今京玉關東北約二十里有舊阿密鄂特城地基，正在兩城中路，地勢甚高，接連生界。欲乞下本路經略司就彼修築烽臺，比尋常增展寬大，可以停泊五十人，開掘壕塹，築立羊馬墻，安置門橋，備設守禦之具，差人守坐照管。賊馬出入，若有抄掠，客旅可以奔投，若賊馬數多，舉烽火，京玉、通湟頃刻便到，蘭、湟二州兵馬相接而至，不須更築城寨，足可隄備。伏乞詳酌施行。

〔小貼子〕今烽臺守坐並軍員只是六人，若修置如法，有矢石守禦之具，非一二百人未敢輕犯。又應接甚近，夏國安肯

以六人易一二百人之命？須合修築，今併畫圖進呈。崇寧三年某月日狀。〔二〕

乞與孫路贈官及例外推恩狀

右，臣某按，路，治平初以進士擢第，歷官中外四十餘年，遠職守義。昔通判河州，承景思立敗衂之後，綏輯蕃漢，人情懷附。後通判蘭州，夏賊攻圍，抗賊堅守，終能保完城壘。紹聖間爲環慶經略使，進築横山興平寨，闢土廣屯，皆據要害。又招納到强酋李阿雅卜，詢考敵情，皆得要領。元符初移帥熙河，築會州等城，直通涇原。前後措置，實而不華，不敢虚飾以爲身利，又能愛惜民力。臣近以朝廷講究邊事，如路鮮有及者，曾具論奏。今被詔旨赴闕奏事，路雖已得病，以久懷邊事本末，乃欲力疾造朝，一陳所藴，期有補於朝廷，西洛士夫皆深歎仰。不幸瞑目齎志，歸於泉下，平生清白自持，家貧子幼，衆共傷惻，伏望朝廷優推贈典，例外官一子或孫，特給賻卹。候將來舉葬，令所在州縣量行應副，庶使天下知朝廷不忘有功，以爲來者之勸。謹録奏聞，伏候勑旨。〔三〕

相度河北西山水利害申尚書省狀

右，某準河東路轉運司牒，坐準尚書省劄子，檢會相度河北河事張商英奏，河北西山諸水今爲水患，衆河之水出自河東，乞令差都轉運司官前來河北同共相度。某準本司牒，差委前去。今按行檢視得，河東自大河之東，諸水會爲三川：自

〔二〕按：此文又見歷代名臣奏議卷三三三。

〔三〕按：此文又見歷代名臣奏議卷二八四。

寧化軍過，入太原，并、汾、石、晉、絳皆會於汾，汾河南流，直出河中府界之北，遂入黄河。忻、代之間及平定軍北山之水，皆會於滹沱河。滹沱河東流，出於真定府南、趙州之北，澤、潞、遼州、威勝軍之水皆會於漳河，東出相州界。滹沱與漳皆入黄河。今河北近西山之水，非止滹沱與漳，亦有他水西入於大河，大河翻沙滚流，沙漲時每淤塞水口，水遂漫流。逐處地分不肯開淤塞之處，並恐渲刷侵損堤堰，此事其來已久。河東地居山上，河北地居山下，地勢高低不可以丈尺計，其水東走甚於建瓴，若不放入大河，令歸何處？豈可截回而西？萬無是理。雖源出於此，流必歸彼，自禹之開導，至於今日，不可改也。某今已親到河北，詳説與相度河事張商英等，更無别理。謹具狀申尚書省。

乞開黄河中灘

臣某蒙恩差知鄭州，於今月初四日到任，首見差發人夫，急於星火，知大河漲溢，原武等埽危急，緊要修疊固護。臣久知原武一帶堤埽比諸處不同，爲鄭北盡是積水，陂湖相連，直接國門。又地勢高於京師，若有決溢，勢迅東下。臣遂親至河上，體度水勢次第。今見大河於原武東二里以來中心有灘一道，長三里餘，闊一百餘步，其灘已老。問人云已十餘年，沙土堅壯，河漲爲灘所激，奔射南岸，水勢甚緊，枝梧費力。臣現多方措置兩月，稍見次第。然今年補貼雖得稍定，來年遇漲還作，上軫宸慮，下勞百姓。臣今乞下都水監，將中灘於中心東西開透，令引放河身於河漕。中心通流，雖有暴水，不偏着岸，更無危急，兼東西只是長三里有餘，用工不多，可絶後患。今并畫到圖子隨狀進呈，伏候勅旨。〔二〕

〔二〕按：此文又見歷代名臣奏議卷二五三。

河東鹽法議

某準河東路轉運司牒，準尚書省劄子，令某賫本路鹽法文字赴都堂稟議。竊惟河東永利兩監及馬城池鹽利害，甚不難見，其往昔措置，不須詳説，據目今只有三説：一者官自賣，一者只令客販，一者官賣及客販兼行。某熟曾講究，若只官賣，如昔年盡是抑配，又有般運强差脚乘之擾；若只令客販客旅不來算請，招誘不行，無可秤提，兼慮侵奪；若二者兼行，互相爭侵，客販難久。某曾總計三處鹽課，一歲所得僅一十萬貫，其中官本三萬餘貫，又鐺户中鹽入官額及八分，免放户下助軍糧草七分，更不支移，一歲免放，亦不下五六千石，即所得鹽息，粗及三萬貫，而歲賣及額息止如此，而亦常不及額。張官置吏，禄廩幾何，又追呼催督，公吏騷擾，捕捉私販，禁勘連逮，略無虚日。此不足以當一郡酒税之入，而爲河東二十餘州之患。其得甚微，其弊甚大，又安足議？况馬城池鹽尤更不堪，無人算買，今已七年，支咍駝畜，餘皆棄去。乃昔日將解鹽冒進，欺罔得賞，本路晉、絳、慈、隰已是解鹽地分。乞將本路盡行解釋，給將解鹽文鈔三十萬席付本司，依陜西例分擘與沿邊州軍，許客人用見錢請買，或入中斛斗算請般販解鹽前來，聽其自便。將兩監及馬城池鹹地，盡令開耕，嚴禁私煎，立定日限，令巡尉躬親遍行點檢。如私販於他處販獲，並連私煎及巡捕透漏皆坐罪，庶稍寬一方之刑禁，一路上下皆食好鹽。自來陜西鹽鈔立限七年，今本路鹽鈔乞以十年爲限，以事初客知寬限，易爲招誘，兼其間雨多之歲，種鹽數少，支遣有闕，限寬可以等候。本路近北州軍，比之解州、東池往陜西沿邊地里猶近，委是可行。伏乞詳酌施行。

卷二

表

賀安九鼎表

雲物應符，兆啓昆吾之瑞；琳宫考吉，慶成郟鄏之安。中賀。竊以軒轅開祥，廣發三才之象；夏禹圖物，畢朝九牧之金。而皆嚴役陰陽之神，焕成天地之竇。道異昇降，勢隨重輕。周器已空，遂起楚人之問；漢巫語怪，漫迎汾水之祠。曠歷世而莫傳，俟聖時而有作。恭惟皇帝陛下睿謀廣大，盛德休明，俯收遺逸之言，高舉泯絶之典。山林四裔，知永息其陰姦；宗祏萬年，見顯儲其神策。臣謬持使節，密邇畿封，盛事惟新，激昂兹始。

謝復任表

叨承芝檢，再直河圖，隕命自天，措躬無地。中謝。伏念臣機靈勿爽，器質匪奇，早誤使令，永甘沈廢。豈意寒微之末，預沾甄敘之私。見齒清時，蒙還舊物。十年屏跡，形彫墜谷之憂；一日拜恩，涕發戴盆之照。危心易感，褫魄初歸。此蓋伏遇皇帝陛下好惡無私，德刑並用。麗日正午，物無邪陰；震雷發春，蟲無蟄户。焕青宫之縟典，光動前星；削丹筆之刑書，澤均圜土。睿斷獨高於往古，普天盡屬乎完人。葉氣旁流，羣生共慶。熙朝接武，徒結想於清途；閒廩庇身，悵難圖於微效。

賀幸太學辟廱表

玉蹕和鸞，肅奉六龍之御；璧流黌舍，親紆萬乘之尊。輿誦載傳，羣情均慶。中賀。竊以晉武視學，惟行飲酒之儀；漢明臨廱，但講拜老之禮。豈如聖世，翕變道真，發秘化以開人之文，敘彝倫以建民之極。膠庠奕奕，美輪奐於綿區；絃誦洋洋，揭聲明於寰海。恭惟皇帝陛下道致廣大，性熙光明，放異路之淫辭，興千年之絶學。海涵地產，生共慶於時昇；雷動風行，物咸新於聖作。顒嚴法駕，賁煥儒宮，示淵衷勸獎之心，昭熙朝華縟之典。臣適分符竹，阻詣闕庭。臣無任。〔二〕

賀皇太子登寶位表

臣某言：伏睹去年十二月二十四日手詔，皇太子即皇帝位者。分茅建國，昔開王者之封；飛龍御天，今應聖人之造。德音誕布，海寓均歡。中賀伏以明兩作離，光繼四方之照；帝出乎震，德孚萬物之情。席祖宗不拔之基，擁社稷無疆之祉。恭惟皇帝陛下温文孝友，恭儉慈仁，允協昌辰，遂登大寳。海涵地產，咸忻日月之新；川泳雲飛，永賴乾坤之慶。臣久棲田畝，常苦疴瘍，望九天而馳心，同百獸而率舞。臣無任。

〔二〕按：此文又見永樂大典卷六六六二。

賀南郊表

迎陽候景，循三歲之彝經；尊祖事天，擁萬靈之殊祉。恩覃動植，慶浹華夷。中賀。恭惟皇帝陛下德大嚴親，禮隆重祭。燔柴奠璧，昭精意於靈承；灌鬯加籩，孚孝思於配侑。瑞霄溢彩，澄海浮光。風動鷄星，燦祥輝於雲表；日開圜土，騰協氣於民區。凡在萌生，率同茂遂。臣獲頒明詔，幸覩昌辰，聳踊欣歡，恭伸頌禱。

賀元會表

龍德御春，舉外朝之盛禮；天心儲祉，罄率土之歡心。中賀。恭惟皇帝陛下肅奉瑶圖，紹隆寶祚，正萬物生成之始，擁上靈保佑之休。茂對昌辰，聿修縟典。臣竊司外計，阻拜前墀。西駕飛軺，日切雲天之想；東傾丹闕，阻陪鴛鷺之趨。臣無任。

賀五星循軌表

聖德顯孚，默動九天之鑑；星躔高應，燦流五緯之祥。覩象告休，馳聲交抃。中賀。恭惟皇帝陛下政修六府，道格三辰。賑乏養疴，時錫萬方之壽；育萌撫乳，世無一物之疵。薰然叶氣之和，感彼層霄之瑞。連珠騰彩，順行黄道之經；披籙考占，永契豐年之兆。嘉驗清臺之奏，光垂信史之書。臣向闕傾風，共仰一人之慶；佩符起舞，均同四海之歡。臣無任。

賀破蕃賊表

蕞然醜類，已大殄於龍城；肅爾王師，遂再臨於鄯壘。復收故境，憚赫嚴威。中賀。竊惟氐疆，昔皆禹履，汙隆有異，蹙闢隨生。未請終軍之纓，莫斷匈奴之臂。天寶道喪，肆猖獗以東侵；崇寧真興，屢憂勤而西顧。未航河葦，忽墜烏弓。比雖暫得而未完，遽自速顛而還失。孝思善繼，舊壤咸歸。恭惟皇帝陛下默運神機，妙敷聖略，勝決九重之上，功無一鏃之遺。山川開日月之新，邊徼淨煙霾之翳。青海薦祉，願呈天馬之歌；積石窮源，將見仙槎之使。臣叨司外計，方備戎行，阻稱萬壽之觴，竊抃千齡之運。臣無任。

謝直秘閣表

彤庭入對，洊承三接之恩；芸閣昇華，叨奉十行之詔。循墻莫避，據蒺增憂。中謝。竊以金馬石渠，內闢藏書之府；蓬萊方丈，天開羣玉之山。育材喜詠於陵阿，垂象耀文於奎壁。世高華貫，時謂要途，宜求特異之才，可副最優之選。如臣者流離弱質，樸樕瑙材，行未免於鄉人，心漫期於絶學。徒緣貪食，偶綴辭科。困簿領之塵迷，已餘半世；思簡編之舊習，恍若前生。論文未及於窺斑，奏賦無疑於覆瓿。自慙荒落，有玷寵靈。此蓋伏遇皇帝陛下德照容光，道成善貸。鳶飛魚躍，樂聖造於天淵；雨潤雲蒸，鼓和風於草木。欲增華於遠使，故曲示於鴻私。顧臣何堪，被遇若此！臣敢不敬思可欲，無徒事於浮文；力行所知，庶勉圖於遠業。仰酬覆幬，以盡糜捐。

謝賞功表

猥被芝書，進直龍馬，超兩官而躐等，叢小已以增榮。拜命雖優，俯躬彌厲。中謝。竊以奮揚湯武，恢復堯封，集齊五路之師，進冒三峽之險。移金轉餉，敢言一道之貧；僇力鳩工，寧憚六州之寡。漫歷半歲，徒憚百爲。事切應期，罔暇資於旁助；功須核實，豈容飾以虚辭。第恐有玷於使令，敢意苟逃於誅責。得從善貸，已荷寬恩，遽冒殊私，皆非素望。此蓋伏遇皇帝陛下德涵博厚，明照幽微，審知師旅之興，無若芻糧之急。累嚴聖訓，慮乏軍須，謂其闕事而有誅，因其成功而亦録。豈謂九天之邈，能矜一介之微。臣敢不恪勵官規，益修職業，勉竭涓埃之効，上酬覆幬之恩。臣無任。

謝冀州到任表

叨承恩詔，洊易州符，祗荷寵靈，但深兢懼。中謝。伏念臣材惟樗散，識甚騃癡，務堅義守以持身，敢有利心而擇事！初畢西寧之役，亟當東里之衝，夙夜靡皇，事爲粗舉。賜汲黯之故綬，將若深鴆；御列寇之泠風，遽隨退鶂。屢被長民之寄，第增竊食之羞。此蓋伏遇皇帝陛下聖度包荒，仁心博愛，明容光而必照，道善貸而且成。兩河爲州，濫庇信都之益；九曲到海，當窮積石之源。顧慙一介之微，曷報兩儀之施？臣無任。

謝夔州到任表

比嘗塵疏，願終亳社之仙祠；今忽拜恩，俾載寧江之侯旆。仰虔嚴命，俯激懦衷。中謝。伏念臣淺甚蹄涔，利非囊穎。

每自恃其愚直，故動忤於貴權，敢萌怨尤，分甘流落。知公議之有在，荷聖朝之不遺。滅竈更炊，雖尚梁鴻之慷慨；敝衣白髮，久嗟顔駟之摧頽。而況控三峽之要津，連五溪之絶徼。初崇體勢，分鈐東道之兵屯；洊責規模，講究新疆之邊事。兹非衰朽，可副選掄。此蓋伏遇皇帝陛下體乾好生，法坤博載。察臣志不圖於安動，知臣利匪在於苟求。始甚迂疎，後皆久遠，不雷同於輕舉，使安靖而少康。益堅素心，仰遵明詔。臣無任。

謝賜茶藥表

寶奩緹襲，瑞璽泥封，恩降慶霄，光生蔀屋。中謝。伏念臣素慙譾薄，叨預使令。飛輓徒勤，尚闕關中之粟；斡旋雖力，未流地上之泉。漫殫夙夜之勞，蔑有涓塵之效。豈期眷録，遠逮寒微。此蓋伏遇皇帝陛下盛德兼容，深仁無間，示記存之必洽，俾感悦以忘勞。碧月紫煙，起清風於兩腋；丹芝玉粒，動五色於西山。誓竭微軀，仰酬洪造。臣無任。

謝熙河路轉運使到任表

書林進直，濫遊奎壁之躔；邊計分疆，謬領岷洮之節。揆能曷稱，循分難安。中謝。伏念臣賦性惟愚，受材非敏。自元豐西夏之問罪，迄元符隴右之納降；効官九被於終更，歷歲八逢於餘閏。屢馳沙漠，久應羽書，備嘗險阻之艱，敢意功名之會。心安義守，人歎數奇，已蹭蹬於半生，甘低徊於末路。忽承嚴召，入對清光，動玉色以周詢，霽天威而清問。握蘭鳴佩，初陪錦帳之班；攬轡登車，遽被繡衣之選。惟河湟之襟帶，乃秦蜀之藩維，開擴雖新，輯寧匪易。用無素備，利乏長源，將論經久之遠圖，先有倉猝之急務。事機紛錯，聖訓丁寧。再惟責重而身微，第覺寵深而能薄。此蓋伏遇皇帝陛下德以立武，功能繼文，高居九重之深，周知四海之遠。方闢國以經畫，特置官以講求，無責備於一夫，期有得於千慮。而臣誤蒙寵假，罔敢辭難。鼙鼓尚嚴，憂在冕旒之西顧；雲天初遠，心如葵藿之東傾。誓殫犬馬之勞，仰答乾坤之造。臣無任。

謝京西路轉運副使到任表

朔部分符，中玷兩河之邑；豫疆持節，東依千里之畿。仰荷休光，退增危懼。中謝。伏念臣才非濟用，識昧通方。轉守三州，愧鉛刀之何利；總輸兩路，嗟駑駕之徒勤。而況急應河流之防，虔崇陵寢之奉。圜府修政，方鼓鐵以流泉；本支疏恩，初營居而頒禄。盡承明詔，俯委懦躬。自省庸虚，曷稱掄選？兹蓋伏遇皇帝陛下湯仁務簡，舜德用中，審知世患於才難，罔責人周於器使。榱櫨並用，輪桷同施。千金受封，術固慚於絣絖；五管賜粟，功可笑於支離。臣敢不勵勉初心，力圖遠業，誓畢期於糜殞，庶上答於生成。臣無任。

代人京兆謝上表

錦書錫命，賜特出於中宸；符竹分邦，易再臨於舊治。拜恩優渥，跼蹐凌兢。中謝。伏念臣禀質惷冥，賦分奇蹇。沉舟已棄，但興駭浪之悲；戴盆至幽，忽被容光之照。起於久廢，付以中權。問罪興師，上仰承於睿算；殲渠執馘，俯粗震於天威。洊荷寵光，曲垂慰奬。至於前後之奏請，盡略狂愚而憫從。遐瞻天上九重之深，豈啻堂下千里之遠。孤悰難悉，聖念皆周，素無强援之先容，咸自淵衷之垂察。危心易感，極涕横流。此蓋伏遇皇帝陛下智燭幽微，仁均覆載。日月垂耀，凡卑高曲直不能隱其情；天地滋生，故草木昆蟲皆得遂其性。致兹寒陋，獲玷甄收。解圄水之師屯，委秦關之藩服，屢懷故綬，薦殿名城。自省遭逢，惟慙忝冒。臣方力圖涓末，期寬宵旰之憂；遥睇雲天，徒結痗勞之思。臣無任。

賀韓相太原禮上啓

眷寵中宸，撫臨全晉，涓辰開府，庶類均歡。伏惟判府經略太尉相公，鉅德邁時，沉幾先物，威聲震於憬俗，術業映於清時。樞極深嚴，肅本兵而畏厲；臺階緝穆，耀元化之丹青。一德顯乎，千齡合契，茂桐陰而垂蔭，秀棣萼以連輝。偉然家世之異倫，卓爾衣冠之盛事。三朝舊老，四海具瞻。授鉞晉邦，開四封而受祉；擁旄參野，護諸將以宣威。側聞載頌之音，已布維新之政。兵民輯睦，羌虜敉寧，顯惟當世之賢，隱若長城之勢。某方拘賤役，阻造慶班。下情不任。

問候集賢相公啓

伏以公府深嚴，徒仰熒煌之座；庶僚賤冗，敢塵咫尺之書。宣化育之至仁，奉清閒之密燕，天佑一德，體膺百祥。恭惟集賢相公元精所生，大節不奪，安國家而隆禮，衛社稷以履忠。功高三朝，望重四海。周勃在漢，莊厚而可憑；如晦於唐，斷裁而弗滯。有生蒙德，無物失宜。載惟孤蹤，久荷洪庇，阻與黃閣之拜，冀精素履之頤。瞻望台閎，下情無任。禱頌依歸之至。謹具狀上問鈞候。

賀蘇中丞啓

伏審光膺殊命，榮總中司，聞輿論之僉諧，知聖朝之遴簡。恭惟御史中丞早攄遠業，妙發賢科，方觀擊水之鵬，忽歎遡風之鶂。江湖流落，澹與世而相忘；金石堅完，第秉心而弗易。鳳衰歲久，豹變時來，果承簡拔之恩，登踐紀綱之地。獻可替否，凛然正義之歸；吐柔茹剛，肅爾羣邪之伏。某徒勞朱墨，遐睇雲天，空馳賀厦之誠，莫遂登門之慶。

賀許左丞啓

伏審眷倚中宸，寵登左轄，側聞譽命，實抃輿情。恭惟左丞識際高明，德涵純茂。發閩山之秀氣，奏第無前；鼓鼇禁之英風，摛辭獨出。早膺睿簡，寵與政機。初抗論於明庭，旋均勞於巨屏。澹無喜愠，安處險夷。雖入總於中銓，猶久傾於羣望。爰感風雲之會，再依日月之光。色動天文，燦旁輝於軫翼；味調鼎實，將有待於鹽梅。某久遠台閎，方縻塵役，遡聽芝函之異，阻陪龍坂之趨。茂悦之誠，沛集於此。

賀蔡右丞啓

伏審榮膺顯册，進轄中臺，除目遠騰，歡聲遐溢。恭惟右丞德涵健順，學造本原，夙推望實之隆，密奉聖神之眷。日月無幾，清華遍居。二耀垂光，焕西崑之文采；五羊流化，静南海之風波。出偃要藩，入虚前席。比寵承於龍綍，爰峻陟於鑾坡。雖炳蔚於帝文，猶紆抑於人望。果膺睿簡，入贊政機。隆棟凌雲，已壯巖廊之勢；和羹有味，將調彝鼎之珍。某久遠高風，謬榮末役，僭馳誠於廣厦，期委質於洪鈞。抃臆實深，抽毫奚既。

賀韓侍中知長安啓

伏審精差穀旦，大鎮雄藩，視政云初，嚮風竊抃。恭以慶慰。伏惟判府經略，司徒侍中，德爲巨老，氣稟元英，輻輳智略於上前，身繫安危於天下。三朝忠藎，萬國儀刑。帝思秦雍之區，疆控夏汧之要，兵須節制，衆頼撫寧。非宰輔之自行，慮宸憂之未釋，矴清邊瑣，歸總台司。某職繫統臨，地需厦廕，瞻望旌棨，下情欣抃激切之至。

回潁州林内翰啓

日新堯歷，爰開四序之初；時告夏正，肇發三陽之始。伏惟知府内翰久懷妙畫，密簡淵衷。紫禁晝閒，動雅情於紅藻；鑾坡夜直，驚異眷於金蓮。比承將命之榮，暫有分符之秩。顯膺華旦，茂擁殊祥，顧慶禮之未修，辱貽音之遠賜。内循簡緩，仰服謙光，第頌德以深勤，豈抽毫之能既。

回提刑賀冬啓

新陽應律，長景生圭，進堯曆之初躔，講漢庭之亞會。恭以提刑户部，高文華國，妙略映時，周通枉滯之情，雅有澄清之志。履兹吉旦，翕受純禧。顧奏牘之未遑，辱占辭之遠及。重慚不敏，但服殊私。方專奉詔之趨，阻奉稱觴之慶。其如傾頌，罔究敷宣。

回潁昌林待制賀冬啓

氣應發潛，静以待陰陽之定；卦推歸本，復其見天地之心。恭以知府安撫待制，盛德顯乎，美材卓軼。顒卬法從，早登延閣之華；偃息藩垣，寵有介圭之錫。茂乘慶旦，允集繁禧。遠承一介之馳，先枉五雲之翰。愧慚禱頌，百倍常情。

回吴常平謝到任啓

寵被恩書，肅持使節，涓辰任事，嚮聽增愉。竊惟常平立法之初，實出周恤哀民之意。高貲有術，務厚息以侵漁；重沒無端，致破[一]産而困弊。務權柄歸於公上，俾斂散付之有司。審其變通，爲之改作。後多觀望，無異兼并，皆謀疎進而疎成，惟欲多散而多利。强爲抑配，暴肆催驅，孰躬美政之原，第習近身之計。伏惟提舉朝奉，處心必厚，愛物無私，周知善惡之由，能布朝廷之美。俾民無憾，與時維新，已欣聖德之可傳，更荷柔風之遠及。其如抃對，茂章予懷。

[一]「破」：原作「波」，據文意改。

卷三

書牘

上章丞相言邊事書

復頓首再拜。復愚疏無識，然屢陳鄙見，仰荷鈞造，不惟不罪狂妄，亦蒙採納，感服無已。諒惟高明，知其盡心於門下然爾。復近見尚書省樞院劄子下經略司，皆立畫一措置邊事，經略司一一遵依施行，復竊深思有未然者。如朝廷必欲歸於上，令邊臣一聽指揮則可矣，然於邊情事機恐難盡悉。蓋乘機應變，間不容髮，事有萬端，而決策於廟堂之上，定計於千里之外，苟違令則廢命，從令則或有不可。廢命則後來之命雖嚴，人敢故違，從其不可，則目前之敗莫救。蓋傳聞與親見、遥度與臨機有異。廢命則肆情玩法之弊起，失事則邊情遂摇，雖亦行罰，人亦不服。今之獻策者甚多，可取者百無一二，皆謀身之計，多徵引舊事。如漢文帝時匈奴大入蕭關，今夏賊所用之兵及首領與夫犯邊之策，盡如漢文時匈奴事體否？此皆空言而不可用也。且今經略司遣統領官出塞，亦姑授其大略，洎出塞，凡百盡在統領官矣。其密邇尚且如此，況又其遠者乎！若只責其無敗事，使在外不能窺測朝廷之意，邊臣上下不敢苟簡，亦不敢便安自營，如此則在上者簡而有要，朝廷之體益重。復瞽謬不識事機，惟相公裁擇。復頓首再拜。

上户部范侍郎書

某頓首再拜户部侍郎：　春氣暄和，伏惟尊候萬福。前者人還，蒙賜教答，上荷謙眷，不勝感戴。某昨承問役法，今具管見布聽。近降指揮，役事令安撫司與漕憲同議，但不無觀望，故未知利害之情實。向日田役税出，亦略循唐楊炎兩税之法。今之役錢，乃向之差役舊税沿納錢，内有鹽鞋麻布牛皮等錢十餘色。昨因方田，盡隱其名，並只稱雜錢。今麴引別行出賣，牛死納官。昔時計口受鹽，春中俵散，至夏隨税納錢。近日穆衍奏請，更不俵鹽，乾令納錢，又啓此無名之源。非惟無名，而又隨税支移折變，抑又甚矣。民丁已充保甲，更要差役，一户兩丁，盡應官事，恐亦難行。若論丁口人數，則有保甲正丁餘丁簿照會，若家業等第自行免役，後來非如向日的實。今若重別檢校陞降，必須大擾，終不能盡。又一縣之間，三等已上户有差役不及兩番者，州郡衙前不以管下縣之户口多寡、等第高下分差，因此遂及下户。下户與上户均承重役，安能久行？似此非一，監司怙勢，抑令州縣奉行偏見，是致紛紛久未能定。緣一路於天下一州一縣事體各有不同，廟堂之上不能周見。苟遽欲改更，決有窒礙，莫須熟講，非立談可判也。略此不及詳細，幸恕察。

又上章丞相書一

某頓首再拜僕射門下相公：　春氣漸暄，即日伏惟機政清暇，台候動止萬福。青唐事已白，張漕一一上覆。緣轄沁本婁齊勒部族，董戩取其母收而嬖之，轄沁隨母入董戩家，董戩久病不能出入，與諸首領不相見，凡措置國事、傳遞語言，皆命轄沁與之。久而轄沁擅權，因董戩死，果莊助而立之，非誠使之立也，姑立有待而篡爾。果莊死，無助，國人陰有欲逐之意，轄沁微知之。每朝廷遣使至青唐，大夸於其國，以謂有朝廷之助。自前歲以來専寵夏國僞公主，從其所好，修寺造塔，科配國中出金，國人大怨。今結斡綽克乃果莊之子，星摩沁戩乃董戩在日用事之人，各有篡心，各欲因國人怨而起事，但兩酋未敢先動。轄沁已不能立，欲與其黨盡出歸漢，近兩遣酋首嘉木燦及且依結將蕃字來要兵馬迎接。前月經略司遣蕃僧往青唐及喬家族上下體訪事實，昨日回，方言結斡綽克、星摩沁戩各聚集部族，今却不敢作事。已同遣兵馬往上喬家族唤溪巴烏，緣溪巴烏是董戩堂弟，青唐人須是貴種立作王子方肯信服。今聞溪巴烏不肯來，爲溪巴烏長子布贊已被果莊欲立轄沁時殺之，有布贊弟隆贊，年十八九歲，却肯來，未見起發時日。今國中既别立王子，即轄沁畏禍，并其黨首領決然出漢，不敢去投夏國。爲舊日累曾與夏國讐賽，此事甚的。昨準朝旨措置招納，及須要收復青唐，近者經略司已具畫一奏請。但轄沁既來，待之須優，首領高下須有等級，其餘部族未給田之際，或無田可給，並要日支口食，此甚有所費。又彼人初到青唐，未能主事，首領心不齊一，乘機取之甚易。只是既取事初，須得重兵鎮守，聞青唐苦無糧儲，道路艱澀，難於般運。自河州至邈川四程，邈川至青唐約四程，過三隘路，此最可慮。蓋守地必以城，守城必以兵，聚兵必以錢糧，一日無糧，城不能守也，仍更慮别有緩急。凡此，相公皆必已熟計之矣。其餘事之節目備於奏狀及張漕書中，某續亦别具拜覆次。不宣。某頓首再拜。

又上章丞相書二

某頓首上啓。某蒙賜台問，前日不取幹珠爾城，事機的是如何。本路昨自七月初四日後來探報，得夏國大段點集人馬。又每日得涇原關報，夏賊决來侵犯平夏城一帶，及稱國母、夏國主兩人自統領傾國人馬前來；又稱前後諸處探報並同，請依朝旨出兵牽制。及準尚書省、樞密院劄子，並坐涇原所奏，令本路出兵牽制，及指揮令破蕩西涼府已來一帶部族家計，不得徒爲文具。本路經略司牽總管王愍統領雷秀、王贍、李澄、康謂及諸將人馬，并將帶日近招到夏國僞御史中丞屈成及屈成親舅前去。緣屈成是夏國右廂統軍星多貝中親姪，貝中部族並在西涼府一帶左右，其西涼人馬見攻圍平夏城，故使屈成爲之向導。某當時親在軍中，既統領人馬過河，以大軍前去，恐斡珠爾城乘虛出兵，却來侵犯西關，及金城關，遂令康謂分帶軍兵四千餘人往斡珠爾城作攻城次第，牽制賊計。有王贍、李澄纔入蕃界，見蕃騎三十餘人，只要取此遊騎，不肯前來。王贍本邊人弓箭手之子，妄作士人舉止，李澄乃賊李三李定之子，並無所能，王愍遂留此兩人，及量留步人，只令在濟沙谷内盤泊。與雷秀統領其餘諸將人馬，過實勒頗卜朗，往西北過雪山及炳靈寺；又西北，令雷秀分統人馬兩路入，却會各有斬獲。到彼見山上火起，問之，已報軍前次第右廂人馬一兩日却回來到，乃收聚兵將却歸，遂解涇原之圍。及遣騎至報，康謂令歸自來，體問得斡珠爾城中守禦常有千人已上，器械防城之具甚備，城壁堅完，非五萬人已上未可輕攻。緣攻城須作番次，又須别整齊軍馬隄備外援，俟城上矢石欲盡，方能併力下手。今量分四千餘人，並不曾略施攻具，豈有得城之理？王愍前去四日三夜，雪中往來走七八百里，斬獲二千八百餘級，驅略到生口八百餘人，内有夏國僞公主及近上首領。王贍以已不敢去，恐王愍申舉，又妬王愍成功，妄有媒孽。某體訪前後諸路出師牽制，只是纔出漢界一二十里，盤泊却歸，未有似今日實爲鄰路解圍，獲功如此。王愍忠勇老練，雷秀遇敵果敢，本路諸將皆無及者，此相公必素知之。今蒙垂問，不敢不具實拜覆，伏乞詳察。某頓首上啓。

與張橫渠書

某蒙誨諭宗子之法，若以差等言之，則自天子下至公卿大夫士庶人，其法各不同。每遷之遠，必須有異諸侯，每一君各爲一大宗，而小宗又應不一。五世之間，其衆亦滋而同繼其祖，同繼其祖則同謂之繼曾祖。同繼曾祖之小宗，而於大宗如何？而公子之宗至於親盡，則各立其宗。若大宗中絶，則當誰繼？以春秋考之，魯之考公、煬公、幽公、魏公、獻公、武公、孝公皆弟也，不可以爲宗子之法。又傳云：「同姓從宗子之族屬。」其法亦不見，今若爲之説，恐非周禮。此制久廢，若得其説，禮可行也。

回歐陽學士書

某蒙問煙波子，往年於長安雷氏曾見圖象，亦於小説中見，名志和，字子同，張其姓也。常漁於洞庭，顔魯公在吳興，愛其高逸，以漁歌五首贈之。志和乃摘句配景，自畫成幅，人禽草木，風雨煙雲，雅盡其妙。後人多模倣而傳之。今所示畫得非祖述否？近世有傳漁父詞，此音舊矣，恐非始於煙波子，不審於他書中曾見否？

與李學士昭玘書

某承諭顔魯公墓碑。某昔閲舊史，唐德宗興元元年八月三日，李希烈使閹奴與賊將辛景臻縊魯公。其年五月，李晟已收復京師。六月，幽州軍士韓旻斬朱泚於彭原。興元二年改貞元。貞元二年李希烈爲牙將陳仙奇所酖，并誅其妻子，以淮南歸順，乃護送魯公喪歸葬京師。其忠烈如此。當時喪葬必不草草，但舊史不書，不知其爲立碑也。長安、洛陽圖志，昨赴官不曾帶行，未得討閲。向有小説，言魯公葬後，其家僕遇之於洛水北，狀貌如平生，付白金令濟其家。記之不詳，俟再尋閲也。

答李忱承議書

某再拜。遞中遠蒙貺，伏審燕居超逸，體履增勝，無任感慰之深。承聞恬養自得，不廢著述，益知賢者之樂，異於衆人，仰服無已。辱諭修地理書，此某素志，願爲之久矣。然累思之，此非私居位下者所能集。前世作者，其紀類條目，在天必考星辰所臨以别野，在地則以禹貢所分以定區域。其間郡邑山川、物産風俗與夫故事遺跡，舊書所載，無不闕略，亦多訛謬。蓋有得於傳聞或田夫野老之語，或好怪誕僻之言，無所證據，本末又多不完。且如盛弘之荆州記、晉太康記、虞喜地林、三輔決録、鄴中記、辛氏三秦記、括地志、寰宇記、述征記、水經，似此等書不啻百餘家。苟盡能得之，廣聚其言，博爲採擇，又詢於知者，及得好事者共成之，待以歲月，或有可就之理。蓋此等書非一人之家盡備，雖知有藏者，無力可得，又編寫非三五人之工可了，所謂非私居位下者可集也。如唐鄭餘慶四蕃十道志、元和郡國志，祇是官司文字，甚爲可採。某居長安已二十年，關中自周、秦、漢、晉、南北分裂，後魏、後周、隋、唐已來事跡，諸家所紀百不載一二。嘗與親舊於前人碑刻、詩賦、小説間見其遺事，因暇遊覽，方見其實，時亦得聞潛德幽隱之高行、名卿賢臣之事業、明君聖王之美跡，今書史不傳，徒慨然也。某再拜。

此書若欲其山川人物、風俗物産、郡邑興廢諸事一一盡載，及今古小説、詩賦、碑刻故事遺跡皆詳備，須數千卷方能了，此非一人之工所能集。若有同志人多共成，雖未一一全備，猶勝已前者。又有一事凡數説者，且皆存之。

回王漕書

某啓。梁洋及其東西乃岐雍之南屏，舊有驛路，自岐雍可以直出而至。昔曹孟德伐蜀，先取漢中，不能守而歸，孔明欲圖中原，亦自漢中出師，蓋壤地相錯也。當秦惠王時，先取漢而入蜀。後光武使吴漢伐公孫述，魏司馬宣王使鄧艾取劉禪，晉穆帝使朱齡石伐譙縱，梁武帝使鄧元起伐劉季述，周太祖使尉遲迥平蕭紀，隋文帝使梁睿平王謙，唐憲宗命高崇文平劉闢，自秦至唐元和，九次伐蜀，四爲水軍泝江而上，秦與鄧艾、尉遲迥、梁睿、高崇文皆在斜谷及駱谷出師南討，德宗自奉天趨興元，亦從斜谷去。五代後唐莊宗取王衍，本朝取孟昶，亦自此路入蜀。今商販亦自長安之南子午谷直趨洋州，自洋南至達州。若兩路漕司差官會議於境上，畫圖以閲，舊跡可見。但山路須有登陟，往日曾爲驛程，今雖廢壞，興工想亦不難矣，惟裁度。某啓上。

與王漕欽臣書

某再拜。蒙問驪山華清名宫之意。此因左思賦有「溫泉毖湧而自浪，華清蕩邪而却老」，又後周王褒作溫泉碑用左思魏都賦語，有「華清駐老」之辭。唐明皇每歲多幸驪山，又其初甚有清静好道長生之意，唐人必因此以命宫名。故宫中之殿名之曰長生殿，所養鹿號曰長生鹿，後人以鹿居山乃禄山之讖。長生殿基今尚存。王褒碑某少年曾見之，後不復見全本，候得暇記録上呈。

又

某蒙問王褒溫泉碑，今録所記者上呈：「原夫二儀開闢，雷風以之通響；五材運行，水火因而並用。炎上作苦，既麗純陽之德；潤下作鹹，且協凝陰之度。至於遷陵熟溪，沉魚沸浪，炎洲烘地，火鼠含煙。火井飛泉，垂天遠扇；焦原涌水，衝浪迸集。甘泉浴日，跳波邁椒丘之野；湯谷揚濤，激水疾龍門之箭。故以地伏流黄，神泉愈疾。銘曰：挺此溫谷，驪山之陰。白礬上徹，丹砂下沉。華清駐老，飛流瑩心。谷神不死，川德愈深。」其脱謬不能知也。

又

某承問王巖碑，乃耀州美原縣學碑也。王巖，唐美原縣令，其碑書撰皆巖自爲，碑今尚在。歐陽永叔亦取之，不知在耀邑。

回汪衍承議書

某啓。昨知出往河外，往回計須月餘，故未敢馳問。今聞還旆，暑途登涉，德履何如？接事必盡得要領，素未諳者，無不駭愕，知底裏則發笑而憤矣。承借徐季海書墨跡，新秋雨霽，展玩累日，遂忘飲食，能生人喜氣如此，季海晚年書也。季海書碑刻甚多，若其父嶠之墓碑、董孝子碣、開河碑、龍潭寺、般若寺、三洞弟子鰻井詩、嵩山題經、不空三藏碑。此石刻尋常屢見，粗能記者。其書法不一，少時學其父書，筆畫方勁，多露芒角，晚乃收拾藏鋒。歷觀前人能書者亦多如此，非惟所用之筆時有不同，亦別有新意。顏魯公爲醴泉尉時，書畫纖勁清麗，後爲武部員外郎，書千福寺碑，方實茂密，晚節骨力遒勁，方正嚴重。季海少時題千佛寺碑額，作八分書，筆勢圓媚可愛，老而筆力雄强，肉中有骨。司空表聖云「如怒猊抉石，渴驥奔泉」，信佳論也。禄山作亂，顏魯公與季海同在河朔，舉兵相應以禦禄山，晚爲嶺南節度使，唐史所載甚略。蒙諭跋其後，漫識之。不宣。某再拜。

回蔡太丞書

某啓。近者隸從取道，得遂覯止，殊慰夙昔景仰之勤。比違，方深馳向，忽辱翰承已奉朝請，動止清福，感慰感慰。蒙問趙襄子、智伯事，乃太原故城是也。當日分晉水爲二流，一引而灌城，今遺跡不可究。公孫杵臼、程嬰墓昔年略曾究之，在邯鄲縣西一十二里，有趙簡子墓，又其西有石子岡，二人墓皆在其側。趙簡子墓如硯，自古傳爲硯子冢，石虎曾令人發之，初得炭，深一丈得木板，次有泉水，作絞車以皮囊汲之，一月不絕而止，今亦不見其穿鑿處。杵臼與嬰實存趙氏，當今宜奉廟食，聞此向已有人曾言，不知其時曾行否？今或下絳州亦訪之，恐非是，須是在趙可得其實。不宣。某再拜。

答晉城令張翼書

某辱問赤伏事所出，昔年見琴操，魯哀公十四年西狩，薪者獲麟，擊之，傷其左足，將以示孔子，孔子見，俛而泣，抱麟而言曰：「爾孰爲來哉？」反袂拭面，仰視其人，龍顔日角。孔子奉麟之口，久而吐三卷圖：一曰赤伏，劉季興爲主；二曰周滅，夫子將終；三曰爲漢制造孝經。夫子謂子夏曰：「新主將出，如獲麟者。」至漢將興，高祖斬白蛇，素靈夜哭曰：「白帝滅，赤帝興。」自古推歷數者，言五行之運以相生者繼之。周以木德王天下，以秦爲閏，不當繼周，木生火，漢當承周，漢爲火德，故曰赤伏焉。此出於緯書也。六經謂之經，經，常道也。經必有緯，緯，言其變也，多言災祥世數，聖人不敢以此爲法，恐失先王之大道也。讖者，驗也，言有其兆必有其驗。桓譚不讀讖，非不知讖，欲其君知道也。讖書不曾見於書史中，略見之梵書中，亦有知之曰：西天有修多羅讖，言釋氏之教興廢，則讖書其來遠矣。某啓上。

與范鉞朝請書

某承借觀唐人畫邢和璞、房琯及西河篆字，此事某常於小說見之，然與西河所書小異。小說所載邢事甚衆，謂是得道之士，能役鬼神。向觀潁陽隱書，粗見其術。今此畫言邢知房次律，乃智永禪師後身，鑿地取前世所藏之書，使房廓然發悟，亦甚異也。畫筆法意象不甚高古，而近世畫者不能及。謹令還納，惟檢入。

回周祉法曹書

承諭滕王閣記，此不足稱也。唐初文章沿江左餘風，氣格卑弱，殊無古意。庾信作馬射賦云：「落霞與芝蓋齊飛，楊柳共春旗一色。」後人愛而效之。武德二年，巢剌王建舍利塔於懷州，作記云：「白雲與嶺松張蓋，明月共巖桂分叢。」如此者甚多。當時好尚，勃狃於習俗，故一時稱之。凡爲文須是理勝，若庾肩吾與其子信、徐摛與其子陵，皆有辭筆，江左未盛稱之。此皆不足法，舊史言爲文之罪人，故唐之後來，無人作此等語。

回知隰州劉季孫左藏書

某再拜。承示佳什，詞意爽拔，不勝降歎。樂天筆跡，往年於長安蕭隨中舍處見之，與此少異。恐起草不甚用意，然其放逸自在，尤可追想其風概。方牛、李相傾，朝廷道路皆不敢以目，而樂天出入於二黨之間，在彼無惡，在此無斁，非賢者安能如是？觀其書，論其人，此筆跡尤可貴也。王摩詰畫竹亦嘗見於岐下僧舍，此筆尤老而勁，又極自然，非尋常所能到。得觀甚幸，謹還納，惟檢入。承問李侯所藏王子敬帖，亦常見之，此乃唐人臨搨者，極易辨。一軸凡四帖，分寄三人，而紙用兩幅，安有帖寄兩人、紙用一幅乎？始收者不能辨，印記題跋甚秘，後來但見貴人所寶，故歷代傳以爲真也。二王書跡，東晉之盛，上下已皆愛重，又父子皆不惜筆畫，宜其傳者甚多，但累經喪亂，今遂無有。昔南梁承聖末遺于謹襲江陵，梁元帝將降，乃聚古今圖書十四萬卷并大小二王書跡，命後閣舍人高善寶焚之，歷代所藏盡爲灰燼。唐太宗好書，人間所藏，求之殆盡，藏於内府，高宗以後或賜予、或盜竊，又散落人間。宗楚客中宗時爲中書令，奏事承恩，乃乞大小二王真跡，勅賜二十卷，大小各十軸，楚客裝作屏風。王涯作相，專求法書，盡以金帛官職致之，涯既被害，人但取裝飾金玉，書畫皆焚棄，經五代故無孑遺。今書學不競，用筆之法絶而不傳，雖臨搨之本，舉世略無一二，亦使人時爲慨然也。

回盧教授書一

某啓。兩辱惠書，不勝感荷。春寒，伏惟優游庠序，體候清和，良深慰忭。承稱譽過當，甚非所望。某管見謏聞，幼少勉於記誦，蓋欲博極前言往行。既長，究觀前人之言行，或乘其時，或因其人，或應其當日之事，至孔子之與門弟子應答及其餘來問者，率是如此，乃事之一端，未盡其道之大概。學者當深造求得其原，得其原則左右從容，無不可矣。此某之所學未敢自謂已至於此也。子貢曰：「夫子之文章可得而聞也，性與天道不可得而聞也。」此乃知子貢不妄自謂有得也。子曰：「吾道一以貫之。」此聖人言道大體也。曾子以所見而言曰「忠恕而已」，此未盡孔子之言也。夫道無不在也，不可增也，不可損也，不可撓也，不可澄也，欲外之而不能外也，欲去之而不可去也，欲强親之亦非也，欲强疎之亦非也。人日用而不知也，不求其本，尋文摘句，是入海算沙也。心之所自得，雖因聞見，若脱然自悟，聞見乃筌蹄矣。請思之。不宣。某再拜。

又

某頓首啓。洊辱華翰，仰服眷勤，伏承履茲春和，静作佳福，感慰叵量。某局事少暇，不得安静，勉力應接，皆不得已，亦須時役思慮，但夙夜且爲之推遣。蒙諭著書，此非某所能，亦非某所敢議也。聖人之道不傳也久矣，後之爲書失其本根而求其枝葉，就其枝葉又爲蔓辭，不知言之愈多，去道愈遠，又務漁獵近似之語，欲自成一家。此皆中無所有，苟求虚名也，是皆君子之罪人也。學者求爲君子矣，前人之言，切於事者無如論語與孟子，不能於此二書窮講其趣，安知入德之路？捨此而欲求新奇之言，非所謂善學也。今人之於善未嘗講究，又未嘗分明作得一事，至於没齒不知果如何謂之善，但隨人南北，茫茫然醉生夢死。孟子言：「行之而不著，習矣而不察，終身由之而不知其道。」正謂是也。某此意居常不敢妄言於人，恐取尤悔。累承見問，故略拜聞。某頓首。

回謝教授書

承問樂，昔戰國時所謂古樂已非盡是先王之樂。自周衰，樂工分散，適秦漢齊楚，古樂安得全在箜篌？有小説謂師延作始於桑間濮上，人傳之，師涓嘗爲晉文公鼓之，後鄭衛分其地，故以鄭衛之音爲淫聲。又風俗通曰：漢武帝禮泰山、太一、后土，令樂人侯調依琴作坎，侯言其音坎坎應節，侯者以其姓也，故亦曰「坎侯笛」。風俗通曰：武帝時丘中所作也。笛，滌也，滌除邪穢也。長尺有四寸，七孔。後有羌笛，馬融賦之笛者，古之籥也，後世損益而異也。今之長簫乃洞簫也，非簫韶之簫也。霓裳，開元時曲，劉禹錫詩云：「三鄉陌上望仙山，歸作霓裳羽衣曲。」又唐人詩曰：「聽松聽水作霓裳。」又小説，明皇與術士葉静能遊月宫，歸作霓裳舞，此某幼小聞其説如此。

答党綸教授書

承示新論，詞氣甚壯，足以發人之意。但魯肅非可以擬武侯。孫權據有江東，事勢已成，但未僭位，魯肅使之僭耳。劉玄德無一旅之衆，武侯與之開國定霸，甚相遠也。二人之事見於本志，可檢見之。武侯戮馬謖，蔣琬非之，後人從而議焉。當時馬謖若違武侯節度能爲成功，武侯智計不至，則武侯可議，既違，果致街亭之敗，安得不行法令？若取蔣琬之言，貶武侯之大體，甚未可也。

與嚴灝司理書

某啓。辱簡，欣承春和，體中佳粹。權文公集久留，甚愧。鼎鏡恐非舊物，製作殊無雅思。唐時午日揚州江心鑄鏡供進，又玄宗千秋節外進方鏡。某家昔收得一面，乃是方鏡，背鼻有篆文五日字，面徑八寸，重五十兩，與此甚異。鼎銘云「開耀四年」，此非也。高宗永隆二年改開耀，開耀二年二月已改永淳矣。今並還納，請檢入。盛露囊，千秋節戚里皆進。華山記云：「弘農鄧紹八月曉入華山，見童子執五綵囊盛柏露飲之。」又荆楚風土記以五綵結眼明囊，相傳赤松子以囊盛柏露飲之而長生。皆八月中事，爲之乃祝壽之意。某啓上。

卷四

書牘

與運判朱勃正言書

某再拜。違去聲光半月，不勝瞻仰，即日不審尊候何似。某到太原留三日，畢憲議役法，竟無果決，恐錢運留滯，徑且北行。根究得臨汾、洪洞、趙城三邑未到，嵜嵐已牒本軍差官南去催促。今日領牒命河外三州并保德軍，令用三分見錢、七分鈔糴買，此事某未敢便依稟行報四處。緣本路糴買自某初到，蒙差措置，只令用鈔。以本路自近裏般運見錢，鐵錢脚重，須只般一色銅錢。嘗以三歲計之，本路諸色所入銅錢無幾，不準近裏支用不足，又般運脚費數多支與客人，亦決不肯顧脚却般回，並須流入二敵，無復更還，雖嚴刑不能止也。昨胡吏部創支一色見錢，胡漕鼎來此，雖不知本末，有意希望，欲得速成糴買見錢，客人亦患不能般回，只是於專斗等處行用，今獻說者乃與糴官專斗爲地。此事灼然，望少待之。蓋繫一路久遠利害，如將來舉事糴買軍儲未就，某乞獨坐受責。候到新秦别上狀。初秋，伏冀爲國自重。

回舒之翰承議書

某再拜。睽逖之久，瞻嚮徒勤。忽領榮翰，伏審旅食京師，動止佳福，慰戢。沛集鹽事，前曾略具其概拜聞。此事於官中所繫甚輕，於一路細民所繫甚重。永利兩鹽并一路歲額所入纔十餘萬緡，其中官本四分，馬城池出賣不行已四年餘。自陳子堅變法，後來州縣追捕刑獄，連逮禁繫無虛日，根究過致及巡邏人死於獄中者歲近百人。馬城池鹽是陳子堅與忻守燕復將解鹽封進，欺罔求賞，將本池苦鹽抑配人戸出賣，本司已奏乞罷燕復及乞禁抑配立法。范、謝二漕各執偏見，不敢變前日已奏之議。此若一向官賣，須有抑配，若只令客販，客或不來無可督責。昨日聞報，朝廷以此事暫使本路，幸且枉駕，乘謝在此共議，二人皆已求去，若遂其請，後來者愈不知本末。春寒，惟冀保重。

與運使張少卿書

某再拜運使少卿：違德踰旬，不勝瞻仰，即日伏惟動止萬福。某自汾入石，相度應副石州歲計，自來支移，限以地里，故汾州東諸縣衹遠一二十里，皆不到石州。石州以此納數甚少。又以對岸延州諸寨糴價大段太高，牽引客人多過河西。今石窟驛去石州一驛，東至汾州甚近，汾東諸縣皆以彼送納，本處自有監驛，兼煙火自可照管，但舊倉甚小，須當添修。汾、石皆産木植，令兩縣同修，不日可畢。候二稅納足，或團廂軍般運，或今番就請，即石州便足，却將石州糴本分與葭蘆及克胡，此最甚便，非惟今日，亦久遠可行。今并圖子拜呈，不知大旆何日比按，欲就太原拜見。余乞以時自重，不宣。某再拜。

答張尉書

承示新詩，仰服留心不倦。人之爲文與詩最見精神，若品格已定，辭氣卑凡，不能更有損益，此甚不佳也。猶肆筵犒設，大排二十四味，件件皆有，而無可下筯去處。若雖未成就，其中自有佳語，是猶雛鶴褷褷，戛然一鳴，知其爲雲霄外物。又意有數十言不能盡，只用故事三兩字可總而盡之，此又貴乎博聞也。若塵言常能盡去，而立意造語務求高古清新，此又非尋常所到也。兹豈一端而已哉！嘗曰：讀其言知其人，幸無求小成也。某上。

答李成季書

河源圖昨據降酋所説畫之，亦恐未然。唐貞觀年命李靖等攻吐谷渾，侯君集與江夏王道宗趣南路，登漢哭山，過烏海，北望積石山，觀河源之所出。後長慶二年，劉全鼎往西蕃會盟，往來渡黄河上流，在洪濟西南二千餘里，其水極淺狹，春可涉。其南三百餘里有三山，形如鏊，河源在其間，水甚清泠，經歷水會多，成大河，色遂赤。舊史所載如此。今降酋只青唐河南人，恐未是的。某又啓。

答彭元發書

某啓。辱書累幅，極荷勤至，非見愛之厚，何以及此？人之仕宦皆欲速進，皆欲得美官。入仕之徑以進士爲優，其賢良方正、直諫等科，比之進士又高，中其科者人尤貴之，其進必速，美官刻日可至，歆羡者多，願爲者衆也。然而知義守分稍自愛者，未嘗往求而與選焉。某幼時所學聲律偶儷之文耳，年十六歲就太學取解，是時試詩誤中，以故不赴禮部試，遂不復以科舉爲意，但當博考前言往行，篤於爲善而已矣。後十餘年，迫於生計，學今日程文，一試而忝預名第，斗禄足以自養，益堅向日讀書爲善之志。此外妄求，非惟不敢輕萌，亦自然無毫髮意。蓋賢科之目，其體甚高，安敢自當！而又有著令須從官共薦進論，被召乃試，此豈某所能爲？蒙諭，不勝愧怍。某啓上。

又

某又承諭，天下事未有不求而得，欲某以書干當路顯者。某屢默觀，投書於高位，有置而不觀者，有觀而不終者，有粗觀而明讀者，有讀而不識句讀者。某每不罪其受書之人，罪其獻者不自重而妄動也。元發試取所謂賢科者程文，與今之進士程文考之，相去幾何？皆浮詞耳。其所獻書，爲之大言。露才揚己，觀之可愧，其進卷與程文何異？洎中其科，得美官，曾有何補？乃給朝廷之一術耳。某向氣力不强，别無可以營餬口，遂從科舉，誤爾中第。今思裹飯俯首，列坐庭下，辱莫甚焉，而使又爲之，誠不能也。若某可以耕於寬閒之野、釣於寂寞之濱而足爲生，豈禄仕云哉！某又啓。

答耀州諸進士書

某昨得郡符，召詣郡議事，既至，適會二使者在郡中。使者與太守誤以某治邑爲能，欲與華原史令對易，庶令兼教官職事。某聞之，日得與諸君講學，不勝幸甚。然徐思之，史令非次對易，異日調官有礙，此外不敢默然無言也，故託以他事辭之。今尚未報，前日承州符，先令兼教授，除攝於外，舊無此例，已辭不獲。今辱長牋，委細見喻，仰服意好，益愧不敢。某昔遊場屋，程文偶中有司之意，此特一時之幸耳，非所謂學也。諸君切於禄仕，須學時文，其力行深造不可不勉，某非晚以役法會議，須再到郡中，餘可面究。未閒，冀愛重。某再拜。

又答耀州諸進士書

某辱問科舉程文之體，今之印行，爲有司考之在高等者，其文乃程文之體也。雖然，此豈有定體？先須講求義理的當，中心涣然，乃可作文。義理若非，雖洪筆麗藻，亦非矣。又爲文須去塵言，用事實，貴整齊，意分明，此其大略也。諸君於此想盡善矣，勉應佳問。某再啓。

答趙子强書

某啓。辱書，承涉冬講學不倦，履尚多福，甚慰甚慰。所寄新文累篇，足見用心。但論一人之事，須知其人才識本末及其行事，乃可爲説。若唐高祖雖是創業之君，比之漢高祖、光武殆遠。初爲汾陽宫監，裴寂詠而誘之，遂納其宫人。既納太宗之謀，紿而聚烏合之衆，至霍邑阻雨，乃欲退歸。將至蒲津，先遣建成、元吉、劉文靜據永豐倉，守潼關。又太宗自龍門縣渡河入韓城，來渭北徇衆，方能中間渡河。既受隋禪，以宋金剛尚有晉、絳，乃欲棄河東以河爲界。京邑自周秦以來在雍岐，吐蕃犯邊，乃欲遷於山南。受建成、元吉之譖而疑太宗。以此數事觀之，其人可見矣。凡作論，若只以一事言之，皆不盡。古之聖帝明王，治身、治家、治國，三綱五常，人倫之道而已。唐之父子、君臣、夫婦、兄弟之道，皆廢禮義，上下無所措，其享國至於二百八十餘年，亦幸矣。禮義立，則女謁、宦官、藩鎮，安得至於禍敗歟？某啓。

又答趙子强書

某承諭，揚子雲，近世學者謂之聖人，此論甚未當。若惟寂惟寞自投閣，爰清爰靜作符命，皆舊史之妄。班固去雄未遠，其傳與贊皆謂之妄，今去雄千年，緣何而别爲之辭？史若不可信，雄又言「未有如漢公之懿」，此又何如？有道則仕，劇秦美新，合於理義否？按雄家牒，雄以天鳳五年卒，葬於安陵坂上，當時所厚如沛郡桓君山、平陵茹子禮、弟子鉅鹿侯芭共爲治喪，侯芭作墳，號曰「立塚」，已湮滅不可見。某又上。

又回趙子强書

辱書，王子年拾遺等事。子年名嘉，乃苻堅、姚萇時人，隱於東陽谷，鑿穴而居，弟子受業者百餘人，皆穴處。季龍兵亂，棄其徒衆，遷於倒獸山，今在華州渭南縣，一名互象山，後不知所終。其書多荒怪不可考，乃莊周所謂齊諧者也。伯樂，傳記所見事，其説不一，王褒聖主賢臣頌云：「及至駕齧，膝驂乘旦，王良執靶，韓哀附輿。」張晏注云：「王良郵無恤，字伯樂。」顔師古參驗左氏傳及國語、孟子，郵無恤、郵良、劉無止、王良，總一人也。楚辭「驥躊躕於敝輦，遇孫陽而得代。」王逸云：「孫陽，伯樂姓名也。」或云伯樂秦穆公時人，考其年代不相當。張湛云：「良字伯樂。」亦非也。此皆前人所言如此，未得考證，不知更曾於他書見否？某上。

又答趙子强書

孔子未嘗著書，於詩、書但有去取，春秋因魯史而修之，易道隱秘，略發明之，亦未盡露也。孟子與衆人講論答問，當時集録而成書，亦非自著也。孔子之所自得者不可得而知，故子貢言：「言性與天道不可得而聞。」孟子之所自得，自嘗言之矣，曰：「盡心知性，存心養性。」又曰：「我知言，我善養吾浩然之氣。」又曰：「君子深造之以道，欲其自得之也。」聖人之自得難以輕語諸人，豈若尋常之好作詞語者！君子之於言也，達其理而已，故孔子曰：「予欲無言。」孟子亦曰：「予豈好辨哉？予不得已也。」是皆非尚辭也。若揚雄之於道，自無所得也，作法言，其問者非所疑也，其答者非所不知也。作太玄，以太初曆之法分四時二十四氣二十八舍之度，太陽所行之數，文之以言，擬乎易，特好名而爲之也。使雄若知道，法言與太玄皆不作矣。夫聖人之道至於神極矣，揚雄之法言曰：「神在所潛，潛天而天，潛地而地，天地神明之所不測，心之潛也，猶將測之，況於人乎？況於事倫乎？」此雄以思索爲神，其意乃謂太玄也，觀太玄，於易果有得乎？易曰：「神者妙萬物而爲言也。」孟子曰：「聖而不可知之之謂神，至於聖而又進矣，然後可以知神。」雄果進於聖乎？艱言苦思，贅爲此書，豈非好名者乎？遽中草略奉啓，言無詮次，幸照察。某再啓。

答辛祖禹書

承諭軌策，此乃天地陰陽自然之數，不可以臆說。乾，陽也、天也，坤，陰也、地也。陰陽之數，乃天地之數也，故曰「軌從策起，策以軌受」。庖犧始畫八卦，後以八卦自相乘得六十四卦，又以六爻相乘得三百八十四爻，陰陽分之各得一百九十二，而氣數不在焉，氣數自有損益也。陽主進，倍其氣而益之；陰主退，倍其氣而減之。陽爻除氣數二十四外，餘一百六十八，以策數而得七，七爲少陽；以氣數倍爲四十八，益之得二百一十六，以策數而得九，九爲老陽。老陽者，動而觀其變也。陽進故七而之九，九爲老故變也。陰爻以策數而得八爲少陰，倍氣數四十八而減之得一百四十四，得六而爲老陰，六爲老故變也，陰退故八而之六也。凡求爻之策，陰陽各四因之，陽九以四因之得三十六，少陽七以四因之得二十八；陰六以四因之得二十四，少陰八以四因之得三十二。動靜之理得，然後可以求擬議、成變化也。方有河外之報，遽中不暇盡其餘，承問卦爻策數，此當各考其卦爻之陰陽，自可見矣。凡卦老陰爻有幾，以二十四乘之，老陰之策數也；少陰有幾，以三十二乘之，得少陰策數。以老陰加少陰，即得陰爻之策數也。卦老陽爻有幾，以三十六乘之，得老陽之策數；少陽爻有幾，以二十八乘之，得少陽策數，以少陽加老陽，即得陽爻之策數也。陰陽合之，得其卦之策數也。若卦之軌數，即考其陽爻有幾，以老陽三十六、少陽二十八，共六十四，乘其數所得而倍之，得陽爻軌也。考其卦陰爻有幾，以老陰二十四、少陰三十二，共五十六，乘其數所得倍之，得陰爻軌也。以陽軌加陰軌所共得之數，乃卦數之軌也。承問陰陽之策總數，各從卦爻陰陽所得之數而乘之，自可見矣。謂如陽爻一百九十二，九乘四因得六千九百一十二，六乘四因得四千六百八，故通卦驗曰陰陽總一萬一千五百二十也。若軌總數，則置陽爻一百九十二，六十四乘得一萬二千二百八十八，倍之得二萬四千五百七十六。置陰爻一百九十二，五十六乘得一萬七百五十二，倍之得二萬一千五百，故曰陰陽衍而四萬六千八十也。自八卦成列，引而伸之，數在其中矣，此乃軌之大數也。若欲遂知其來物，則當視其時而進，數滿而去，得其所餘之數，考其所在，自可見矣。辱見諭，此乃古人所用以爲占者也。如左氏所載，京房、焦贛、管輅、郭璞輩皆用之，不專以軌策之數以求陰陽，老少兼通，别卦世應人又以年月氣候日時而定也。謂如世屬陽卦，而世得陰爻，則爲老陰；世屬陰卦，而世得陽爻，則爲老陽；世屬陰卦而得陰爻則爲少陰，世屬陽卦而得陽爻則爲少陽。又如陽月陰爻，陰月陽爻，皆謂之老，當其月者皆謂之少；如陰居陽爻，陽居陰爻，亦皆謂之老。凡此老少不待策之九六而變也，各當其位皆謂之少矣。以月之陰陽、日之陰陽、時之陰陽、卦與爻之陰陽，參而考之，兼之以氣候而用之，此並自有法。

答辛祖德書

辱問卦爻御時，曰：八卦相乘爲六十四，爻三百八十有四，以坎、離、震、兑以御時，以三百六十爻以御日也。坎居北方子位，陽之始，十一月卦也。冬至陽始生，故坎始於冬至。震居東方卯位，陽之出二月也，故震始於春分。離居南方午位，陰之始五月也，故離始於夏至。兑居西方酉位，陰之成八月也，故兑始於秋分。餘每一卦統二日間以減沒，則七日而成卦，蓋減沒者數之餘，卦所不居也。舊説以此法出於焦贛，贛以授京房，非也，乃焦贛專用之法耳。易之復卦曰「七日來復」，此聖人之言也。冬至日中孚初爻用事，後七日復卦用事，則爻以御日，其來尚矣，豈特漢之焦贛乎？太極元氣函三爲一，故三爻而成卦，萬物皆函三數，皆自然之數也。卦雖各有體，其氣互相交通，八卦二十四爻，陰陽各一十二，其氣旁通，此爻之取象出於此也。易曰：「鞏用黄牛之革。」此坤之氣也。又曰：「龍戰于野，其血玄黄。」此乾之氣也。問：中孚曰「乘木舟虚也」，渙曰「乘木有功也」，益曰「利涉大川，木道乃行」，何也？曰：此皆巽在上也。巽木也，風也，順也，中孚，巽上而兌下，兌爲澤，木在澤上，乘風而順舟濟之象也。中孚六三、六四，皆陰爻中虛有刳木之象，故曰「乘木舟虛」也。渙，巽上而坎下，木居水而風順之，故曰「乘木有功」也。益，巽上而震下，震雖主動，非若浮於水，故曰「利涉大川，木道乃行」。繫辭曰：「刳木爲舟，剡木爲楫。」舟楫之利，以濟不通，蓋取諸渙象以此也。易曰：「制器者尚乎象。」夫斷木爲棋，刓革爲鞠，亦皆有法，況聖人之制器乎？故曰知器械舟車禮由己也。問：制器者必取其象，若日中爲市，致天下之民，聚天下之貨，交易而退，各得其所，此非制器也，而取於噬嗑，何象也？曰：正取於象也。噬嗑，離上而震下，離，南方之卦，在上日中也，市爲虛，離之象也。震東方之卦，萬物所由出也，震爲足爲動。離者萬物相見之卦也，物出而相見，所謂致天下之民，聚天下之貨也。頤中有物，得其噬，是謂各得其所也。雖然，神農所取如此，易之大象則曰「雷電噬嗑，先王以明罰敕法」，所取象又如此，易豈一端而已哉！問：睽曰「二女同居，而其志不同」，革曰「二女同居，而其志不相得」，何也？曰：睽，離上而兌下，二女同居也，離火炎上而自居其上，澤水趨下而已居其下，水火異趣，故其志不同也。革，兌上而離下，亦二女同居也，水本趨下而居於上，火本炎上而居於下，水欲趨而下，火欲動而上，水火相遇而爭，故曰不相得也。

答曹鑑秀才書

承問卦先後之序，此儒者論之序卦詳矣。蓋序卦之說，皆人事也。聖人爲世立法，當只以人事言，若其異說奧秘，卦與繫辭未嘗顯言，苟得聞其說，亦於經中可見其端。昔有鄭明微，江南人，數見於京師，嘗談其一二，詰之甚秘，熟察之，乃用此以修鍊御氣者。又曰：今八卦之位乃周人所置之位，卦豈一定其位而不易哉？移易其位，方可窮萬世知萬物，所以謂之易也，易之爲用大矣神矣，豈一端已哉！卦以陰陽相配，其理未易說，至於曆之二十四氣、七十二候，皆以陰陽，是猶一晝則有一夜也。萬物芸芸，皆出於陰陽，豈有能外陰陽者歟？問：「負且乘，致寇至」，解之六三也。乘九二負九四，不應上六以招吝之謂也。而繫辭曰：負者小人之事，乘者君子之器，以小人乘君子之器，致寇至。又「公用射隼于高墉之上，出而有獲」者，解之上六也。墉非隼之所止也，六三處下，卦之上高墉也，履不當位，猶隼失所止也。上六居動之極，除六三之邪佞而無不利，故有獲也，而繫辭曰：弓矢者器也，射之者人也，君子藏器於身，待時而動，是以動而不括，出而有獲。此繫辭與二爻之義不同，何也？曰：此所謂左右逢其原也。若「繪事後素」，曰「禮後乎」，孔子謂可與言詩，亦謂能推廣其意。孔子嘗曰：「六言六蔽。」又曰：「學則不固。」若蔽固則滯而有所廢，繫辭推廣卦爻之義，周流無不可，此故曰「仁者見之謂之仁，智者見之謂之智」也。昔鄭公子曼滿求爲卿，王子伯廖曰：「無德而貪，其在易，豐之象也。」夫豐明盛之時，上六以陰居陰，幽闇之甚，故有「豐其蔀」之象。伯廖引以罪曼滿之貪，斯時亦能推易之意，又況聖人之於易乎？夫非止於易也，於他經中斷章取義亦多矣，如左傳、孝經多引詩句證其事者是也。問復則不妄，曰：歸根曰靜，靜曰復命，此復也；復命曰常，知常曰明，不知常妄作凶，此不妄也。問：乾卦其爻何以皆九，坤卦何以皆六？曰：易曰「參天兩地而倚數」，一三五皆天數也；二四皆地數也。一三五乃九乾天也，故倚天之數，所謂參天也；二四乃六坤地也，故倚地之數，所謂兩地也。易之數皆以四營之。九而四營之，故乾之策三十六，六爻二百一十有六；六而四營之，故坤之策二十有四，六爻一百四十有四。陰陽之策合而爲三百六十，以當期之日也。六十四卦共三百八十四爻，陽爻一百九十二，每爻三十六，共六千九百一十二；陰爻一百九十二，每爻二十四，計四千六百八。陰陽合而爲萬有一千五百二十，此所謂萬物之數也。又以陽爻一百九十二，每爻九數，計一千七百二十八；陰爻一百九十二，每爻六數，計一千一百五十二。陰陽合而爲二千八百八十，以四營之，亦一萬一千五百二十，此又是一法也。問：伏羲始畫八卦，文王演之，止於六十四卦，何也？曰：八卦非伏羲自創意畫之，乃太極生兩儀，兩儀生四象，四象生之，伏羲隨四象所生而畫之耳。既生八卦，無所不具，故曰八卦成列而象在其中矣。以八卦互相重之，八八相因，所以止於六十四卦也，非文王自出己意而演之也。考之繫辭，垂裳而天下治取諸乾坤，舟楫之利取諸渙，服牛乘馬取諸隨，臼杵之利取諸小過，弧矢之利取諸睽，宮室取諸大壯，葬以棺槨取諸大過，重門擊柝取諸豫，書契取諸夬。此盡在文王之前，六十四卦知非始於文王也。孔子言作易者知憂患，其文王與紂之事，蓋文王之於易，專取其濟憂患之道，非謂重卦也。今若曰如乾之初，一變而爲姤，二變而爲遯，三變而爲否，四變而爲觀，五變而爲剝，六變而爲晉，七變而爲大有，八變歸爲乾，此乃易消息歸遊之說。若六爻自下變而上，復自上變而下，不止於八變，亦不止於六十四卦，又下三爻始則每爻一變，終則三爻共爲一變，亦無是理。且文王未演以前，止有八卦，卦各止三爻，安得有六爻而成八變乎？　今且以乾卦一卦言之，以乾重之乃純乾，以坎重之爲需，以艮重之爲大畜，以震重之爲大壯，以巽重之乃小畜，以離重之爲大有，以坤重之爲泰，以兑重之爲夬，此所謂因而重之、引而伸之也。餘皆類此，所謂觸類而長之也，故繫辭曰八卦相錯也。　問乾卦，曰：　聖人之德業也，於舜見之矣。　問臨至八月有凶，曰：　臨與遯對，謂之八月者，此以周言也。　問彖何以言材，曰：　彖者總論一卦之義也，一卦之義在一爻，任一卦之事，故曰材也。　若比卦之九五、豫卦之九四之類，皆一陽爻爲衆陰之主也。　若同人之六二、大有之六五之類，皆一陰爻爲衆陽之主也。　若一爻不能盡，則二體以明之，若噬嗑曰「雷電合而章」、豐卦曰「明以動」之類是也。　然則陰可以主乎？　曰陰雖賤也，寡者衆之所宗也，天下之動貞夫一者也，易曰三人行則損一人，一人行則得其友，言致一也，故曰觀乎彖辭，思過半矣。　問：　繫辭言制宫室，蓋取諸大壯之象，大壯之象，乃曰「君子非禮勿履」，何也？　曰：　大壯，震上而乾下，震木也，上棟之象，乾爲圜爲闢户，下宇之象也。　夫物壯則老，是惟不大，不大則已，既大而壯，物莫與之，以禮制行，物莫勝也，乃能全其壯也。　本卦言其制行，繫辭言制器，故曰易有聖人之道四焉。　問：　易之衆爻何其多變也？　曰：　六爻相雜，惟其時物也，剛柔雜居而以情變也，是故愛惡之相攻而吉凶生，遠近之相取而悔吝生，情僞相感而利害生。　凡爻之情近而不相得，則凶或害之，遠非其應而應之，不安其分也，皆悔且吝，此所以多變也。　或問：　師出以律，何也？　曰：　律者紀律，紀律乃軍政也，出師其政不立，無有不敗，苟或幸勝，不可以爲常，後必取敗也。　今之說者，乃曰吹律以聽軍聲，此出於國語武王伐紂及司馬劾勝負之說也。　夫審音以卜吉凶則有之矣，遂以軍師制事立法皆有軌，則猶樂之有律，是謂律法。　若軍政無法，何以行師？　其餘皆不可以爲治。　問易之乾、坤爻辭，曰：　乾，陽也，君子也，欲其進也，剛之極則亦有悔；　坤，陰也，小人也，不可長也，故其初已有堅冰之戒焉。　問易言智崇禮卑，曰：　智能達乎形之上，禮惟行乎形之下者。　且天一生水，地二生火，烹飪之道，水在上而火在下也。　問：　易曰「太極生兩儀，兩儀生四象，四象生八卦」；　又曰「古者包犧氏之王天下也，仰則觀象於天，仰觀則觀法於地，觀鳥獸之文與地之宜，近取諸身，遠取諸物，於是始作八卦」；又曰「天地變化，聖人效之；天垂象見吉凶，聖人象之；河出圖，洛出書，聖人則之」。是三者皆言作卦之因也，何以不同？曰：河圖所載，乃四象八卦也，仰觀俯察，遠近取之，乃八卦所包之象也，說卦備言之矣。問大衍之數，太玄之數，曰：天地之數五十有五。天陽也，其數奇，故二十有五；地陰也，其數偶，故三十也。五位相得而有合五十有五。然大衍之數五十，易曰「天下之動貞夫一」，一者數之宗也，自一而爲七，七而七因之，所以其用四十有九，虛其一也。

卷五

書牘

答曹鑑秀才書

辱示諭六律六吕，陰陽配偶，此説舊志甚詳，亦衆人之説多矣。一律一吕，亦各有五音，此自然之理也。京房受學於焦延壽，以其法衍之爲六十律，又增之爲三百六十，以合卦之三百六十爻，分而直日，以一律一爻以御一日，用之以推寒暑陰陽、天地風雨、氣象休咎，及於人事，各有驗者。此非始於錢演之創意爲之也。律以當月者爲宫，宫，君也，爲月之主，猶律之本月卦稱辟也。音之正者不過乎五，其變不可勝窮矣。古樂不傳，但自戰國以來，樂尚哀思，能令人悲。昔者師涓鼓清商，平公曰最悲，師曠曰不如清徵。嵇康云導其音節，則以悲哀爲主，美其感化，則以垂涕爲貴。皆亡亂之音也。

答曹鉞秀才書

承問數因律有，此非也。物生而有象，象滋而有數，易言「天數五，地數五」，又曰「參天兩地而倚數」，則數出天地之自然也。蓋有物則有形，有形則有數也。太極元氣函三爲一，元氣之中亦有數也。前世有作，以律管主其數，黄鐘律長九寸、徑九分，實以秬黍。引黍之數而伸之則爲度，積而計其所容則爲量，累其重輕以爲權。若此，律之數正，則律吕五音皆得其正，是黄鍾之律，雖律度量衡之取準，其數乃用天地自然之數也。隋唐以前，律管雖法於古而不盡合於古，故玉尺、玉斗、銅尺、玉律，隨時各異。又有以馬尾、禾藁、蠶絲定其分秒者，紛然殽亂，終不可憑。今若能識其秬黍之中粒以定律，則權衡度量皆得其正數，樂之五音亦正矣。周禮「璧羨以起度」，乃數寄於器，使天下稽之而不敢變也，非因璧乃有數也。舊律管容黍多寡不一，乃是不識正秬黍而妄爲之説。晉之荀勗欲以漢之玉尺定樂，又欲以正藥劑之分兩，若以正樂便是漢樂，若以正藥則升斗分兩，乃張南陽所用之多寡也。

又答曹鉞秀才曆法

承問曆法，古之人皆舉大數，周天三百六十五度四分度之一，日行遲，月行疾，每月二十九日過半日與月相會，而晦朔成焉。或三百五十四日，或三百五十五日，或三百五十六日而成歲。以天度計之日，每日所行，一歲所餘積三年而爲閏，計十有九年而七閏。古之曆法，十有九年而爲一章，其閏餘盡也。以十一月朔旦冬至爲曆之始，故爲曆之元也，至十九年閏餘盡，又得朔旦冬至，故十九年爲一章也。積章而爲蔀，積蔀而成紀，此乃曆之綱也。曆法終千古一律，但有損益爾。唐自高祖至憲宗，歷凡十變，其間謂之精者李淳風與一行二人，此專主大衍之數也。

又答曹鉞秀才

承諭曆法有差，此昔人所患，不知幾千百年矣，近年尤甚。若皇祐三年十二月二十五日壬寅也，以崇天曆法，自下弦後庚子日至壬寅日巳時，行青道離積分計二十八度二十二分一十二秒，躔尾宿七度九十分六秒，其年十二月二十七日立春，次年正月朔戊申日在危宿六度，雖用四象程考月離，及用古法以盈分反減，其於合朔尚遠。又以開元大衍曆法推步月離，更不考四象，自交度日爲始，日有屈伸，分以升降，驗其九道所躔，尾宿青道九度，亦不合朔。以此推之，五星之遲留伏逆與夫二十四氣，豈得無差？昔年聞朝廷嘗詔衛朴考定，衛既已無目而廢天下之視，其法如何？玆非一語可盡。

承問唐堯用高陽氏之曆，以四星正四時之中，或以昏或以明二十八舍，惟考此四星驗之，蓋此四星四方之中星，皆屬於日，於今驗之，分至前後不無差也。今曆中之語雜用天竺梵語，若以日爲密，月爲莫，木爲嗢末斯，水爲滴，金爲頡那，火爲雲漢，土爲鷄緩是也。古法冬至日在斗，自漢武帝行太初曆以承秦，後改用夏正，當時以爲甚密，不四十年，推步不合。至靈帝時會稽東部都尉劉洪究之，始悟四分於天度疎闊，皆斗分太多，洪改作乾象曆，以冬至日在斗二十二度。後鄭玄受其法，以謂窮幽極遠，後不數十年而又差。至魏景初年，推步日有在女初度者，日行盈縮遲速，積之年久，所差遂多，故十閏之後，曆多改也。某又上。

又答曹鉞秀才

某辱書，承春寒動止佳福，知討論不輟，甚喜。所諭黄鍾生於此日，漢人之言也，班固取之成書。初，漢武時議曆者作太初曆，分一日爲八十一分，以爲三統之本，黄鍾律管長九寸、徑九分，以九相乘八十一分以配於日，故曰元始黄鍾。初九自乘一龠之數，得日法，乃附會之説也。大衍之數五十，其用四十有九，一者數之總也，四十九者數之用也。凡言數必先求一，得一則數自然生，不得其一則無由見數，既得一而用數，一乃在於所用數之中矣。非惟大衍之數求一，而九章之法亦然。今揲蓍取四十九莖，兩手圍而未分，雖四十九莖聚而爲一也，分其一於兩手，然後有數矣，此一在四十九矣。承問曆法之必差，此自然之理也。天行不息，日月運轉不已，皆動物也。物動不一，雖行度有大量可約，至於累日爲月，累月爲歲，盈縮進退，不得不有毫釐之差。始於毫釐尚未甚見，積之既久，弦望晦朔遂差，則曆法安可不革而正之？此所以貴乎治曆明時也。杜元凱言日行一度，月行十三度十七分之七有奇，當集此之遲速以考晦朔，以校閏月，閏月無中氣而斗柄斜指於兩辰之間。此亦大略也，其委曲子細不能盡。自漢以來言曆法以驗春秋者，多有不合，亦有當時史官之失，亦一曆不能盡也。五星行度，凡推步以本其始，曆法既差，後人又於中間別爲之法，曲求其趣，尚有不合須臾，以仰觀瞻。其行度爲正，日月行度皆易見，五星則有伏見，雖然七政推移，蓋由二十四氣之運，氣若有沴，則星步安得不差，則其失度之甚者，遂有變異。變異若出，必有類應，在天成象，在地成形，象見於上則形應於下，皆由其氣而然也。日運十二辰爲一百刻以分晝夜，冬至日在斗，夏至日在井。今之曆冬至前後各一十八日，晝四十刻、夜六十刻，於夏至前後各十八日，晝六十刻、夜四十刻，過此各漸有進退，考之大較而然也。昔之造曆者亦有言，夏至晝六十五刻、夜三十五刻，冬至晝四十五刻、夜五十五刻，皆非也，安說也。若百刻增於十二辰，以四正子午卯酉增其餘分，亦有不合，其春秋平均亦不必在二分之日，試更驗之。

答曹鉞秀才

某啓：周人建都，以偏於東西南北，有寒暑風陰之異，而求於陽城以爲天地之中而測景焉。說者以謂地形西北高東南下，極星在北，斗亦在北，如此則陽城非天地之中也。極星乃天之中也，天之中即地之中。陽城前人有謂取朝貢道里之均，此或近之。測影立表八尺，冬至景長一丈三尺，夏至景長一尺五寸，伏地而望表端，以日去表遠近揆之，可以約其日去地之里數。但不曾親至陽城驗之，又不知捨陽城，他處測之，其景如何。算表景與日之相去，乃九章勾股法，閱之可見。承示步七政之法，必求中星，此曆之綱紀也。氣在朔望則正而易推，昔人言顓帝作曆，其時正月朔旦立春，五星會於營室，冰凍始泮，蟄蟲將發，天日作時，地日作樂，人日作昌，鳥獸萬物莫不應之，故顓帝之曆得氣之正，歷高辛、唐虞弗之改也。至湯作殷曆，十一月朔旦冬至爲曆元首。下至周魯及漢，皆參用之，故漢太初元年歲在攝提，十一月朔旦甲子日夜半甲子時冬至以爲太初曆首。冬至乃十一月中氣也，中氣在朔，必承十月閏之後，前閏則中氣在朔，此以十九年爲一會也。傳曰：

「履端于始，初氣也；舉正於中，中氣也；歸餘於終，乃積而爲閏也。」韋昭之徒不知十一月朔旦冬至日在斗，斗爲建星，日月所會，故曆以此起首，乃謂得氣之正，甚非也。辱問孔子必欲行夏之時，謂商用地正，周用天正，夏用人正，三代損益用之，以周之文弊，故於禮樂則從先進，時必行夏，此近時科舉之説也。夏時乃天運之正也，堯舜璿璣玉衡，以齊七政，東作西成，南訛朔易，以四星正四序之中，亦當時之曆也。夏后用之不敢革，蓋無可得而革也。後世世喪其道，七政之運與陰陽之氣有差，歷代推測，故有不同，不可一定而議。以至日月交食，不在朔望，當蝕而不蝕，不當蝕而蝕，此曆之失。若月於晦朔當隱而見，過朔當見而不見，乃行有緩急也。

五行之精，上爲五星，不失其色而應其四時者爲吉，五星同色，謂與其所比之色同也。凡青比參左肩，赤比心大星，黄比參右肩，白比狼星，黑比奎大星，若五星同爲一色，則色有害其氣者矣。歲星在天，歲陰在地，司馬談天官書曰：「歲陰在攝提格，歲星在星紀，歲陰在單閼，歲星在玄枵。」然後知曆法，歲星當與歲陰合，謂若歲陰在寅，歲星當在亥，以往年曆推之，是如此。自嘉祐丁酉年驗之多差，近年尤甚。歲星常先月餘，近年以來常先一百二十餘日，曆家未有人究其行速之由，試爲究之。

辱問分野十二辰之所主，舊史甚詳，如漢史言高祖入關，五星聚於東井以應秦分，此甚著矣。又如分野雖主於秦，其星却主於晉，分井、鬼與柳皆有度數，分主上黨、雁門、太原、定襄、代郡。若昴又主天衢，又爲胡星，又爲旄頭星，他皆類此，不可專以一事言也。晉志所説亦如此。風角之術亦略聞之，非獨於軍陣，凡一郡一邑一家一人之事，皆用之。管輅至人家或去或留，或索酒食，乃用此術。

又答曹秀才

某啓：久不聞問，傾遡良勤。辱書，審體中佳適。頃叔弼到郡，已久困於局事，相見不數，書目尚未曾問。張氏所藏散亡略盡，時有所疑，無可檢證，深所患也。五行若甲己木、丙辛火、乙庚金、戊癸土、丁壬水，此揚雄聲生於日之説也。以五陰並隨於陽，夫皆專之也，乃曆家言。歲德所在，陽德自處，陰德隨陽之意，曆家本歲陰而爲言也。五音便是五行，非生於日也。若甲己土、乙庚金、丙辛水、丁壬木、戊癸火，乃醫術所用五運氣也。若甲子火、丙子水、戊子土、庚子金、壬子木，乃淮南劉安書律吕之論，以甲子爲仲吕之徵，丙子爲夾鍾之羽，戊子爲黄鍾之宫，庚子爲無射之商，壬子爲夷則之角也。揚雄、淮南不知自何而言，醫之五運本於素問與玄珠五行之氣，兆於太極之初，十干行於天地之中，涵生萬物，此性命之理，莫之敢違也。五運其氣相生，循環而無窮，不可輕議，更請思之，或别有説，無惜示諭。方遽，不暇子細。五行之變，遇事物皆有，洪範初開其端也。

論月食

承書，論月食甚詳。此不須求異説，日月之行各有度數，所行之道其由自可推。然月者陽體内藏、衆陰外附者也，其象是坎卦。坎卦陽在中而陰在外，是爲水也。水乃受光非發光者。水之有光，待日與火照之方出，月之有光，待日照之方出，禮所謂遡於日者是也。半照爲弦，全照爲望，望爲日光所照反奪日光者。當日之衝，有大如日者，曆家謂之闇虚，闇虚當月則月光必滅，故爲月食。張衡亦曰：當日之衝，光常不合，是謂闇虚。在星則星微，遇月則月食，若日奪月光，遇望必須食，然亦有不食者，由其所行之道異也。所行之道若交則犯，故日月互相食也。交在朔前則日食，在望則月食，大率一百七十三日有餘而道始一交，非交不相侵犯，故朔望不常食也。道不正交，故有斜食、半食、上食、下食。雖然，此乃大略也，其餘不能逃其數矣，孟子謂苟求其故是也。

答人論文書

易曰：「觀乎天文以察時變，觀乎人文以化成天下。」夫所謂人文者，禮樂法度之謂也。上古之法，至堯而成，故孔子曰「煥乎其有文章」。周之德至文王而純，故傳稱曰「經緯天地曰文」。此聖人之文也。後世有一善可取，亦有謂之文者，孔文子、公叔文子之類是也，此皆以其行事謂之文也。昔之君子欲明其道，喻其理，以垂訓於天下後世，亦有言焉，以爲言之不文不可以傳，故修辭而達之，此言之爲文也，非謂事其無用之辭也。以載籍考之，若書之典謨訓誥誓命，皆治身治人治天下之法，此書之文也。國風、雅、頌，歌美怨刺，皆當時風化政德可以示訓，此詩之文也。廣大幽微，遠近善惡，開天地之藴，極性命之理，以前民用，以濟民行，此易之文也。言約而理微，褒善而貶惡，以明周公之制，以爲將來之法，此春秋之文也。禮之中庸，言至誠爲善，率性之謂道，君子篤恭而天下平，此中庸之文也。今觀春秋則不知有易，觀書則不知有詩，豈相蹈襲剽竊以爲己有哉？其言之小，天下莫能破，言之大，天下莫能載，後世尊之以爲經，而無不稽焉，此其爲文，炳如日星而光耀無窮也。自漢之司馬相如、揚雄而下，至於唐世，稱能文者多矣，皆端其精思作爲辭語，雖其辭浩博閎肆、温麗雄健、清新靖深、變態百出，率多務相漁獵，自謂闊步一時，皆何所補哉！亦小技而已，豈君子之文歟？苟能發道之奧，明理之隱，古人之所未言，前經之所不載，著之爲書，推之當世而可行，傳之後世而有取，雖片言之善，無不貴之矣。夫文猶器也，必欲濟於用，苟可適於用，加以刻鏤之，藻繪之，以致美焉，無所不可。不濟於用，雖以金玉飾之，何所取焉？

答人問政書

近世言治者以爲不行三代之政，不可以言治。此言雖善，以當今論之，未可以遽言也。故切於事者謂其不適時變，浮闕而無補，皆取尤於世矣。何謂其言之善？夫三代，夏商之政不傳，惟周之政於書傳可見其概，而立政盡皆有本。一夫一婦受田百畝，勞來勸相督察皆有法，歲或不登，則舉荒政以賙之，此養民之政有本也。兵車皆寓之於農，講閱有時，出則以公卿大夫將之，此兵政有本也。上自天子之都，下至鄉邑，皆有學，塾學序庠遍於天下，教以德行道藝，月吉考其實，次第陞而官之，此取士有本也。所以其政美，其治久，故曰善言也。何謂不可以遽言？夫井田之法壞已久矣，今天下之田皆私田，民自養也，民之私田可盡奪而爲王田，以周制分授之乎？此養民之政無本也。兵農判已久矣，今可以盡散官軍不爲之養乎？可以盡籍農民爲之兵乎？能使内之公卿大夫出而爲將，履行陣冒矢石乎？此皆決不能，是兵政無本也。今自京師至於郡邑，固有學矣，所學皆無用之浮言，取之不考其素，委二三人之私見，惟論其一日之長，此養士之法無本也。此三者皆事之大者，其弊不能革，雖欲革之並無其術，故曰未可遽言也。然則，如之何其可也？亦曰：觀時之宜，酌今之政，損益以致其美意，法雖未盡變，猶庶幾矣。夫非常之原，黎民懼焉，當徐而措置之。良農力穡以望歲，其本在於布種，布種必俟時，非其時則種無苗而歲荒矣，立政之本亦若是也。

與侯謨秀才

某啓：辱手書，承雪晴，文履清適。杜詩謂之詩史，以班班可見當時事，至於詩之敘事，亦若史傳矣。知欲注其所用事實，得暇爲之，甚善。但大作册闊，作界行，四邊多留空紙以寫杜詩，凡有見其所出，隨即注之，此須日誦其詩而不忘乃可爲。若欲解釋其意，須以禮義爲本，蓋子美深於經術，其言多止於禮義，至於陶冶性靈、留連光景之作，亦非若尋常之所謂詩人者。元微之作墓誌甚稱尚，竟不能發其氣象意趣，蓋子美詩自魏晉以來一人而已。東方生言文史三冬足用，能不倦，尤佳也。

又

承問杜詩所用事實。杜讀書多，不曾盡見其所讀之書，則不能盡注。今藏書之家甚少，有藏者不肯借人，嘗於一二家得其書目，亦少有異書。雖昔人常見之書，今已謂之僻書。其間用方言，如岸溉、土銼，乃黔蜀人語，須是博問多讀，玆非日近可了。某昔年亦嘗注之，事實稍備，爲人借去不還，世謂借之與還皆癡，正爾也。若有所疑，可見諭。

又

又承問子美與退之詩及雜文。子美長於詩，雜文似其詩；退之好爲文，詩似其文。退之詩非詩人之詩，乃文人之詩也，詩豈一端而已哉！子美波瀾浩蕩，處處可到，詞氣高古，渾然不見斤鑿，此不待言而衆所知也。若以一聯一句觀子美，未可與議。白鳥事，戴禮云：「丹鳥羞白鳥。」丹鳥謂螢也，白鳥謂蚊也。「朝宗人共挹，盜賊爾誰尊」，子美詩意多如此，知止於禮義也。在蜀豈不欲歸，見時事未敢歸，後至衡南方欲歸，有別湖南親友詩可見也。

回王子發舍人

某再拜。不瞻旌棨已踰旬矣，下情傾向。即辰，不審尊候動止何如？唐沈香亭，雖唐人詩及小説曾見有言者，舊史不載。敬宗時有海外蠻商李蘇沙進沈香亭子材。拾遺李漢疏云：「以沈香立亭不異於瑶臺瓊室。」不知曾立否，不能詳見。今人以興慶池東小亭爲舊跡，容更訪問。

與王漕欽臣

某頓首再拜，運使駕部：動止萬福。某久不欵教益，下情不勝瞻仰。向者從行至舊隋城，蒙諭討尋故事。隋氏舊城草創，無所紀録。今有唐鄧世隆所撰東都記，世隆貞觀十三年爲著作佐郎，所撰乃隋東都事，今納上。鳳池草藁，僖宗時宰相鄭畋集，在田概處曾見之，可令取也。不宣。某頓首再拜。

回運使郭户部茂詢

某蒙批問上元觀燈，起於何時。某見舊史，西漢正月望日祀太一，從昏達旦。又西域記，摩竭陁國正月望日觀佛放光，僧俗燃燈供佛。又見陳後主元夕燈山詩云：「分桂常疑月，映柳乍依星。」唐睿宗先天二年，胡僧婆陀請正月望後開門燃百千燈，睿宗登延喜門觀樂，凡四日。至開元十六年又令開門燃燈三日。天寶三載降詔正月十四、五、六日三夜開門燃燈，今後永爲定式。某批上。

回蔣夔教授

某啓：承教貺，伏審起居清福。所示石經乃唐本耳，字畫不甚佳。唐寶歷年間鄭覃爲工部侍郎，患經籍訛謬，博士沿習，難於改正，奏召宿儒興學校，定六經，準漢故事，勒石經於太學，以正其闕。覃後爲右僕射兼國子祭酒，奏起居郎周墀、水部員外崔球、監察御史張次宗、禮部員外温業等校定九經，旋令上石，後進石經一百六十卷。蔡邕石經當在洛中。覃乃宰相珣瑜之子，此舊史載之甚詳，可閲之。墨本上還，惟檢入。不宣。某再拜。

回嚴司理

某辱簡，喜聞累日動止安佳。承觀古印二紐，祭尊非姓名，乃古之鄉官也。昔于說苑載鄉官，又有祭正，亦猶祭酒也。某家舊亦有文曰「成陰祭尊」，大小形製與此印政同。陽邑侯，後漢明帝曾封馮魴，今此文曰「陽邑侯印」，不知是馮魴之印否？形製刻畫甚古，與某家所收「關内侯印」相似。昔年在同州見太守孫亞夫出一金印，刻曰「三水王印」，其印差小，字畫亦與此略同。某家中尚有十餘印，請來觀。所示二紐，謹納去，請檢入。某上。

與喬叔彥通判

某嘗見張丞相士遜知邵武縣日，編集閩中異事，云：泉州東至大海一百三十里，自海岸乘舟，無狂風巨浪，二日至高華嶼，嶼上之民作鮝腊鮐鮭者千計。又二日至黿鼊嶼，黿鼊形如玳瑁。又一日至琉求國，其國别置館於海隅，以待中華之客。每秋天無雲，海波澄静，登高極望，有三數點如覆釜，問耆老，云是海北諸夷國，不傳其名。琉求國，隋史書之不詳，今近相傳所說如此，去泉州不甚遠，必有海商往來，可尋之，訪其國事與其風俗、禮樂、山川、草木、禽獸、耕織、器用等事，并其旁之國，亦可詳究之。或得之，望録示。閩有八州，南乃甌越，北乃禹貢揚州之地，山川奇秀，靈跡異事，彼所傳者必多。使軺按部，歷覽可見。因風，望詳書以付北，翼深所望，將以補地志之闕也。某又啓。

又

某上啓。去歲辱書惠，嘗遞中附謝，不知浮沈，方切馳仰。再蒙華翰，伏審體中佳粹。某來畿右，行將二年，公私無補，但奔走無定。甌閩絶居東南，叔彦持節已久，未報除代，思卜晤語，何日可約。惟冀善加調護。不宣。

又

某蒙惠古田玉版紙，瑩滑可愛，不勝感荷。武夷山聞之久矣，昔於張公燮處見畫圖，事實不甚詳備，與傳聞者粗得其一二。聞南唐時曾命監察御史張紹撰會仙觀記，所載可考，今此碑存否？往昔郡人曾有所遇，聞雲中贊彭令昭歌人間可哀之曲，此曲聞今尚傳。煩叔彦令用紙畫此山，但設粗色，貼出事跡詳之，及求彭令昭文曲，只付邸吏令傳至此。幸甚，某又上。

與都秀才

某啓。辱書貺，伏審涉春履用清粹，甚慰甚慰。及蒙惠金石淩，感荷感荷。所喻補養之法，極有理趣。某見古法以甘辛發散爲陽，酸苦涌泄爲陰，鹹味涌泄爲陰，淡味滲泄爲陽，或散或收，或堅或軟，或燥或濡，此古人以飲食滋味爲治法。人若盡知此而日用之，乃養生之要術也。素問曰：「若裹首以濕，大筋軟短，小筋弛長。」首之中濕而筋病何以不同？五行一也，何以火獨有君相？自昔不曾有説。至如論芤脈者，或云如彈弓窠，或云捻葱葉。今人病而得芤脈者，多虚而有熱，作失血之疾，而切脈者亦罕論其脈之狀，不知曾見别有説否？尋常見得此脈者，多是虚藏冷，榮中有熱也。向在京師與杜壬論人或無事，過服熱藥，必有耳疾，以熱性炎上，氣壅所致。吕漕服磁石丸爲效，其應不出人意，固知道不遠人矣。向嘗說殷孽、孔公孽皆是乳牀，陵川亦有，欲略借觀，恐異時要用，庶知其真也。真禹餘糧求少許。或聞七月欲來上黨，顒俟顒俟。未間，切祈加愛。不宣。

回劉夔章

某啓。前日辱惠訪，未及往謝，又蒙長牋，益負愧怍之甚。蒙諭，欲某爲先德文集作序，及書誌石。近得錢穆父内翰及韓師德大卿書，皆以書誌石見屬。某字畫拙惡，方欲作書，辭於二公，今重承敦諭，勉以從命。文集作序，某久廢筆硯，非某所能，亦非某所敢當，幸惟孚諒。局事倥偬，不獲裁啓修謝，悚仄悚仄。不宣。某再拜。

又

某再啓。洊辱簡貺，伏審孝履支持，感慰感慰。作序鄙誠已曾奉聞，前人爲人作序，或門生故吏，心所懷感，稱道德業；或朋友姻舊，揄揚其美。或求重言取信於人，或求能文者爲之稱與，此皆作序之端也。某於先德素昧平昔，職輕位下，又不閑於文，何能取信？恐識者以某爲妄人，是敢固辭，幸惟見察。誌石請令置來，此中得暇，當爲書之，亦只作韓師德書也。不宣。某再拜。

卷六

記

于于齋記

予官上黨，退食居於容膝之室者六年，滏陽崔生渙時來問學。一日謂予曰：「先生居何其隘，盍亦廣歟？官何其久，何未遷歟？何先生居之安而自得，亦有道歟？」坐而屢興歎焉。予久而謂之曰：「爾所謂隘者，其以尋丈計之歟？爾所謂久者，其以日月積之歟？是未知夫廣隘久遽也。今爾至於通都大邑，觀人物車馬之繁夥、官府宮室之壯麗，回視予居，彼所謂廣且大也；閱寒暑之往來，同吾至者既已終，更後吾至者亦已受代，視吾未去，所謂淹且久也。玆豈足議哉！予與爾適乎泱漭之野，登乎崇高之山，四顧遐睇，極其目力，但見天垂地接，混然一氣而不可辨，此可謂廣且大也，然而在大空中，猶幺蟲棲於蚊睫焉。此盧遨見訶於鳶翁，夸父死化爲鄧林，終莫之至也。運璣衡考七政之行度，稽陰陽推六氣之循環，窮其象數，極其軌筞，見千世遐渺而不可窮，可謂遠且久也，然而在浩劫中，猶飛星出于擊石焉。此大撓之回續甲子，容成之詳究巧歷，亦莫之極也。吾之室與其廣者同在大空中，烏足辨哉！吾之六年，與其速者化於浩切中，烏足校哉！此吾所以居之安，于于而自得也。苟欲侈居而速進，求之不得，皇皇然有不知其身者矣，其憯有甚於鏌鋣，可不畏乎？」崔生躍然曰：「不肖方治講習之室，願以先生今日言于于自得之意以名之，幸書以賜。」於是書之以遺。

覆簣齋記

士之於學，非尚其志、强其力，終無異於衆人。顏淵曰：「舜何人也，予何人也，有爲者亦若是。」公明儀曰：「文王我師也，周公豈欺我哉！」此苟其志不立，心之所期能如是之卓乎？冉求自畫不能循道而進，公孫丑謂道若登天而不可及，欲少貶焉。苟力能自强，行之所趨，遽欲如是而已乎？始鋭而久則怠，朝勤而暮則倦，人之常情也。舉其高者遠者示之，猶患乎不勉，况姑以淺者近者誨之，其所學何足算哉！莫非學也，徒能言之，行之不至，胷中未必泮然矣。是由燕人之談楚，身未嘗至郢都，其説未必然也。聞之夫子曰：「譬如爲山，未成一簣，止，吾止也。譬如平地，雖覆一簣，進，吾往也。」太原王生源明自西河來上黨，問學於予，今歸，將闢齋舍於其居之後圃，求予爲名榜其齋。予既語以尚志强力而遂欲觀其進，故以孔子之言，名之曰「覆簣」云。

靜齋記

動靜之理一體而未嘗離，靜自有動，雖動而靜在其中矣。穹然蒼蒼，無聲無臭，天之靜也，而日月運行、寒暑往來、雲流雨施、雷震風蕩，能使百物興焉。草木開發，川奔氣騰，地之動也，而注之以四瀆而不泄，載之以華嶽而不傾，雖資物之生而無改色，受物之歸而無改形，能使萬類安焉。達者盡道極理，處乎天地之間，不必遠市朝，不必絶視聽。正心順行，忽焉感焉，應天下之故，反而照之，凝然寂然，曠然閴然，無榮辱利害之紛然，而有虚白之皎然，乃不偏滯於一曲也。山林巖穴之深，江湖魚釣之逸，獨可以寓形也。與接爲酬，日與心鬭，神猶受其役焉，然則智何能而及之？亦曰虚其中而已矣。若夫亢絶當世，憤然遠引，冥冥獨行，夫豈知處靜之術哉！姑與夫鳥獸同羣爾。中山劉君公述治齋於其居，榜之曰「靜」，求予爲記，因竭其兩端而告之，庶幾使之不蔽。

七祖院吴生畫記

上黨七祖院壁畫釋氏下生變相，共傳爲吴生畫，無遺識可考。僧維縝壽九十三歲，聰明不衰，猶能記舊事，言其師壽亦百歲，乃唐末時人，常扃鑰此室壁，謂是吴生親筆，師弟子所傳其已久矣，至今爲信。壁今穴鑿十無七八，存者多斷缺不完，詰之，云有勢力者取之，完則柙藏而歸，壞則棄之糞壤間。前人創意謂名筆可以永久，不知此畫因名而毁。語之嗟憫不已。予嘗思人之心，虚一而静者也，微妙獨立，不與物俱，或失其本心，則物必引之矣。凡喜蓄玩好，乃其所引也，然所好古雅，人亦尚之。書畫之好，人之所尚者也。蓋筆墨卷軸，開玩不出几案間，劇能發人喜意，比夫錢埒牙籌特爲高雅。近世藏蓄，謂之好事，雖錦囊玉軸，以奇古相尚，其能自辯而識其趣者甚寡，率彼善而我善之。至於以勢力穴鑿其屋壁，特取其一二而破毁其什百，使人咨嗟怨懟不已，謂之好事也，宜若是哉。予官上黨凡七寒暑，暇時往觀焉，雖僅有存者，亦足見其立意用筆，凡科斗、篆、隸、行、押、真、草用筆之法，無不有焉，與顔魯公論坐位帖稿筆畫之法相同。至若天人信士、波旬外道，神韵態度，與草木雲煙，各盡其妙，而含蓄生氣，意欲飛動。回視自唐已來諸人之跡，如騏驥一出，萬古凡馬皆空矣，信乎非道玄不能爲。惜乎殘毁而不得快目焉。紹聖丙子清明日記。

渭源諸葛武侯祠題記

漢建安十六年，益州牧劉璋遣法正來荆州，迎先主西往益州。十九年，先主克蜀。二十三年，先主復漢中，武侯自益州來漢中。後主建興三年，武侯南征四郡。五年，將北伐，上疏曰：「今南方已定，兵甲已足，當獎率三軍，北定中原。」六月，出漢中，營於石馬。六年，揚聲取郿，由斜谷出，及取天水、南安二郡，叛魏來應，遂辟天水姜維爲倉曹掾。七年，遣護軍陳式攻武都、陰平，遂平二郡。九年，出圍祁山，參軍王平守南圍，司馬懿來拒武侯，張郃來拒王平，至青封交戰，遂克張郃。十二年，武侯以流馬運，遂出斜谷，至武功，據五丈原，分兵屯田。八月武侯殞於軍中。其始末未嘗至渭源也。建興十六年改延興元年，延興九年姜維出隴西，與魏將郭淮、夏侯覇戰，克之。十七年，維又出隴西狄道，狄道令李簡舉邑降。十八年，維又出狄道，大破魏雍州刺史王經于洮西。十九年，維復出天水，至上邽，爲魏將鄧艾所破，死者甚衆。延興二十年改景耀元年，六年，魏相國晉文王命鄧艾、鍾會五道伐蜀，譙周勸後主降魏。以此考之，惟姜維屢至於此。漢中乃高祖始興、全蜀所恃之地，故武侯兩來。既得漢中，乃有恢復中原之意，中原若定，則岐隴以西自歸。姜維世家天水，但習西州事機，不知舉事本末先後之序，自負雄勇，屢至西陲，雖戰有克捷，不能有其地。鄧艾以疲兵二萬出江油，維舉十萬之師按道南歸，足以擒艾，破艾而還拒鍾會，蜀之存亡未可知也；乃迂道入巴，使艾輕進，徑至於益。自艾、會交怨，而會圖異計，乃還維之節，益其本兵，謂長史杜預曰：「姜伯約比中州名士，夏侯太初、諸葛公休不如也。」蓋欲説以誘之。會既自稱益州牧，遂以維爲前將軍。乃復教會盡誅北將，坑北兵，而密通書後主，令忍數日之辱，使社稷危而復安，日月幽而復明。謀泄被誅，計亦晚矣。予觀武侯，先主初就見，一語而覇業遂定，懸衡吴、魏，使二國不得偏重，志雖不展，天下至今仰之。姜維才非亮比，乃欲繼其高躅，民勞士怨，致譙周有仇國之論，蜀亡雖非盡繫於維，亦安可以逃罪也？武侯於此立祠，考之舊史不見其事跡，故備書之，更俟多聞者博訪焉。

題污池驛壁

污池密接二殽，昔秦穆公使孟明、西乞術，白乙丙討鄭，蹇叔諫而不聽，蹇叔之子與師，哭而送之曰：「晉人禦師必于殽，殽有二陵焉，其南陵夏后皋之墓，其北陵文王所避風雨也，必死是間，予收爾骨焉。」夫越兩國，經千餘里，無名以討人之國，固難成功。又不假道，以取周、晉之怒，爲牛商所給，不及鄭而還，因遂侵滑。滑，晉邑也，故晉襄公命先軫舉師而要之，果敗於殽，秦之師徒盡喪，三將盡虜而爲囚。且始不從蹇叔之諫，穆公之罪也；聞蹇叔之言，過險而不戒，又專滑之役以來晉師，三將之罪也。穆公後雖切追咎而作誓，孟明以女子而得歸，後雖焚舟洗恥，膏血塗地，生民何尤焉！昔秦人所由之途在二殽之間，至魏武西討巴漢，惡其險而更開北山高道。今往來又非魏武所開，南連荆山之麓，地寒多雨，泥淖濘滑，土岡百重，登陟險阻，驛舍相遠，行者過此，無不起滯留之歎焉。

華陰遇雨記

元豐二年夏五月，予自汴歸雍。時旱久極暑，度崤陵，過稠桑，重坂隘谷，烈日鑠石，塵沙蔽天，晝息夕行，凡二十日方次潼關。過關，道泉店敷水，見清溪横路，羣木連陰，心已奮喜。望華嶽日光在頂，層雲蕩胸，仙掌亭亭，似招歸隱。俄急雨飛灑，遥映空山，森如銀竹。頃濃雲如墨，奔走四合，雷驚霆擊，怒風鼓蕩，暴雨大作，若傾江湖，天地晦冥，牛馬不可辨，遂少待于郵置。逾時雨霽雲散，山川草木，洗滌清潤，若乾坤初闢，萬物一新。蓮嶽傑然，出臨大路，雄偉嚴竦，意勢無前，猶義師智將出征伐，威行萬里，莫不震疊；而又秀氣麗色，輝亂晴照，美瑞器車韞孕于中，發不可揜，若禮樂君子，文物典章，焕然咸在。羣峰左右，駿奔拱峙，信乎神靈尊于羣山，巍鎮西極，真天下之偉觀也。矯首竚望，連旬炎暍之困，灑然遽失，清氣習習，使人憑虚欲仙。予久欲訪少皞之别都，尋蓐收之外館，迫于問疾，速歸之心未暇從容，將俟異日來遊，姑識一時之事于驛壁。趙郡李某履中記。

馮翊行記

馮翊，漢之左輔郡，後魏置同州。自州之南渡洛河有白馬驛。水九泉異出而同歸，州因此得名。今人多以詩之「漆沮既同」爲州名，並非也。漆水出邠東北，沮出華原北，二水會于華原，又東而合爲石川河，石川東過蓮勺，未至州境已會于洛矣。白馬水横五十里，東入大河，水多魚，杜子美詩云「泉出巨魚長比人」者，此也。水之北三里餘有古祠，榜曰漢武帝廟，廟有唐時石刻，云廟立于後周孝靜時。予考之，昔後周宇文泰敗高歡于沙苑，命軍士各種柳一株以紀戰功，後世追述而立廟，歲久失傳，遂爲漢武。自祠東北趨朝邑縣，當路有聚落曰焦離店，後魏民謡曰：「狐非狐，貉非貉，焦離狗子齧斷索。」焦離狗子乃黑闥隱語，高歡敗而東奔，泰追襲過此駐軍，地因此得名，則祠爲周武明矣。自廟之北過大雲寺、文王社、洽水今曰郃水、鄜谷今曰茶、韓原、少梁，遂至韓城。大雲寺置于唐武后時，后攘唐爲周，有僧僞撰大雲經，言聖后受命之符，乃命諸州置寺度僧，令天下尊誦此經，今屋壁尚有唐人遺墨。洽水，周太姒所生之地，詩曰：「在洽之陽，在渭之涘。」又曰：「文定厥祥，親迎于渭。」以文王名社意出于此。鄜音茶，蓋昔屠谷也。韓奕詩曰：「韓侯出祖，出宿于屠。」「茶」字不見于古書，茶與荼皆苦草，字形相類，疑茶荼訛舛，概易其音矣。韓原，秦晉交戰之地。少梁，所謂奕奕梁山也。舊史，司馬遷生于龍門，葬于夏陽，今遷墓在山前。墓南五十里乃古夏陽縣，縣臨大河，昔韓信浮甖渡河擒魏王豹遺跡猶傳。韓城，周韓侯之國也，四山深合，大河中流，縣居河之西壖，筍蒲魚鼈尚有舊味。縣北有安國嶺，嶺北與丹州相接，周宣王時有丹延，皆戎人所居，故詩美韓侯能致貔皮赤豹黄羆之獻。安國嶺東西四十餘里，東臨大河，瀕河有禹廟，在山斷河出處。禹鑿龍門，起于唐張仁愿所築東受降城之東，自北而南，至此山盡。兩岸石壁峭立，大河盤束于山峽間千數百里，至此山開岸闊，豁然奔放，怒氣噴風，聲如萬雷。廟像豕首而冕服，舊傳鯀入羽淵化爲黄熊，又云鯀爲玄能，熊首類豕，肖像以此，而廟乃稱禹，甚非也。然鄉人不敢以豕肉薦，云必致神怒，大風發屋拔木，百里被害。縣西山極高處，邑人示予曰：有漢武宮舊基。武祠汾陰，渡河而西，登此山，歎其高切星辰，因置宮祠以祈長年。踰此山，渡澂水，至良輔鎮，有唐魏公祠。近村有魏姓遺孫也，尚耕當日賜田，勅書猶在。昔鄭公對太宗，願爲良臣，不願爲忠臣，鎮必因此得名。又西至白水縣，縣古彭衙地，杜子美詩有「夜深彭衙道，月照白水山」之句。地僻事簡，白行簡昔爲邑令，稱爲吏隱，有石刻留縣前溪上。縣北有馬蘭山，山前有倉頡冢，山上有聖人道。昔赫連勃勃自統萬兵來，緣山巔，七日而至長安，當時人謂之聖焉。元豐五年，予官馮翊之屬邑，夏旱秋潦，被檄視稼，遍走旁邑，因記所歷云。

題恩州東寺壁

魏，夏觀扈之國，春秋時晉地，秦爲東郡，隋爲武陽郡，唐武德初平竇建德，改置魏州，後唐爲郡。昔畢萬封於魏，曰：「魏，大名也；萬，盈數也。畢萬之後必大。」今爲大名府焉。春秋時亦屬晉，至七國爲趙地，秦爲鉅鹿，漢爲清河郡，後周置貝州，以貝丘爲名。詩云「送子涉淇，至於貝丘」，是也。冀者禹貢之舊名，兩河之間曰冀州，地大而氣俗頑悍，其盛也冀其衰，衰而冀其盛，故曰冀焉。昔漢光武迫於王郎至信都，乃其地也。在唐，兩河間號反側之俗，蓋自天寶末安史逆亂，至寶應元年王師雖平史朝義，其餘黨猶守僞命，迨貞元間尤務優容，六十年間僭裂自若。憲宗知人善任，使始命高崇文入蜀擒劉闢，繼任裴晉公縛吴元濟，平淮蔡，定青齊，兩河始尊朝廷，復爲王土矣。崇寧四年春正月，知雄州和詵奏冀州民與北人結連造妖，予奉詔往冀密究，仍守其郡，過魏至貝，授館於郡之東佛舍，因筆乘閒書其壁。

遊歸仁園記

洛陽泉甘土沃，風和氣舒，自昔至今，人樂居之。青山出於屋上，流水周於舍下，竹木百蘤茂美，故家遺俗多以園囿相高。歸仁園特高於洛，建安江公著晦叔率蜀人楊畏子安、西河文及甫周翰、維揚孫鼇抃才甫、金陵黃符信叔與予往遊焉。園廣二百畝，南引伊水，舟行竹間，又散入畦檻，會於方塘。高檜稚松，若古大夫立而聚議，冠者與童子列侍在後。殘花泫露，若怨而啼，新荷方出，若斂而羞。倉庚時鳴，白鳥來下，眺聽從容，諧悦人思。久而穿深徑，度短橋，登草堂，清池浮軒，竹木環舍，蓊鬱幽邃，與外不相接，若別造一境，在遠山深林之間。衆意皆適，舉觴不辭，客有諗予曰：「園何名乎歸仁？」予曰：「此唐丞相奇章公牛思黯之別墅也。思黯尹釐洛師，築第於洛之東城，營別墅於南城歸仁里，後人以舊里名之。」又曰：「昔聞牛氏多石，石可聞乎？」予曰：「思黯喜奇石，方當國，人皆以奇石媚之，出守維揚六年，所得佳木奇石皆置於此。石有三品，太湖爲上，天竺爲次，羅浮爲下。三品中又分甲乙丙丁，取其形勢肖類而爲之名，若風流幽獨、野逸峭直之類，皆就刻之。思黯晚自循州歸，終老於此。其子蔚避巢寇之亂，潛於長安南山祖居，次子叢避崔胤之禍，逃於山南，餘者無聞，園自此荒。經五代，洛城蕩爲灰燼，況牛氏之物乎？」曰：「郊坰原隰，園囿固有廣且大者，於都城之間，玆園亦若是之廣也。」予曰：「玆園本朝嘗爲參知政事丁度所有，後散歸民家，今中書侍郎李邦直近營之，方得其半。舊傳思黯清尚，今觀園囿猶如此之大，況於甚者乎？」客又謂予曰：「牛、李分黨，得罪於時，舊史與小說所載不無私意，公其論之。」予曰：「方李吉甫爲相，思黯對策詆訐，吉甫憾之，隙由此起。思黯正李直臣之罪，不納韓弘之賂，衆所共稱。然三秉國鈞，姑務保身，以私憾沮文饒維州之策，云西戎怒氣直辭，不三日至咸陽橋，雖百維州何用？文宗從之，使一城忠順之人痛戮于賊手，文宗後雖悔悟，又何及焉！至宣宗大中三年，杜悰守益州，復收維州，西戎未嘗犯邊，誤國大事如此。上黨劉從諫來朝，縱去不留，及其子稹叛，文饒獨決策平之，在洛中聞稹敗，出聲大恨，玆豈大臣之用心哉！文饒殿劍南，遂收維州，欲使生羌三千人燒十三橋，擣戎腹心，以洗久恥，是韋皋二十年至死恨不能致者，此機畫可見。後擒劉稹、平太原，破回鶻，迎還公主，使唐室紀綱復振，蕃臣畏凛，諸人安能及？惜其才有餘而德不足。若論術業，思黯殆遠矣。君天下者以聽斷爲明，唐之憲宗專任裴晉公，武宗專任李文饒，皆能縛姦平僭，文宗信思黯挾私之語，遂失蜀之藩籬，此優劣可知也。」衆莫不然，曰：「今日雅遊，一席之論非易得也，請公志之。」予不暇杼思修辭，姑直録問答之語以爲記。崇寧四年三月記。

書郢州孟亭壁

孟亭，昔浩然亭也。世傳唐開元間襄陽孟浩然有能詩聲，雪途策蹇，與王摩詰相遇於宜春之南，摩詰戲寫其寒峭苦吟之狀於茲亭，亭由是得名，而後人嚮榻摹傳摩詰所寫，迄今不絶。咸通四年，滎陽鄭諴來刺其州，語其寮屬曰：「春秋書公子季友叔孫湫字者，貴之也，凡書名者皆貶之也。安有高士之名，日呼於趨走僕隸之口？」遂易之曰孟亭。唐人皮日休曰：「先生之作，遇景入詠，不鉤奇抉異，齷齪束人口者，涵涵然有干霄之興。南齊美蕭慤『芙蓉露下落，楊柳月中疏』，先生則有『微雲淡河漢，疎雨滴梧桐』。樂府美王融『日霽沙嶼明，風動甘泉濁』，先生則有『氣蒸雲夢澤，波動岳陽城』。謝朓之詩句精者有『露濕寒塘草，月映清淮流』，先生則有『荷風送香氣，竹露滴清聲』。夫若此言詩，非知詩者也。予觀浩然詩高尚馴雅，澄淡精緻，頗有佳趣，難以一一摘句比擬。舊誌云：「襄江在襄陽縣南二里三十步，出柳子山下，分兩派，北流爲檀溪，南流爲襄水。按方輿記，涑水亦名襄水，荆楚之間，水駕山而上者皆呼爲襄，襄，上也，猶書所謂『懷山襄陵』也。」又水經云：「沔水東過襄陽縣北，漢水也。」襄陽耆舊傳云：「峴首山下漢水中鯿魚極肥而味美，土人採捕，遂以槎斷水，世謂槎頭縮項鯿，爲水族之上味。」浩然嗜鯿魚，其詩有：「梅花殘臘月，柳色半春天。鳥泊隨陽雁，魚藏縮項鯿。」又曰：「試將竹竿釣，果得查頭鯿。」此詩人多誦之，故杜子美詩云：「復憶襄陽孟浩然，清詩句句盡堪傳。如今耆舊無新語，漫釣槎頭縮項鯿。」予崇寧四年秋九月將漕畿右，廵按過郢，訪舊亭，廢已久矣，諭假守錢君劭復立之。明年八月再至，亭已立，乃以舊名題之，因書幼昔所聞及皮日休之論於亭壁。

原州後圃廳壁題記

原州，唐都監牧使治所也。唐承周隋亂離彫荒之餘，武德初修馬政，鳩括殘燼，僅得馬三千匹，從赤岸澤徙之隴右，命太僕卿張萬歲葺養焉。張世纂緒，始自貞觀，逮於麟德，四十年間馬七十萬匹，於是設四十八監，置八使以董之。界隴西、金城、天水、平凉四郡之地，在今秦州通遠之北、會州之南、蘭州之東、原州之西，東西六百餘里，南北四百餘里。猶爲隘狹，更分八監於河曲豐曠之野，于時天下以一縑易一馬。自昔國馬之盛，未之有也。張氏中廢，馬政遂荒，垂拱之後，耗失踰半。開元初惟得二十四萬匹，爲置四使，分領諸監，南使在原州西南一百八十里，西使在臨洮軍西二百二十里，東北二使寄理於原州。又命開府霍國公毛仲爲内外閑廄使總領之，太僕少卿、秦州都督張景順爲監牧都副使就督之。至開元十三載，馬孳至四十三萬、牛五萬、羊二十八萬，雖不及貞觀、麟德之盛，自東漢魏晉已還，皆莫可及。後張景順罷，乃以原州刺史爲都監牧，使總理四使，當時謂之五使焉。天寶之後，又以岐、邠、涇、寧四郡之地，度其四境，分置八坊，其五在岐，餘在三郡，保樂第一，甘露第二，南普潤第三，北普潤第四，岐陽第五，太平第六，宜禄第七，安定第八，命朝散大夫都苑總監韋績統之。至天寶十三年，馬有三十三萬匹。十四載冬，禄山作亂，自後牧馬之地爲吐蕃侵逼，内外多事，不復議馬政焉。前史載之不詳，予以爲當今宜追復其法，因寓此以昔所聞者書之。

夔州藥記

四方土地不同，風氣各異，故草木之生與人之疾病多隨其土地風氣之所偏，古人治療必因其偏而制法。如東方多癰瘍而砭刺自東方來，西方多内病而毒藥自西方來，南方多孿痺而九針自南方來，北方多滿病而灸焫自北方來。今醫者不能通知其意，妄用臆説，無不有失。夔居重山之間，壅蔽多熱，又地氣噫泄而常雨，土人多病瘴瘧，頭痛脾泄，略與嶺南相類。他處藥材皆不至，市無藥肆，亦無學醫者。其俗信巫而不求醫，人無老幼，不問冬夏，飲茱萸茶一兩杯以禦山氣。予到郡，憫其多病而不知治療，博爲詢訪，欲求土産藥區處以療之，凡累月。聞山有採藥者，命呼來，得十餘人，與之酒食數日，熟問之，其所説藥品種甚多，皆在本草外，云其採之各有用，凡治療性味、有毒無毒、相得相惡皆能道之，云荒山僻遠，土人皆如此服食，病皆良愈。異乎哉，真古之良醫用藥也。古之醫者於藥皆就其所出之地，按其節候之早晚及運氣所宜，率自採之，故其藥多效。今醫率求藥於市，市肆聽於販夫，真僞尚且不辨，況於其他乎？時予家有乳婢患瘡，周體甚苦，問治以何藥，有黎千挽者云：「此甚易。」次日將紫蔓有如山芋苗來，云：「此青雲膏也，但爛擣傅之必愈。」從之而驗，遂厚贈之。因令盡條其藥名，使各歸散求，欲移植後圃。命工寫其枝葉花實之形，繪而爲圖，録其治療、性味、畏惡相得之性，詳而爲經，擇鄉民之可教者命學之，以成一方之醫，庶救其土人之疾。方講此，而予遽得罷。予少亦留心於醫，家人輩疾病未嘗呼醫，率多自療，然亦未嘗使人知之，至夔得此事頗合素志，若講而得成，豈曰小補？今非惟不滿予心，而郡之士民莫不憮然也，謹書以告後來之能有志者。

震雷記

元符二年九月二十一日夜，鎮、洮大雷，自初更至四鼓方已，凡一百三十餘震，墻壁揺動，簷瓦散墜，人危立不敢寢，惴惴然甚有覆壓之虞。予與元帥胡公終夕坐於中堂，黎明出視之，雪深二尺。胡公問予曰：「是何祥也？」予曰：「雷烈多發於盛夏，其發也必有龍火之異。今秋已去，雪深如此，震發暴而非常。古諺云：『天怒不移晷，天喜行千里。』言怒不久，其發三四而止。雷、風，天之號令，終夜不息，必將大有誅殺。」公曰：「事將何如？」予曰：「比收復青唐，不費一鏃，恐姦酋深謀，爲内外連結摟城之變。吾雖係其主而餘黨桀黠，如星摩沁戩，結斡綽克等，皆在青唐城内，其部族衆强。又邈川馬用誠不足倚辦，可遣人密諭王贍，令嚴設備，自宗噶爾抽回王愍，令守邈川，互相應援，以防不測。」乃以蠟封書僞髡蕃官嘉木燦伊費赫，置蠟封於衲衣中，遣間道令四日至青唐，責報而還。閏九月十一日，西羌果叛，攻圍青唐、邈川，及陷納木宗堡、丹巴等城，賴贍得諭已有備，及愍已帶兵馬至邈川，内外無結連，隨遣苗履應援，破賊錫喇卜宗堡。十二月，王贍、高永年再破奇塔特城、布敦谷賊聚，苗履又破南丁壘，青唐、邈川皆完。明年三月，羌酋綽爾結又挾羌雞小隆贊斷省章硤路，圍隆赤特城，攻犯青唐，再遣將破之。朝廷命王贍過河州，前後斬獲一萬六千餘級，於青唐之東築爲京觀。予初言此，胡公亦未以爲然，已而幡然見從。若少遷延，必敗大事，官軍八萬餘人無骨可歸。嗚呼！天之去人高且遠矣，詔告如此，近世有謂天變出於偶爾，無足懼者，甚非君子畏天之意。朝散郎、管勾熙河路經略安撫都總管司機宜文字李復記。

卷七

賦

竹聲賦

高秋氣肅，夜色如水，喧逐衆歸，靜與孤至。不知何聲，紛然滿耳。疑有天人，來過虛庭。瓊旒寳絡，玉佩珠旌，風散湘瑟，霜感緱笙，飄流蘇於簷宇，緲金奏於煙雲。前導既往，後陪載作，乍低徊而掩抑，俄飄起於青冥。顧命擁腫，開門以視，錯愕遽回，驚語其異，曰：「天空月明，河轉杓橫，行雲去盡，時度飛星。有物無形，但聞其聲，來自太虛，下感叢筠。崩摧披靡，婆娑輕盈，既去復還，似喜如爭。頃繁音之雜奏，皆此物之所憑。」予俛然以思，渙然以釋，因告之曰：陰陽之相摩，虛空之相盪，乃天地之一噫。是惟不作，作則悲號清唱，幽韵和音，自發於萬形之怪。昔黄帝考律於嶰谷之管，長房投杖於葛陂之水，律應鳳鳴，杖化龍戲。惟今日霜雪之根，乃當時龍鳳之子，宜其嘯韵之高絶，不合世間之凡鄙。驚虛堂之岑寂，蕩俗心之頑累。須臾風止聲寂，葉閑露滴。擁腫掩關，垂頭以息。

種藥賦

藥，山蘋也，求必養之，而後用焉。

春芳條兮施於灌木，有隱德兮被褐而懷玉。是斷是遷兮出自幽谷，俾安其居兮益之以霡霂。俄月日于邁兮實繁其族，雨雪維霰兮何葵之衞足。烝之浮浮兮以果吾腹，惟予之疾兮惟爾之毒。

辭

久翠堂辭 并序

樊川先生作堂於居之後圃，列植松、竹、奇石，以「久翠」名之，予歌以長言。雖度荆郢沅湘之音，若夫露才揚己之輕淺，懷憂積怨之鬱拂，則非予之意，姑窮物理以發學者之思焉。其辭曰：

矗修城之峨峨兮，連北斗之寒光。眷東南之奥窔兮，占雲水之佳鄉。地靈勢勝兮，多神異之蟠藏。散清飈麗氣兮，虛徐容與上薄而飄揚。偉先生兮，冠切雲之崔嵬，而佩淋漓之干將。決居於詹尹兮，爰經緯於陰陽。敞修門於前馗兮，容結駟之煌煌。屬高興於後圃兮，以久翠而名堂。維東蒙之客倀倀其來兮，將前揖乎聲光。躡屩擔簦兮，進造而升堂，負劍辟咡而請曰：「堂胡爲乎嘉名？先生其玩物而營營，亦寓意於象兮，非謂動喜氣於心靈？此不敏之所未喻，願破頑聵於新硎。」先生儼兮高視而澄神，久收聽於冥默兮反照於無形，忽囅然而笑曰：「客久潛於石壁而業其白也，何心藏於密而未能轉乎物也？嘉蔭錯其交紛，清吹激越乎九成。舒張奮迅兮，蒼虬振鱗鬣於碧海；森植亭峙兮，翠羽羅幢節於仙庭。搴春英兮粉黄，脱秋實兮琳圓。湛露兮的歷，女蘿兮連綿。聳標概不可以屈揖兮，惟有松之如此，而非羣木之所可比焉。春萌兮錦齊，秋根兮虺伏。萬本叢聚兮三軍被甲而環衛，孤根特生兮幽人守志而自足。聲蕭蕭兮動凄清之晚風，影矯矯兮照澄溪欲化而爲龍。蓊壅鬱密兮繁雲凝竚而未落，崩播披靡兮怒帆揚旆，舞海而翻空。是乃竹之姿致，而非凡草之所可擬容。登崑崙之危岑，探閬風之玄圃。踴立奔攫，怒戲蹲伏兮，麒麟才生而頭角未具。渾重質厚，竅鑿洞深兮，混沌不死而見夫太古。潤兮寒雲之根，清兮秋水之骨。妍醜雜露兮，石之所自有。兹皆世俗之所喜，非吾之所取。若夫受天地之正兮，居歲寒而後凋。氣嚴色毅兮，若冠劍大臣正議而立朝。下視衆木紛紛兮，隨炎涼而榮辱。此特有傑然之異質兮，然後知松仰而彌高。理必直兮節不可渝，性必正兮心合於虛。含千歲之嘉實兮，待威鳳之銜圖。顧凡荄之冗末兮，然後知竹非俗目之所娛。敦大靜重，物不可移兮，有仁者之體，堅剛沉毅，勢不可回兮，有義士之氣，此又石所可畏。在昔之有德私淑諸人兮，嘗欲造次顛沛不忘於心。立欲參於其前兮，在輿則見倚於其衡。以出入無時兮，慮易喪其天。君故刻於几杖盤盂兮，而又書之於紳。然言不足以盡意，不若立象以盡意，俾學者目擊而道存。蓋道不問於瓦礫兮，當窮理於冥冥。吾於三物非苟以爲玩也，以學者來遊兮，日三省於其身。若祖龍以大夫封五松兮，子猷稱竹以爲君，叔寶喜臨春之石兮，爵之爲三品之臣。彼徒愛賞之至兮，不知天德發乎萬物之情。雖尊崇之過兮，皆喪志而無聞。昔韋絃有警於緩急兮，冰蘗有警於貪昏。皆取諸物兮，庶幾去惡而趨純。吾思與人爲善兮，列斯物於廣庭，非以爲頑然無知兮，而視之爲友生。子當觸類而思兮，觀六合之内，動植巨細皆有妙理之存。」不敏起而謝曰：「予將澡濯汙冠之纓，振拂緼袍之塵，誅茅開徑，卜與三益之爲鄰。」

後招魂 并引

士有忠放以死，宋玉作招魂。予之友明善篤行，以退爲進，相繼大喪，傷而不已。昧命上愬，以極其情，爲作後招魂。其辭曰：

惟降命之在天兮，昧厥聰而人無考。紛恣淫之無度兮，中悔而弗造。何碩人之生兮，蹇幼清而服義。連奄忽以去兮，羌不知夫所息。天厭善善而嗇終兮，則如勿相以先初。既内美以外修兮，反弗酬而萎絶。帝告巫陽，聞下有訴：汝爲筮之，起爲我輔。巫陽曰：　輕清沉墨，升降浮離。魂逝魄散，强下招之。招曰：　魂兮歸來！　君何夢夢捨常幹而遠遊些。離高堂之愛兮，競馳逐而沉幽些。昔擇地以蹈兮，恐辱前修些。何罹彼不祥，誘於異類，胥樂而遲留些。魂兮歸來！　君爲大空之廣漠兮，而魂可以逸些。淫風戾氣，飄蕩無息些。電光揮掣，雷鼓訇剨些。浮神遊軍，交擊横行些。歸來歸來，魂往少釋些。魂兮歸來！　君爲大地之深兮，魂可以安些。凝陰無陽，重冰苦寒些。土獖怪很，摇角奮鬣，奔觸來前些。幽都羣鬼，虐人以淫戲，爭膏飲血些。歸來歸來，魂往必殘些。魂兮歸來！　君無滯乎山幽些。煙荒雨苦，陰谷颼飀些。封狐蝮蛇，嘬肉齧骨，衆尾多頭些。怪夔特足，逐人駓駓，揶揄鈎軥些。窮崖絶壑，躋攀駭汗，捉足畏憂些。魂恐徨惑，失途噢咻些。歸來歸來，不可以久留些。魂兮歸來！　君無滯乎水濱些。長江巨海，蕩沃乾坤些。怪獸怒戲，驚風駕浪，吹濕星辰些。擊波飛火，瀰霧泄雨，忽冬春些。朱冠鐵衣，持戟操蛇，敦脄巨神些。萬怪血食，磨牙鼓鬣，雄吞喜爭些。歸來歸來，不可以久淫些。魂兮歸來！　君無滯乎林薄些。狐玃猩狒，羣號旅駭些。飢鳶銜人腸，樹顛爭剝啄些。鸞豕鼓脅，發鏃中人，衆多如雹些。豺狼侁侁，奮擲騰趠，害不可脱些。九首飛呼，鬼車麋輈，維筋是擢些。魂孤夐夐，奚往爲樂些。歸來歸來，恐自遺賊些。魂兮歸來，君無滯乎曠野些。驚沙揚埃，千里汎灑些。燐飛螢遊，霜凄露下些。茫茫無倚庇，徜徉無窮極，風摇日射些。赤蟻若壺，玄蜂如翣，螫臚嘬胠些。魂往不返，將隨物化些。歸來歸來，久遠恐不得還些。魂兮歸來，君無滯乎異方些。石爍金流，雕題長吭些。流沙爛人，燒冰熬霜些。晦明差爽，顛倒夙夕，沍陰固陽些。氈裘被髮，椎結文身，聲豺喙狼些。侏離詭異，號呼踉蹡些。氣殊類别，魂往罹傷些。歸來歸來，恐自貽災些。魂兮歸來！　君厭生之多故兮，將踶跂而遠行些。遷異觀之淫惑兮，去舊而就新些。人固懷慈含愛，智達識明些。胡爲捨君之靈軀兮，悵悵而宵征些！　謂髑髏有樂兮，蹇銷鑠而無形些。以長夜之幽閴兮，其擿埴而冥行些。美目芳口，和氣秀骨，將萎滅而凌兢些。羈棲曠浪兮，羌惘悵自憐而悲生些。歸來歸來，慎不可久留些。魂兮魂兮，君來歸！　巫陽致告君無非，工祝行先僕御隨。迎君輕車牡騑騑，高城峨峨敞雙扉。修楊夾路臨清涯，朱轂羽蓋耀通逵。丹樓碧閣麗朝曦，故居閒静多光輝。層檻廣覆如翬飛，北堂親嚴望綵衣。幽房淑女揚蛾眉，岐嶷竹馬兒遊嬉。堦庭蘭玉紛連枝，啓筵設席薦甘肥。金罍玉斚爛陸離，明璫鏤翠飾輕幃。沉燎熏膏煙霏霏，哀絃戛弄和清吹。寶炬華燭焰文榱，芳賓促坐停金鞿。朱顔半酡君心夷，魂兮魂兮君來歸。亂曰：谷風習習兮，獻歲發春。羲和緩車兮，萬物向榮。氣凝質聚兮來更生，飄佚悠揚兮何冥行，促君御兮孰主評。藏舟夜壑兮嘿負以奔，巨冶不息兮小大紛紜，雜司命兮受於成形。合渾融結兮，究一體之所營。特短仆兮忽何膺，魂知悔兮嵩復臨。秦篝齊縷巧絡縈，前瞻中屋升東榮。長呼大嘯皐維名，與君祓除門戶清。魂兮歸來居攸寧，無極鬱陶傷予心。

樂章五曲 并引

鄉民歲秋修祀以報神惠，樂五奏皆有歌，其辭鄙陋，不可以格神。予因其迎神、送神與夫三奠爲作曲云。

南山深，雲冥冥。蒼松長，寒楓陰。紫壇椒堂白玉庭，千年桂樹落子青。日吉兮辰良，浴蘭兮佩芳。穆將愉兮神君，沛荃旗而來翔。青霓叩額通綠章，鴻龍開門宮中香。望君御兮前渚，再拜兮起舞。時不可兮再得，聊徜徉而容與。自注：右迎神。

海日上天破苦霧，散香釃酒巫進舞，神在琵琶絃上語。載鸞旂，伐鼉鼓，驅豐隆，笑玉女，小雨班班點飛土。駕文螭兮張翠羽，蘭爲旌兮桂爲斧。神車出兮青山空，留應龍兮守山宮。古煙蒼蒼封寒松，流水濺濺山重重。促前導兮走輕雷，駐清馭兮雲低回。石壇漠漠風幃開，鄉人奠拜神君來。自注：右降神。

霧光散兮曈曈，蘼蕪青兮椒紅。石上菖蒲生紫茸，曲嶼蘋長綠影重。雉鷕鷕兮鹿伎伎，圓鱗金光出寒水。碧鼎收香養雲子，三脊白茅斷爲委。平壺玉酒清於空，開壺芳新破曉風。罍前洗爵奠當中，海南沉水煙濛濛。人有誠，神有靈，幽明通，薦芳馨。自注：右祀神。

刻花圓楹青玉趺，高堂霍霍雲錦舒。兩階納陛先登巫，近前神喜巫歌呼。揚桴兮拊鼓，金鳴兮竹語。長絲哀怨雁移步，堂上聲歌堂下舞。工祝濯柳灑庭戶，神君功多人有主。風清氣微散時雨，上無螟蛉下無鼠。川滿秔兮陸滿黍，少婦窗間弄機杼。鄉人相勸醉場圃，敬拜神君芘吾土。自注：右樂神。

鼓急兮收舞影，火銷兮膏燼冷。鄉人出門女巫醉，日下西山起陰暝。荇葉光，青幡長。壇前旗影動回風，飛電忽轉雷隆隆。玉劍蓮花碧珠佩，喜雲低來有酒氣。浮空皓皓從歸轡，千騎無聲去如水。龍車獸鬼不踏塵，迅霆一擊開山門。自注：右送神。

序

送衛奕致仕歸詩序

衛君奕作邑於文水，致其政而歸，寮友同餞於太原之城南溪亭。酒既行，坐有詰其歸之遽者。曰：奕非率爾而作，蓋嘗慮之審也。夫欲高蹈方外，遐希真逸，御列寇之泠風，乘王喬之飛舄，手弄白日，頂摩層穹，此荒唐馮虛者之去也。妄謀捷徑，苟厭徒勞，身雖寄於林泉，心不離於朝市，覬因傴而成敬，期聞價而速沽，此販賣雲壑而去者也。自負絕俗之姿，能通當世之務，歎鸞鳳之棲於枳棘，思長鯨之縱於滄溟，憤然遠引，戚爾興嗟，此不能居易俟命而去者也。輝其光而離其塵，礪其鋭而趨其紛，動而有括，孤而無鄰，衆惡所歸，危機將發，此懷憂不得已而去者也。奕之去皆異於是。少而篤學，固懷干禄之心；長而効官，慚無應時之術。惟兹晉邑，地瘠民貧。邇者政令日新，督責日峻，熬鹽於鹽，嚴索十年之宿逋；伐木於山，盡括十年之舊數。移粟出八程之遠，助軍有七倍之輸。民久難堪，令何寧處？退惟孱瑣，恐玷刑誅。屢思平子之西園，願上淵明之印紱。從兹息影，將老全生。舉席雖悵其遽行，有識皆稱其得計。惜離羣而出餞，咸臨溪而賦詩。紹聖二年九月，東蒙李某履中序。

楊氏言動家訓序

小說記事，亦史之遺法也。史官取其大者著之於書，於其小者雖或有取，然散落不録者固亦多矣。好事纂緝以廣異聞，補遺逸，滋談論，證訛謬，雖荒忽茫昧不可考之言，與夫田老里人鄙怪之語皆雜取，而觀者無尤焉。歷世所以傳者甚衆，而作者未已也。江陰楊君集小說，目之曰言動家訓，謂夫吉凶得失繫於言動。人之言動，捨乎禮義則敗以取禍，由於禮義則安以崇德。然有棄禮滅義，或能徼一時之幸；謹禮篤義，或横罹意外之凶。乘其時、蹈其機，豈一端而已哉！若顔子，其殆庶幾者也，有不善未嘗不知，知之未嘗復行，其於言動，孔子惟告之以克己復禮而足矣。餘其下者，非舉前人已驗之跡，則於是非無所喻喻。故博採歷世人之應對、議論、行事、謀畫，以類相從，皆深切著明，俾夫觀者知有所擇，無萌徼幸之欲，而起崇德之心，是異乎無益之空文也。然猶曰：「此書之傳，或以爲尤，或以爲勸，則某也不得無悔，第示諸子孫，使有所警，故曰家訓。」求予發其意，故題之。楊君名序，字元善，今爲承議郎。

劉師嚴字序

爲師有道，其禮嚴，其道嚴。圓冠方領，攝衣危坐，望之儼然。學者擎跽罄折，拱手列侍，禮之嚴也。非法不言，非善不跡，揭表道途，欲少違之，若陷水火，道之嚴也。蓋人心易危，外貌斯須不莊不敬，則慢易之心生。中不得其正，邪僻由是而入矣。隄缺防弛，必有踰之，一出焉，一入焉，淫辭詖行，所適不得其正，曲途從往而泥矣。教者以成物者也，苟失其道，安能成乎人邪？若孟子之於弟子，有爲餔餟來者，有舍館定而後見者，皆謂之罪焉；雖大國之君，未忘其勢，猶不見焉，所以伸禮也。謂楊墨爲禽獸，以仲子爲巨擘，斥許子之並耕，凡皆闢之，所以明道也。其待學者，豈惟一時而已哉！雖千百世，亦將使若遊其門矣。揚雄曰：君子正而不他，塗曲不由諸夏，川曲不通諸海，君子不由也。君子之於師，非必日相親接也，考於百世之上，讀其書、聞其風，亦皆得其傳焉。夫德輶如毛，民鮮克舉，惟不以行之爲難，則不負孟子之所待矣。劉君，潁上人也，名師嚴，其友字之曰傳正，求予廣其說，因以告之。元豐六年十二月，李某序。

跋

題張元禮所藏楊契丹吴道玄畫

楊契丹畫今人少有曾見者，亦嘗訪諸好事之家，皆無有。契丹仕隋開皇間，官至上儀同，距今甚遠，其傳者少也。舊說其畫六法皆備，甚有骨氣，雄富而少精微，比唐之閻立本時有不及。本山東人，故東州體制允屬兹人，與鄭圃、董展同於長安畫光明寺小塔，時稱三絶。鄭嘗詣求畫本，楊引至朝堂，指宫闕衣冠車馬曰：「此吾畫本也。」鄭深歎服。杜子美詩亦嘗及之。今此畫雄深潁拔，信非淺近者所能爲，不必以前人題跋多顯者而後信也。吴道玄畫予觀之多矣，其高下、左右、正背皆不差分毫，非唯用意逐時不同，而筆法亦異。初學書於張長史、賀知章，不成，遂工畫，筆法始類薛稷，後自成一家。開元中將軍裴旻善舞劍，道玄觀之，揮毫大進，用筆措意，因是日新。此畫乃朝元圖草本爾，昔年於長安陳漢卿比部家亦見有吴生親畫朝元本，絹甚破碎，首尾不完，物象亦未備具，人物樓殿、雲氣草木與此圖有不同處，而命意筆法亦多相似。其神異妙絶如此，非道玄安能爲之？李某履中題。

題李勣繪像

唐太宗嘗因燕閒顧謂李勣曰：「欲托以孤幼，思之無如卿者，卿往不遺於李密，今豈負於朕哉！」勣齧指出血爲誓。高宗將立武后，衆皆以爲不可，後問勣，勣曰：「此乃陛下家事，何須問及外人？」立后之議遂決。予嘗過渭北九嵕山，見英、衛皆陪葬昭陵，英公墓域高大，特爲立闕，乃武后厚葬以報之。敬業欲興復而不能，不知禍本於其祖，一言喪邦，若此其甚乎？元祐丁卯清明日，李某履中題。

題寇安雅所藏十八學士繪像

舊史，文學館學士有李玄道、李守素、蔡元恭、顔相時，而此圖無之。此圖有魏徵、封德彝、薛膺、李百藥、令狐德棻，而舊皆不與，恐題寫之誤也。初，太宗命閻立本圖其像，褚亮爲之贊，號十八學士寫真圖，藏之書府。今此圖人物長纔六七寸，狀貌移易，未必全似。又唐初衣冠制度承周、隋，雜有胡服，今此皆唐後來制度，但粗記諸人姓名，非一一盡得其實也。然其用意行筆設色，亦非尋常人所能爲。今不論其他，但以其畫筆可取而留之可也。唐初所重族姓稱山東崔、盧、鄭、李，李玄道、李守素乃山東冠族也，長安范氏有畫文會圖藏之甚久，凡唐之詩人皆繪之，但書其姓名，其他皆非實，第以愛其畫筆而藏之，與此圖無異。元祐六年八月，李某履中題。

題裴晉公繪像

舊史言晉公狀貌不踰中人，又小説言其微時嘗就術士來問相，術者驚云：「不可解，是必有陰德。」今觀繪像誠一少年羸薄書生爾。然相憲宗擒吴元濟，取山東，平兩河，威名震于憬俗，問望德業侔於郭汾陽，以身繫國之安危者二十年。當時凡命將相必推晉公，以爲江右王導、謝安有所不及，其爲賢士大夫愛重如此。蓋忠義發於誠心，而有才術以將之也。昔漢留侯，高祖言：「運籌帷幄之中，決勝千里之外，吾不如子房。」司馬子長以爲其人計魁梧奇偉，至見其圖，狀貌如婦人女子。魏安釐王謂馬回耿耿有丈夫之節，問於子從，子從曰：「回非不偉其體幹也，其體方而心圓，臣有疑焉。」爲相三月，果敗。嗚呼，君之置相，其可以貌取哉！

題唐丞相蕭遘詩後

唐蕭遘與其子三兒生日詩曰：「吾家九葉相，盡繼明時出。」遘乃唐武德、貞觀年中宰相瑀之後，瑀乃南梁明帝巋之子、隋煬帝蕭后之弟。瑀之子嵩，明皇開元十七年爲相。華之孫俛，穆宗長慶元年爲相。復之孫鄴，懿宗咸通元年爲相。

又孫寘，咸通六年爲相。又華之孫咸通十三年爲相。寘之子遘，僖宗中和元年爲相。〔二〕歸乃梁武帝之孫詧之子。南齊太祖蕭道成，皆承淮陰令整爲高祖。整自蘭陵徙居晉陵武進縣。考其上世，不見積累功德，其後奕葉暴興於江東，雖享祚不永，子孫多難，亦皆建號稱帝，奄有南土以應天命。流及有唐，九人爲相，其餘登顯仕者世亦不絶。迨朱梁貞明二年〔三〕，倣之孫頊又爲相，雖祚已滅，而蕭氏之澤未替，夫何其盛也！昔晉王導命郭璞筮其世，璞布卦以象言曰：「淮水絶，王氏滅。」王氏非惟與東晉同興，至梁天監中命康絢堰淮水以灌壽陽，淮遂絶流，王氏亦自此而衰。嗚呼！此豈人事歟，亦天數也。

〔二〕按：據全宋文考證，該處所述蕭氏諸相世系多訛誤。據新唐書卷六一至六三宰相表、卷七一下宰相世系表一下綜述如下：蕭巋之子瑀，武德、貞觀中爲相；瑀兄珣之曾孫嵩，玄宗開元十六年爲相；嵩之子華，肅宗上元二年爲相；華之孫俛，憲宗元和十五年爲相；又華弟悟之子倣，懿宗咸通十四年爲相，悟弟衡之子復，德宗建中四年爲相；復之孫寘，懿宗咸通五年爲相；寘之子遘，僖宗中和元年爲相。此外，華之族子鄴（梁武帝蕭衍兄懿之後），宣宗大中十一年爲相。以上蕭氏齊梁房子孫唐代爲宰相者共九人。

〔三〕「二年」：疑當作「四年」，見新五代史卷三梁末帝紀。（參見全宋文卷二六二八）

卷八

説

易説送尹師閔

易之道，廣矣遠矣，深矣微矣。天地，至大者也，包之無外焉；鬼神，至幽者也，窮之無隱焉。陰陽交化，而知性命之正；原始要終，而知死生之變。日月風雷、山澤水火、草木鳥獸之象，君臣、父子、兄弟、夫婦、室家、婚姻之義，禮樂、師旅、祭祀、刑政莫不咸在。至於寒暑晝夜之運，屈伸動靜之體，好惡取捨之情，剛柔進退之理，方以類聚，品以羣分，無不總萃，雖造次顛沛不能踰。顯諸仁，藏諸用，莫可測焉，所謂妙於神而極於明者也。太極未判，兩儀未生，雖未形易之象，而易之妙固已存於其中矣。元氣既分，象數既形，夫物芸芸而生，世莫知其然。於是伏羲因天地之數畫而示之，八卦成列，象在其中，天地萬物亦以具備。天下後世猶未能明，聖人又重爲六爻致其詳，發之以象，繫以告諸人，尚亦罔然，曾不得望其封畛，况門牆堂奧之深乎！是猶納萬於櫝中，方圓巨細，朱緑玄黄，有至寶焉、有雜器焉，未嘗發鑰出而閲之。罔知其名，罔識其形，罔知其所可用，徒指櫝曰有異藏，兹爲妄僞，不亦甚歟！以孔子潛心於易，三絶韋編，猶曰「加我數年學易，可以無大過」，况於衆人乎！昔孔子之弟子有子弓者，學易於商瞿，子夏之易傳於田何，二人者去孔子未遠，必有所聞，後來亦莫之傳，其餘妄開户牖者多矣。夏殷之世，或曰連山、或曰歸藏，其名不同，其辭亦異。至周以其變動不居，周流六虚，上下無常，不可以爲典要，故謂之易，其當世所取用者如此，故曰周易焉。易取象幽，故其文奇，極道妙，故其言隱，非若書之二典禹貢、洪範爲世大法，其言坦然明白也，學者其可妄爲説歟？汶水尹君師閔自少究心於易，揲蓍論卦，著之於圖，自謂知易之數，孜孜焉歎未知易之道而問於予。噫，予何知哉！於其歸也，以自見於易者告之，欲使發其櫝而求其中得所睹焉。元祐六年清明日，李復述。

銘

硯滴銘

挹彼注兹，滿而不溢。静之徐清，動之愈出。

筆冢銘

洪荒眇綿，正美神姦，唔唔爾傳。覃潛于思，沛發于辭，汲汲爾爲。祖孫族宗，動變雲風，盡心告終。坎深甓周，窆爾于丘。惟風水之利兮，永藏於其幽。

禮賓使劉府君墓誌銘

劉氏，其先自陶唐氏，殷有劉累學豢龍以事孔甲，至漢而復大。光武封靖王於中山，子孫因居河朔間，府君其後也。世家保州保塞縣。曾祖昌，後唐平州刺史、幽薊墾土使者；祖審言，汜水關令，皆贈太尉。考文質，東上閤門使、連州刺史、贈左金吾衛上將軍。府君諱諶，字公量。以父廕補右班殿直，五遷東頭供奉官，監開封府陽城、考城縣酒稅，爲延州永平寨主。民有與兵結黨爲讎者，累相告訐，連逮甚衆，歲久不能決，府君遽得其情械之，訟遂息。用舉者試授閤門祇候、岢嵐軍都巡檢使，尋被旨築乳浪寨以完藩籬，不十日而集，賞功遷禮賓副使。康定初西戎犯邊，朝廷命諸路擇士以聞，天章閣待制王公沿節制涇原，舉統領軍前兵馬，特進秩以重其選。逾年，就差充本路兵馬都監，仍主前鋒。出分路，亟遇寇衆且十倍，士卒恐欲潰。府君曰：「今戰則不敵，歸則被追，不若據高解甲以疑之。」寇果疑爲餌，不敢逼，偶鄰路兵會以解。時大軍潰於定川，例奪官罷。環慶路經略使滕公宗諒辟差慶州東路巡檢，又移北路。凡三與敵戰，以精甲破道斯楚之衆於党平谷，設伏獲全賊於裴家堡，獲戈甲牛羊萬計，以功復官。皇祐明堂，遷皇城副使，涇原帥臣夏安期辟第七將。什壘屬羌結生族以叛，屢招撫，不能平，府君曰：「彼以西戎昔數敗我師，故敢輕我，不若乘隙直誅其首惡以破衆心，則事自定。」徑引兵往，酋衆齊諾等率衆來拒，麾兵掩擊，獲首領一十三人，餘遂哀懇，願爲編户，子孫迄今効邊。以功遷禮賓使，移鄜延路兵馬都監兼知鄜州，又移知威勝軍。因歉發粟賑饑，僚屬有以常法言者，府君曰：「予職在長民，弗忍坐視其死，必不從坐。」就移知岢嵐軍，部使者猶懷發粟，擿以他事，責監太原府倉。英宗登極，移秦州兵馬都監，不之官，退居岐之鳳泉，爲終焉之計。治平元年十月二十八日感疾卒，享年六十八。府君喜學多聞，篤義樂施，臨事知變，愈劇愈閒暇。尤善射，遇敵，奮勇爲士卒先，下亦喜爲其用。娶俞氏。男三人：長師旦，右侍禁；次師中，盩厔縣令；三師嚴，東頭供奉官。昔從太宗平江南封彭城郡王諱文裕者，府君之世父也。上疏乞明肅皇后歸政，又鑿空通唃氏以破夏國之謀，終於工部尚書。諱渙，復碩囉故地，世號開門將軍，諱滬者，皆府君之母弟也。保塞，皇家之故鄉，翼祖皇帝時在民間，平州知其非常，歸以息女，今廟號簡穆皇后。太祖創業之始，倚汜水以機事，而連州亦屢立功於邊陲。予嘗觀舊史，見漢高祖、光武龍興，豐沛、南陽之故人攀附騰驤以取將相，世十數而不絕。劉氏早爲勳舊，世有聞人，卒不大耀，豈所遇自有數歟？諸孤將以元祐四年某月日舉府君之喪葬於鳳翔府盩厔縣太平鄉西原。前期，以承議郎王沃所狀行事來乞銘，辭之不獲。謹序而銘曰：

漢封中山，肇啓土宇。慶流平州，夙親翼祖。公出其後，爲時所稱。幕府擇士，辟書屢聞。經始乳浪，功成傾朝。敵不及顧，璽書寵褒。壯略知變，從容濟危。解甲示暇，敵心密疑。世仰勳舊，妙圖亦遠。若有真宰，雅懷不展。剛不可折，行趨於夷。將老而躓，匪以其私。南山嶙峋，鳳泉高深。勒銘幽宮，以詔後昆。

劉君俞墓誌銘

士莫不知有學矣，然求之未明，得之亦莫之行，非學之難也，士亦有罪焉。予之蒙愞狃俗，居常求不陷于罪，其有資于予友焉。予友諱公彥，字君俞，姓劉氏，高密諸城人也。少從學於橫渠子張子，刻勵修潔，篤於孝友，恭謹恂恂，不妄言動。其於學也務明辨深造而力行之，常曰：「善無待於外也，明於己而已，道未能行於遠也，施於家而已。苟誠立於中，必有形於外。」拳拳焉，雖造次顛沛，未嘗少違。其器高茂而心期嗜進，又不止於如此也。人但見其溫醇深厚，猶良玉出璞而圭角未露，心率愛之，有道者加以雕琢，光輝不可掩，將以禮天地神祇而致特達之用焉。居貧欲仕，續食四上，卒無所就。或勸其文章與時異，則曰：「文不可以畔道也，命不可以不俟也，安能言不由中，戾吾素學以輕悅於人哉！」竟不少易。始予見其顛連窮困，以爲天之于善人陰必相之，將欲張之者必先翕之也，今遂窮以死，吁，可哀也已。元豐二年七月二十三日，以疾終，享年三十。曾祖大理寺丞，祖國子博士，父未仕。娶杜氏，一男曰文孫，一女曰安孫。其年九月二十八日葬于長安縣善政鄉中臺村。趙郡李復誌而銘其墓曰：形雖往矣，志或存焉。壽雖嗇矣，善無憾焉。其畀之，其奪之，莫之爲而莫之致也。徒動怛化之情矣，皆莫可以訊焉。

潁州團練推官將仕郎試秘書省校書郎知河中府虞鄉縣事薛君墓誌銘

薛君昌平將葬其兄虞鄉君，以狀乞銘於承議郎趙郡李復，曰：「惟薛氏世顯河東，其源流皆載於族姓書。至本朝有隱德，以子顯，贈諫議大夫者，虞鄉君之曾大父也。爲樞密直學士、諫議大夫、知成都府，贈太尉，終葬於河東縣條山之北趙行村，虞鄉君之大王父也。太尉有子爲尚書比部員外郎，通判鳳州，卒葬於太尉墓之西南。虞鄉君乃鳳州之長子也，諱昌圖，字純之。幼失怙恃，刻苦力學，欲自奮，不遂其志，以季父任湖南轉運使，奏補太廟齋郎，調果州南充縣主簿，移知相如縣。又用舉者言，知秦州青水縣，辟監商州錢監，礙親，改知河中府虞鄉縣。元豐元年閏月十七日以疾終於官舍，享年四十有七。初娶李氏，贈開府儀同三司樞之女；再娶康氏，崇儀使旼之女。四男：洞、溫早卒，溱、深業進士。二女：長適左班殿直馬序，次適鄉士王師文。虞鄉君昔在南充以才稱，諸司多以劇委之。郡有不職從事漕檄命之對易，抵郡中未幾，郡將疾，遂死，倅先已罪去，遂攝郡事。時方推行常平、免役法，使者旁午，他郡縣以新法多得罪，朝廷遣司農寺丞苗時中出本路體訪行法當否，愛其裁度得中，同監司列章薦知相如縣。舊令初以虞鄉君多得衆譽，陰嫉之，常造誣謗，聞罷，又掊率吏民錢攜去。事聞，諸司將按治，虞鄉君極諭俾自陳，舊令雖赧，勉從，而猶隱沒不實，虞鄉君親改其狀，盡其數，竟不使以贓廢。其効官接人如此。平生不妄言笑，人視之但見其純靜簡厚，於世真穨然者，其飽通世務，不肯一少自開露以求人知，誠可任以事。惜乎！方强而殁，姑見大略，亦前人之深悲，所謂齎志而殁者也。昔久與公遊，今將以紹聖某年某月日葬於鳳州墓之東，敢以銘文累公，其無辭。」惟予伯氏媾婚於薛，予固知虞鄉君之爲人。諫議大夫諱允恭，太尉諱田，比部員外郎諱伸。謹取其所狀行事繫之以銘。銘曰：

有韞在櫝，氣溫質堅。扃鐍不發，閟於九原。胡嗇厥施，躓以終天。河流在西，條山在南。隱封中坎，既固且安。嗚呼君乎，其從祖考，以永歸乎，惟後人之無艱。

朝邑縣令郭君墓誌銘

郭君諱幾，字造微，開封人，熙寧六年中進士乙科。初調常州宜興尉，次爲同州朝邑令。元豐六年四月到官，適歲連歉，民多流亡，君方思救荒之術，郡將公廨田在其邑，將欲盡征其租，時予奉檄至邑，乃謂予曰：「茲所謂凶年必取盈焉也，恐大得罪，當自求。」遂引疾，久不報。十年二月二十八日，方午，倉皇束帶下堂，南面而揖，凡三升降，揖已，乃坐於堂曰：「果然！」布紙操筆而止，家人輩問之，絶不語，少頃遂卒，享年三十有七。郭氏京師豪右，自其祖已來能擅四方之利，昆弟皆以豪尚人。君獨退默介潔，居城南小圃，日與吴沖道人處，以能辟穀，善飲酒，吴生嘗謂之曰：「君能不仕宦，與吾同遊海上，可以出世，若禄仕止得五年。」故君少時不以科舉爲意，其母切責曰：「爾既不治生事，又不篤於進身，吾守爾何待？」遂以辭學得官，而被禄果止五年。臨卒曰「果然」，豈非證吴生之言乎？曾祖左班殿直，祖、父皆不仕。娶鄭氏，一男曰貽孫。將以其年十二月十七日葬於開封府祥符縣某坊某里，宣德郎王柄前期以狀來丐銘。爲之銘曰：

萬類散殊，皆原於一。肖貌賦形，分不可易。以遯則利，以禄則窒。五年云亡，胡天之嗇。惟世茫茫，妄徼以力。自謂有能，匪吾所必。

潘原縣主簿高君墓誌銘

高氏其先濮人，因祖留家於華，遂爲華人。父良夫，高遠有器識，丞相龐公籍極知其材，數薦於朝，任成都府路轉運使、江淮等路發運使，終於司勳郎中，贈工部尚書。祖本，光禄卿，贈尚書左僕射。曾祖魯，贈兵部侍郎。君諱士慶，字慶之，少刻苦篤學，博覽史傳，不利於科舉，以祖廕補郊社齋郎，乃欲行其所知，調渭州潘原縣主簿。既而曰：「小官遇事束手不得輒動，何所補哉！」滿即退歸，更不復出。沖澹夷曠，不以世務經心，杖屨往來親友之間，以詩酒歗歌自適。樂善好義，其善亦不願爲人知，人或詰之，則曰：「此乃士之所當爲。吾每見人務華而不實，絢以客氣，吾客今去矣，獨有主存焉故也。」昔在潘原，康定中西戎寇邊，君部糧從軍，經略使韓公琦知其才，欲委以事，君度勢不可留，遂以疾辭歸，不數日大軍果敗於好水川，人謂其知機。嘉祐二年七月二十九日，以疾終，享年四十有八。先娶閻氏，踰年而亡。繼娶屈氏，敦静柔良，治内有法，歸十七年主簿殁，又二十八年而終，實元祐二年二月二十九日也。子四人：端臣，宣德郎知洋州西鄉縣；正臣，嵐州合河縣令；信臣、稷臣皆業進士。三女，適王文簡、周直清、屈景純。諸孤將以四年十二月十三日舉君之喪，以二夫人之喪合祔於華州鄭縣駟馬鄉，前期求銘於予曰：「端臣不幸，少失所怙，貧久不克葬，今又罹母氏之艱，欲稱有無以盡禮，庶幾無憾焉。然先子平昔潛德隱行雖多，端臣幼不能知其詳，故無以傳，今幸獲登公之門，惟墓銘敢有求於下風，幸無辭。」因系而銘曰：

余聞馬少游，欲乘下澤車、款段馬，使鄉里稱爲善人足矣。〔二〕

〔二〕 底本下闕。

李居士墓誌銘

居士李氏，諱革，字行之，予次兄也。世家開封祥符縣，先人累官關右，遂居京兆，今爲京兆人。居士性卓犖不羈，俶儻有大志，欲以功能見于世，故勉就科舉，凡再黜于禮部，歸，太息曰：「昔人韞櫝待價，價雖善，猶或秘而不能發。自求于有司，列坐庭下，譏邏輕侮，甚傷壯夫之心。且今之程文猶爲簪璫球珥，巧逐時尚，以求媚于閨闈，豈吾之所欲哉！」自是汎觀羣書，優游里閈，不復以仕進爲意。因誦孔北海詩曰：「坐上客常滿，樽中酒不空。」喜曰：「吾雖不能如信陵、春申之流，亦何愧于鄭當時、陳孟公？」爲具庖飲，日與親賓會，歡歌自適，雖寒暑無間。樂于周急紓患，第以力不足爲恨。强直尚氣，傍見非義必正之，不卹其情，極其事而後已，謂其人理本如此，能察與否，其在爾也。人知其傾倒無城府，退亦無愠，犯而必校，言其失亦聳然從，故月旦皆多其義士之風。既感疾，語人曰：「吾覺今甚異，非湯劑砭灼所能及。」醫來盡謝之。政和元年正月初一日終，享年六十有四。娶薛氏，樞密直學士知成都府田之孫，比部員外郎伸之女，先居士六年歿。男曰約，曰經，皆業進士。孫男三人，皆幼。女二人：一適美原屈誥，一適長安王某。以政和七年十二月庚申葬于長安縣華林鄉社城西原，薛氏祔焉。銘曰：

剛其直也，弗悔于劌。復其克也，弗慊于忌。裕乎，其高不以跂，其鬱不爲躓。藐矣，其有以眇乎，非苟以爲異。

周夫人墓誌銘

紹聖二年正月十有一日，故咸陽縣主簿范府君之夫人周氏以疾終，其孤將以其年三月二十一日合祔於萬年縣洪固鄉李永社之兆，前期貽書屬予曰：「昔夫人以長女託公，惟公實知夫人，願公誌其平生始終，夫人有知，將以慰其思。」予不敢辭。夫人京兆萬年人。曾祖緒，贈禮部尚書；祖實，兵部侍郎，贈太尉；考宗古，司農少卿，贈通議大夫。元豐初，予始見夫人之母而拜之，爲予言：「夫人方甚幼時，已卓立不羣，親黨有識者皆謂他日必能守古人節義之操。既笄，將使有家，擇議甚衆，聞范氏有子以好學稱於鄉里，遂歸之。不幸纔數年而吾甥歿，終喪，齒尚少，欲再嫁之，陳義自誓，堅不可奪。事姑鞠幼，今踰二十年，刻意自厲，率履不越，亦世人所難及。」予聞而識之，默觀夫人之起居意嚮以驗其實，既久而信，又竊歎之。周氏關中巨室，仕宦多通顯，服習豐華，府君家世皆以清德自持，勤儉儒素。夫人入門，雅合風矩，衆悉喜之。自嫠居，益事純質，非歸寧未嘗踰閾。姑太夫人蘇氏賢德遠大，舉有儀度，夫人順事孝謹，鮮不當其意。治子有節法，誨厲教督，跬步必以學行。歲時薦奠，夙興不懈，使令肅然。太夫人捐館，議去世俗喪服之禮，講緝舊文，度數繁悉，人或憚其難行，夫人擗踊哀毀，饋奠俯仰，情文兩盡之，學禮者傳聞，皆有所取焉。蓋其性强明嚴正，造次不妄，故生五十有八年，而莫有間言。男燀，慶州合水縣令；某，華陰縣主簿。次女適博州堂邑縣主簿劉勃。二孫男，一孫女，皆幼。府君諱褒，尚書度支員外郎、制置陝西解鹽使、贈銀青光祿大夫諱祥之長子。予嘗考召南采蘋與夫衛柏舟詩，言大夫妻能以禮自防，共姜有自誓之義，聖人取之，列于國風。是時先王之澤被於天下，雖後世流風猶未熄，故遺俗或能自力。夫人生無公宮之教，又無女師之訓，飭躬厲節，默合於禮義，風人有作，必無愧於昔者。此中外之所共知，非予之所私也。銘曰：「夫人之行兮，既順以正。來相君子兮，宜永終慶。弗祿莫報兮，天莫可訊。寡居自厲兮，高節益勁。偏姑在堂兮，嬰弱扶膝。仰事俯鞠兮，敢安於佚。去豐趨約兮，樂彼純質。迪禮無尤兮，終始惟一。婦學之壞兮，頹風久靡。嘉夫人兮，允修厥履。後世可告兮，著乎女史。隱德孔昭兮，銘詩其視。」

恭人范氏墓誌銘

恭人范氏諱遠，字寶之，長安人也。熙寧二年，予生十八年矣，來長安居，聞恭人季父棄官歸，講學不倦，予常往見之。

予前娶既喪，恭人祖母蘇夫人識度高遠，德氣深厚，舉有儀矩，謂恭人類己，愛視特異，命以妻予。時予方筮仕，家甚貧，恭人年雖少，質性純重，服用極素約，而經理内事又勤，故予得奔走盡心於外事。惟歲時薦享必求豐潔，齋宿饋奠率中禮，行之終身不懈。平生不喜以人之得失供談笑，亦惡以驕浮尚人，常曰：「此非有益於德也。」撫鞠庶子尤悉意，常自乳之。歸予三十八年，雖婢使輩未嘗輕詈責，人亦莫敢犯，中外無間言。没而發篋，無一物自藏，其識操天資如此，非僞襲而爲之也。政和七年八月二十九日以疾終，享年五十有七，初封同安縣君，再封德安縣君，新制封宜人，又封恭人。男續、績皆將仕郎。女儀適河南趙深，循適長安范秬，修適文林郎趙伯牛，惠適宣義郎張安祖，容在室。孫男曰嘉孫，女曰德孫。曾祖忠恕，尚書職方員外郎；祖祥，尚書度支員外郎，贈銀青光禄大夫；考褒，京兆府咸陽縣主簿，贈朝散郎。其年十二月初七日葬于長安縣杜城之原。敘其略而銘之曰：

嗚呼恭人，幼清服義，德其類兮。從予多艱，躬自厲兮。匪忮匪求，知所嚮兮。率履匪懈，以克家兮。氣升魄降，何遽歸兮。銘告乎來，亦惟略兮。

雜著

論卦相因

乾：坎需　艮大畜　震大壯　巽小畜　離大有　坤泰　兑夬

坤：乾否　坎比　艮剥　震豫　巽觀　離晉　兑萃

坎：乾訟　艮蒙　坤師　震解　兑困　巽渙　離未濟

艮：乾遯　坤謙　兑咸　坎蹇　巽漸　離旅　震小過

震：坎屯　兑隨　離噬嗑　坤復　乾无妄　艮頤　巽益

巽：艮蠱　兑大過　震恒　乾姤　坤升　坎井　離鼎

離：乾同人　艮賁　坤明夷　巽家人　兑革　震豐　坎既濟

兑：乾履　坤臨　離睽　艮損　震歸妹　坎節　巽中孚

易曰：「八卦成列，象在其中矣。因而重之，爻在其中矣。」孔子之序卦，上經自乾坤爲始，乃有天地，然後有萬物也；下經自咸恒爲始，有萬物而後有男女，有男女而後有夫婦也。序而屬之，必明其義，此皆聖人垂世法而爲之文言也。六十四卦序而屬之，皆以陰從陽，以夜繼晝，以柔配剛，以行四時，非苟爲之言也，皆天地陰陽自然之道。繫辭曰「通乎晝夜而知」，非盡易之妙，不能至也。

讀列子

唐柳宗元喜爲文，韓愈盛稱之。予觀宗元之爲文，極刻意用力，非自然，乃辭勝而理不足也。至於論列子之書則曰「其言直而不作爲」，兹是亦知文矣。夫直而不作爲者，惟喻其理而明其事，不矜華辭，而古訓是式也。昔之論列子者，專取其辭子陽之粟，是未可與議列子。

佛肸

佛肸以中牟畔，召孔子，欲往。夫佛肸何爲召，孔子何爲欲往？此孔子知其有悔過之心也。然則何以知之？曰：

佛肸既畔，置鼎於庭，謂其衆曰：「與我者與其邑，不與我者烹之。」田卑褰衣將就烹，佛肸遺屨而止之。苟欲終其惡，豈遽止田卑乎？昔孔子亦欲從公山弗擾之召，而曰：「召我者豈徒哉，如有用我者，吾其爲東周乎！」此可以見子之意也。

王畿

天下之廣，先王之制，天子所自治者千里而已，千里之外皆侯國也，而要荒之外，又非侯國焉。聖人之智，非不能周治天下，而不欲盡其智也；力非不能并包要荒，而不欲盡其力也。財用之入，足五式而止，不欲盡其富也。刑常期于無刑，不欲盡其威也。冕衮旂章皆有數，不欲盡其貴也。惟其不欲盡，故天下莫不服。老子曰：「慈故能勇，儉故能廣。」殆謂是也。後世一有欲盡者無不敗，况於欲兼盡者乎？

函谷關

禹貢：「黑水西河惟雍州。」左殽、右漢、南商、北居庸，四山所壅也，地勢險固。田肯賀言秦得百二，賈誼言九國之君以十倍之地，百萬之師仰關而攻秦，秦人開關延敵，九國之師逡巡不敢進，秦無亡矢遺鏃之費，天下已困矣。此但爲言偶然如此，以楚漢方爭之時觀之，乃實見地勢之利。高祖自漢中出定三秦，東嚮與楚爭，挫衄敗北者屢矣，而關中固自若也，曾無西顧之慮。項羽據梁地，高祖一入彭城，一至壽春，東逼于彭越，南懼于英布，往來救敗不給，此司馬遷言天道始事於東而收功於西也。雖然，以關中東向而視天下，其勢如此，以關中而西視隴右，隴右之勢險固又甚矣。如光武之機果，竟不能得隗囂，以唐太宗之英睿，亦挫於薛舉，此可見矣。

欒婿

晉謝混，謝安之孫。初，孝武帝爲晉陵公主求婿，謂王珣曰：「但如劉真長、王子敬便足，如王處仲、桓元子誠可，才小富貴，便預人家事。」珣對：「謝混雖不及真長，不減子敬。」帝曰：「如此便足。」會帝崩，袁崧欲以女妻之。珣曰：「卿莫近禁臠。」初，元帝始鎮建業，公私窘罄，每得一豚，以爲珍膳，項上一臠尤美，輒以薦帝，羣臣未嘗敢食，于時呼爲禁臠，故珣以爲戲。今人以結親爲臠婿，非也，此比況之戲耳。

析城湫水祈雨祭文

維神宅坎居幽，有感必通。騰波奮隱，灑潤飛空。德施振古，歌舞良農。歲今旱暵，蘊隆蟲蟲。嘉穀將槁，民嗟饉凶。遣吏投誠，敢瀆神聰。飊輪星旐，夙駕山宮。臨奠弭節，翔薄層穹。祓災宣和，布雲御風。因戮妖魃，震擊豐隆。霈施惠澤，易饑以豐。歡然良俗，共戴神功。

卷九

五言古詩

雜詩

猗蘭生幽林，秀葉凝緑滋。含芬靜不發，默與清風期。美人閑婉孌，遺世從雲螭。袖中雙珠明，照人冰玉姿。羣動溺憂患，闕光無同嘻。寂寥歲將晚，獨往歌紫芝。

應龍出重淵，矯矯昇天行。奮迅彌宇宙，雨施品物形。收藏入無間，吻合元氣冥。神變不可測，乃知至陽精。聖人鍊陰魄，調御元功成。乘時萬類睹，廓然日月明。體用符龍變，潛躍惟時亨。顔伏德方求，舜見位已陞。

霜葉下高枝，紛紛擁寒根。驚風度虚庭，槭槭愁飛翻。草木雖無知，養本亦足論。人生感元化，道貴窮性原。滋口芬羶亂，悦耳聲音繁。衆攻日外戰，目暗天地昏。不問昆侖清，但愛長波渾。神馳正氣潰，白日鬼瞰門。

春鳩啄晴屋，露蟬吟高枝。羣物感氣動，飛鳴不自知。冥心觀物化，浩刼密推移。欲從扶桑翁，雲間玩陽曦。

珍圖出滎河，八卦開奥秘。聖人重因襲，已極露隱細。大衍四十九，周流通一氣。陰陽窮必變，往反無終始。元化密推移，消長先默契。鬼神無遁情，垂詔[一]億萬世。如何揚子雲，求名誇譎詭。藻繪太初曆，設畫隨啓閉。盈縮無常運，踦贏謾擬議。安得宇宙間，別更有天地。文字但艱苦，白首困心志。侯芭何所知，枝指徒爲贅。

陽剛形發輝，陰凝體受照。金魄遡火烏，進退見朒朓。氣引潮海壯，象推介蟲小。南北應坎離，東西正昏曉。

萬物忘我難，聖人出同憂。女媧斷鼇足，軒轅殛蚩尤。禹命洪水乂，稷播百穀修。元德與天通，珍符告帝休。起皆不得已，本非功業謀。應龍潛深淵，睢盱寒水秋。乘時御風雷，雨施化形流。體異靈氣同，默契神變求。

陰陽體合氣，氛氳極無際。卦氣交孕毓，旁滋六爻備。聖人繫爻辭，鈎賾推母子。觀應以知來，隨方推象類。靈龜通火志，黄牛革得地。復應乾龍潛，兑乘履虎尾。周流紛參錯，往來精妙義。懵懵妄穿鑿，執一千百廢。孰能訪太極，與遊兩儀外。衆輻共一轂，利用本在無。制法應世變，欲返民心愚。巧智起頽波，但逐末流趨。烏亂畢弋多，真風日更踈。一氣偶暫聚，靈府含虛明。至人遺世氛，妙靜無將迎。索珠迷罔象，鼓琴有虧成。淼淼千海波，全潮浮漚輕。杯水入滄溟，浩浩通無際。原心方寸間，混合周天地。后稷勤稼穡，顔淵甘簞食。行己在一時，流芳播萬世。至道不遠人，安行近且易。高松懷正氣，挺特入空碧。短棘無直枝，千鈞未成尺。松生倚雲岡，棘散傍道側。道側侵行人，牽衣去不得。絲蔓亂附託，狐貍喜偃息。美惡類相感，庸詎分知識。秋風葉落時，礙眼如矛戟。斤斧不得施，悵然空歎息。

翩翩雲間鳥，翠羽光葳蕤。結巢占遠林，意與深静期。盲飈忽號怒，萬木無停枝。攲摇不容息，簸蕩[二]孤巢危。遐睇昆崙岡，玉樹蔚仙姿。溟海皆震蕩，秀立影不移。空懷高舉心，感歎鼓翼遲。晨炊未登盤，飢腸已戚戚。欲問堂上人，先聞發歎息。苟念一餉飢，況艱終歲食。茫茫九州間，幾人悲罄室。吾欲呼天工，驅雷駕雲龍。十日一風雨，五穀年常豐。佩刀化爲農，孫哺百歲翁。完助陰陽功，不顧吾盤空。

[一]「詔」：文淵閣本作「照」。
[二]「簸蕩」：文津閣本作「崩簸」。

沙虛路傍泉，江通石上井。泉挹淺沙黄，井汲深江冷。六月火雲生，旱烏炎午影。煩心欲清滌，呼兒問修綆。

黄河走東溟，不知幾萬里。奔騰鼓風雷，勢欲卷厚地。百川隨呼吸，渾渾失氣類。正德不可亂，横絶見清濟。詭士富縱横，機辯回天地。觀其投説時，揣摩探人意。高論未能窺，茫然何所試。髣髴一隙開，洶湧驚濤起。陰闔拒其惡，陽開示其喜。危冠揖時君，擔簦擅國勢。六印黄金多，雙璧連城貴。歲晚客子來，傾變心若死。

權利爲禍根，苟合非純士。嗟哉憑軾生，行見烹齊市。晴鳩不逐婦，猛虎不食子。魏國將樂羊，齊人疑吴起。凶險甚鳥獸，妻子自烹死。嗚呼天壤間，親無骨肉比。殘毒就功名，于君安可恃。中山昔置相，嘗取放麑翁。異類猶有恩，事君必致忠。經界廢已久，王者無尺土。强力喜饕吞，含血不肯吐。孱弱困道傍，性命輕毫縷。爲政須務本，析薪何匪斧。浚泉少汲水，汲多泉水汙。力穡莫揠苗，揠苗苗必枯。心清事自簡，氣和體必舒。古人有至言，治民如烹魚。先王急民事，分吏察壠畝。田荒宅無毛，置法責粟布。壤壤一歲勤，暴暴三年聚。農政久不移，〔一〕幾家有禾黍。當路莫張機，張機不可行。潛深巢高杪，魚鳥知愛生。立義禁爲非，意欲求無刑。刻核苟太至，視死心亦輕。善學必探本，知本貴善養。種木既得地，柯葉日滋長。紛紛綺語工，汩汩良心喪。多聞竟無益，不如鷄犬放。姬旦相孺子，不爲召公知。洛陽賈年少，豈免絳灌疑。論遠必爲迂，舉高遂有危。更無反禾風，但起弔湘悲。

讀陶淵明詩

淵明才力高，詩語最蕭散。矯首捐末事，闊步探幽遠。初若不相屬，再味意方見。曠然閑寂中，奇趣高蹇嵼。衆辭肆滂葩，姦怪露舒慘。彫刻雖云工，真風在平澹。距今幾百年，有作皆愧赧。予嘗跂清塵，忽忽氣相感。安得起從遊，絶頂與

〔一〕「移」：原作「倏」，據文津閣本改。

同覽。

明月入我牖

明月入我牖，娟娟滿衣裳。驚風飄疎竹，凌亂舞清光。静坐不能眠，稍知秋夜長。却思古人書，探編開縹囊。一讀三四反，人遠心茫茫。投編出庭宇，回步影徜徉。長空散白露，暗落點青黄。肅肅晨氣動，滿地自爲霜。

山中有桂樹

山中有桂樹，樛虬散巖曲。高枝動秋風，霜凝不改緑。美人與世遠，嘯歌樂幽獨。揮手弄浮雲，寒光滿空谷。忽忽自搔首，神馳逐清躅。何時山下泉，一濯飛塵足。

和人子夜四時歌

井上梧桐樹，花黄落點衣。夜深花裏鳥，相並不相離。美人朝汲水，驚起却雙飛。

繅絲絲縷長，當窗織流黄。纖纖弄龍杼，不作舞衣裳。裁縫付邊使，豈待見秋霜。

蕭蕭庭下柳，曾學舞腰支。秋風吹暮夜，半落小蛾眉。人生自無定，空歎葉辭枝。

窈窕月華來，對月理瑶箏。將心託絃語，幾弄未成聲。非關霜氣澁，不忍苦分明。

有客山中來

有客山中來，遺我雙雲松。身雖咫尺長，勢有百丈容。空庭土花碧，不種夭桃紅。
春悲香魄盡，秋怨緑枝空。喜見石上根，移從最高峰。愛植朝暮勤，待看凌霜風。
何時舊山雲，出隨淵中龍。沛然灑好雨，助我栽培功。

翠碧

翠碧曳長啼，翩然上庭樹。花枝摇未定，驚顧却飛去。豈不愛芳陰，自憐好毛羽。
苦爲艷粧求，刻鏤點金素。五陵遊俠兒，挾彈馳長路。華狨毛垂金，豐豹文濯霧。〔一〕
懷珠蚌必剖，戴角犀多忤。志士無懷璧，懷璧出逢怒。

病目

昔年勤細書，廣博求多益。謂經手一抄，可勝讀數百。矻矻三十年，嘗廢寢與食。
磨墨見硯穿，敗筆如丘積。高編連大軸，不知幾萬億。當時氣血盛，未覺損目力。

〔一〕「霧」：文津閣本作「露」。

今年四十六，百病乘其隙。雙瞳舊勞甚，凝血聚成脉。虚炎更上攻，常若包芒棘。遠視但䨇䨇，浮空亂花黑。少功跂前修，鑽仰極窺測。志欲繼絶學，九萬希〔二〕鵬翼。求於形器外，脱然有所得。上友千古魂，神遇展良覿。年來老且病，筋骸當少息。六物已熬成，昏氣須清滌。

物我

萬物生芸芸，與我本同氣。氤氲隨所感，形體偶然異。丘嶽孰爲高，塵粒孰爲細。忘物亦忘我，優游何所覬。

自省

理容本求妍，造次遽成醜。兢兢早夜思，猶或失於偶。放而不知察，美種雜稂莠。吾居日三省，參也吾所友。

自訟

前善後隨非，失於任私意。短長莫可欺，明者未免蔽。改過心每憚，責人夫何易。芸苗捨己田，無獲亦蹈厲。

〔二〕「希」：永樂大典作「睎」。

自暴

交際知其心，莫良占辭氣。聲音施施然，已拒弗肯至。忿戾無少容，安能喻美意。人懼有失言，愬爾絶于世。

白日

白日懸虚空，春秋變寒暄。但流地上影，不照地下魂。慘慘暗陋巷，炎炎曜蓽門。浮生蕩無根，萬古悲黄昏。

感春

新槐未成陰，藤花如紫雲。蒙冪出高杪，花葉不可分。雙鳩接翼飛，摇蕩花紛紛。曦車不肯留，感嘆愁夕曛。
三月無餘旬，此日足可惜。桃李不自由，相期偶相失。黄黄蕪菁花，青青陵陂麥。林間晚蝶飛，翩翩竟何益。
前晨遊百花，夭艷鬭顔色。柳枝弱而細，閑垂亦自得。今日偶再來，羣枝空寂寂。桐花開最晚，香泛已冪冪。
高榆散枯錢，狼藉走荒陌。聞歌情亦倦，對酒意不懌。非傷春遽回，第覺老相逼。願訴東皇君，撫轡留歸跡。
百年雖無多，亦稍緩逼側。

早起

羣鳩啄屋鳴，亂雀翻簷噪。喜呼怒爭逐，往來競酣鬧。陽氣動飛潛，得意相陵暴。曉枕不能眠，開門適情好。酌泉供清盥，短髮巾野帽。中心曠無事，焚香誦真誥。人生襲元精，含和百神抱。失足落陰界，久困羣邪耗。漂溺孰能回，浩劫沉波潦。玉鏡動悲雲，慈航引清櫂。惟予久冥寞，區區謝初少。三疊舞胎僊，八景駐霞翿。稽首躡祖風，中天延羲照。

登上黨郡樓

羣山合沓來，回抱東林缺。紫翠不可解，環城如玉玦。龍飛晉水清，天轉旄頭滅。蕭蕭古戰塲，春耕擁殘雪。

正月五日遊曲江

今日意何適，出遊曲江湄。野晴天澄穆，風柔物閒熙。淺岸冰已盡，長原麥含滋。躍鱗向日光，浴羽侵水嬉。悠悠南山雲，浮空久不移。斕斑壠東雉，鳴呼聲喔咿。春序茲方交，春物已若斯。眷予同來者，酌酒衣〔一〕淋漓。莫學少陵翁，淚點吞聲垂。且效陶淵明，爲題斜川詩。

〔一〕「衣」：文津閣本作「輿」。

樂遊原

重岡帶南山，起伏波濤驚。古原枕隑洲，森爽東西横。陰宿忽自開，秦川一半明。莫動興廢悲，惟喜禾黍晴。

過彈箏峽

悠悠薄洛水，東出彈箏峽。昔人感秋聲，舞躍中音節。我來跨官馬，屢渡隨曲折。水寒石齒澁，嗚調苦悲咽。應有征人淚，泠然灑清血。含恨變舊音，冷照關山月。衮衮東入海，餘情流未歇。掩耳不能聽，揮鞭急超越。穿雲望前壘，晚路山雨滑。去遠猶自聞，回腸危欲絶。

曲江

唐址莽荆榛，安知秦宮殿。常因秋雨多，時有微泉泫。菰蒲春自生，鳧鷖秋猶戀。千古蔽一言，物極理必變。

玄都觀

龜刻露蘚暗，石壇霜草黄。斷瓦出耕土，猶有金碧光。甘泉分遠脉，來自惠山長。桃花久不開，空餘葵麥荒。

清明渠

清明三十里，疏鑿高下通。西南引潏水，北入太極宫。居民昔爲利，舊跡今可窮。時見斷石甃，龍盤戲雲風。

登高丘望遠海

登高望遠海，冥冥濕天際。百川趨東南，奔騰卷厚地。自從開闢來，溶渟不可計。浩浩無增虧，周流在一氣。怒風駕高浪，雪山寒贔屭。飛火掣電光，神怪時出戲。却疑蓬萊峰，只是鮫人髻。會當見清淺，乘月弄蘭枻。去問蟠桃花，結根幾千歲。

江行至黄牛廟山特奇秀晚艤舟廟下留詩於壁

層峰浮雲空，亭亭出衆嶠。芬敷如青蓮，飛光亂寒照。霜楓雜丹碧，瀑布垂窈窕。秀色紛異狀，爭奇動奔峭。歘失畏嶮心，頗愜賞幽好。舟行不暇徐，粗得領其要。隨風轉隈曲，晚泊黄牛廟。杖策登東岑，周睇萬山奥。臨岸理晚餉，問客賣早稻。明朝走夷陵，便入襄陽道。從此步平陸，歸程已可料。

峽山遇雨

侵曉登楚山，山峻苦難陟。半山忽陰晦，舉手不可識。躋攀穿雲過，赫然見日出。俯視雲氣中，洶湧浩無極。滉瀁雪海翻，兀硉寒冰立。蛟龍見或没，鬐鬣火旆赤。風雷恣訇磕，萬車無轍跡。神君互麾訶，衆怪爭跳躑。變異從何來，萬態不可測。峰頂日晴〔二〕明，下方驚雨急。倏爾寂無聲，昏翳豁開釋。返照光景新，巖岫翠欲滴。瀑泉縞帶垂，稻塍清流溢。高路静無泥，牽挽望前驛。世俗信耳目，天地度以臆。安知視聽外，奇駭可窮索。孰知滄溟寬，但見蹄涔窄。兹事非傳聞，吾行所自覿。

西湖寺

舊聞宣律師，戒行極精苦。眉毫出寶珠，錫杖解鬬虎。登壇三十年，布薩度緇侣。故物今餘何，石像暴風雨。

周巨寺

長楊夾通津，修竹帶北岡。尋行不知遠，時聞芝朮香。渡溪陟翠巘，松柏高蒼蒼。木杪見櫨簷，塔廟居上方。盤步曲折峻，入門庭宇荒。道人貌清羸，趺坐臨朝陽。手持天竺書，貝葉翻金光。爐殘柏子燒，龕續明燈長。見我默不語，舉杖鳴

〔二〕「晴」：原作「精」，據文津閣本改。

匡牀。以示清靜觀，妙出轉徙鄉。我從絶塞來，塵侵兩鬢霜。形骸久顛頓，思逐歸烏藏。偶來叩禪扃，敻與人世忘。金篦刮病膜，清冰沃煩腸。鐵牛耕石田，海底種扶桑。超然越初地，青蓮泥中芳。

陽華夫人祠

陽華少夫人，飛香度青冥。輕明弄餘妍，疏雲含曉星。粲然啓玉齒，流電交回熒。立久忽飄去，暮山風泠泠。

因何常德招遊西塔有詩遂和

支提壓西城，境絶天香集。招邀乘逸興，步駛追隨急。到門病眼明，曉逐秋雲入。浮屠喜躋攀，萬象在拱揖。古洞積陰靄，暗澹龕像濕。登兹翻百憂，履危非我習。南山西出秦，迤邐序等級。北渭東赴海，洶湧動都邑。林梢見新月，整歸尚依䲹。興來莫重辭，時節不可及。

觀西華摧

高山何時摧，谽谺作空谷。擁土起重岡，斷石大如屋。洑泉盡涌發，散漫流新渌。南淵勢最廣，百畝亭澳曲。龍威儼睢盱，神靈不敢觸。兹舊多園囿，修篁帶喬木。今忽掀阜亂，高下眩人目。惟羨勢雄尊，作鎮屹西服。嚴威物所仰，宜滋萬生福。胡不静歸根，震蕩屢翻覆。天地域中大，奔馳猶未足。世事百年間，反衍如轉轂。開闢浩劫來，攬之不盈掬。紛紛秖如此，於予幸乞獨。歸來拂虚榻，孤坐但冥默。

美原縣北軒

淵明昔遯世，北窗朝脱巾。清風一披拂，自謂羲皇人。冥冥孤鴻姿，真與浮雲親。寂寞千載後，遐躅空遺塵。嗟予敢言勇，斗禄徒爲貧。形骸强包束，種種秋毛新。朅來渭水陰，訟簡民風淳。因喜縱懶僻，鑿牖開星辰。吏散鳥下階，清談可娱賓。歸去終亦賦，聊此蟠窮鱗。

西崦人家

處陰體生痾，居高地多風。結廬西崦間，温清適炎冬。長楊帶疎籬，緑畦分西東。門前澗水流，繫柳横橋通。汲淺泉更甘，種沃年長豐。生理左右足，家有百歲翁。乃知淳樸全，能完造化功。何必濟淥河，晏寢玄華宫。

晚出西郊

晚日登西原，勁風飄我衣。蕭蕭班馬鳴，野曠行人稀。撫轡無與語，目送新鴻飛。俗塵嘆久艱，故山多蕨薇。

同劉君俞城西寺避暑

節欲春秋交，寒暑爭愈悍。故知陰陽氣，盛極暑方變。七月庚伏末，困弱但流汗。天地一大爐，造物虐相玩。早衰虚實反，舉動多顛眩。安得甘露漿，鑿頂沃清灌。招提古浮圖，巋壯壓西甸。烈風無時休，寂陰却炎暵。幾有籃輿興，客來發我願。共遊不暇徐，到寺日未旦。童兒青芒屩，潔灑花雨散。斌駮溪石枕，凝滑水紋簟。張置相對卧，境閑心不亂。有時聞妙香，忽來傳静飯。飽起摩腹行，看盡長廊遍。却呼竹窗僧，汲泉具茗椀。道在語嘿間，淺深隨所見。同將煩惱蠲，盡洗清凉觀。兹游豈無益，欲繼慎莫緩。

陳元常醉眠庵

淵明喜閒放，自號葛天民。我眠君且去，人謂此語真。無機物莫猜，鷗鳥猶狎馴。欲眠何遺客，一念已生塵。豈如龎德公，相對忘主賓。陳生性嗜酒，大白舉浮身。衆中時酣卧，常貯滿腹春。澒洞更何物，知容幾輩人。

卷十

五言古詩

首夏端居

美木交柔柯，蕤蕤衆葉光。餘春歸未盡，葉間有遺芳。空庭午陰寂，黄鳥轉新吭。微風從何來，穆然和且凉。虚堂面清池，文簟舒藜牀。憩偃神意適，形骸亦相忘。蕭然無雜塵，始覺日稍長。寒暑迭往返，物生安有常。百年只瞬息，忍使生理傷。起坐理素琴，曲罷取酒嘗。既飲復又酌，仰看閑雲翔。得爲太古民，優游見羲皇。

居山

居山不出山，日飯鮮鹽酪。野菜芼山米，歡若屠門嚼。蒼蒼百歲翁，常如一日樂。人勸出山住，掉頭終弗諾。子孫入市門，賣薪食羹臛。歸來舉糜杯，持匕意自惡。市門負薪殞，滋味固甚薄。甘脆前方丈，入腹毒於藥。山翁意甚長，慎無厭澹泊。

次韵君俞三詩時在山下

西陵大火流，南融已類征。凉風拂庭樹，槭槭起秋聲。遥夜抱膝坐，耿耿河漢明。豈無樽中酒，非君誰與傾。

流水會大壑，層岑出遥林。結茅窮窈窱，細路下嶔崟。風露浩滿野，默坐掩孤衾。孤衾無與寫，秋色日向深。

朝採南山薇，暮採南山蕨。零霜百草腓，薇蕨行亦絶。清溪有白石，欲煮未可熱。故人在東山，幽桂安得結。

郊居五首

牛羊歸近籬，鳥雀喧前林。天曠白露下，皓月吐東岑。呼兒掩柴門，孤燈茅屋深。欲寐問故裘，中夜霜氣侵。

禾黍已登場，壠菽葉亦稀。天晴日氣煖，稚子負薪歸。婦姑具餉出，飯豆菜葉肥。白髮不自閑，但悵筋力微。

楸花不結實，花落緑蔕肥。彫零先衆木，葉落蔕亦稀。枝直鳥不巢，野藤相纏依。藤蔓日更長，楸覺生意微。

歲回秋向閏，九日菊未華。青青東籬下，强起折還家。豈無樽中酒，對之空嘆嗟。後日開已晚，棄置今如何。

種稻滿南澤，露下稻已黄。雨足暗泉滿，秠穲各自長。侵曉負鐮去，日暮積我場。從今有晨炊，璨璨珠玉光。

出門

出門復入門，所向常默默。積陰久未開，凄風起空谷。孤鴻鎩翮悲，黄鵠飛亦獨。舊耕半荒蕪，自歎力不足。

静僻懶慢久，煩喧厭入耳。過客吐新談，意况殊不美。火炎幾車薪，難救一盃水。但坐問鄰醅，餘事莫掛齒。

種禾滿東坡，薿薿尺許長。初苦夏日暴，今爲秋雨傷。耘耔不能施，叢雜衆草荒。農夫荷鋤歸，無語空徊徨。夾徑梧十尋，隱映柴舍深。日期鳳鳥至，柯葉交繁陰。昏鴉接翅歸，不聞鳳鳥音。秋風黄葉落，感嘆傷我心。

和石蒼舒喜雨

元祐丁卯春，旱日透地赤。三農失歲事，嗷嗷嗟艱食。宸心動惻怛，祠禱馳星驛。張圖繪玄黿，探穴求蒼蜴。荒潭幾挈瓶，方壇徒舞覡。神龍忽應求，飛灑自前夕。蕩滌六合清，萬物湔蒸疫。陰陽有沴氣，備禦須多術。聖人不罪歲，能助天地力。風流仍叔詩，宣王中興日。

東齋獨坐

飛雨日蕭蕭，秋風收晚暑。掩關兀然坐，默與玄相遇。坐久忽相忘，玄我無賓主。神遊出八紘，鴻蒙見氣母。

和人伏日

太極剖元氣，五行均四時。代謝密循環，母子相挈維。土散無定位，金德乘火馳。天刑發殺機，閉藏不敢施。胚胎勢力弱，熾赫畏炎離。聖人御陰陽，恐侵西極虧。遇庚防畏禍，用晦將待時。曠然達生理，燕息潛深思。馬遷紀秦事，德公初置祠。後世著令典，賜告休百司。曲學雖拘忌，消長自可推。歲星東方出，隱跡游天墀。詼諧動漢帝，割肉蒙酒卮。

負暄

朝坐前廡西，晚坐前廡東。日當正午時，置榻兩楹中。予生本多羸，憂患百箭攻。三十已白髮，歲常苦嚴冬。凝陰晝墐户，擁火裘蒙茸。寒氣深刺骨，有如嬰利鋒。晨曦忽入牖，心喜舊疹空。開門曝晴暖，暄酣春意融。温温百骸舒，漸發兩頰紅。乃知萬物生，陽德有全功。天輪浩無際，冥冥轉洪濛。盧敖遊八極，妄欲求初終。卒然至濛谷，見呵鳶肩翁。陽烏出扶桑，振轡馳六龍。轉盼億萬里，夸父走追蹤。遺策化鄧林，狂奔如捕風。我今觀天運，四序周無窮。東西逐日車，不出環堵宫。上古有至人，御風登璇穹。手挈日月行，返景回高春。陰陽在掌握，默坐與天通。固知二子愚，可嘆如蠰蟲。

冬日

日出東南隅，轉側下西陸。不經中天行，但驚六龍速。愁寒餘月陰，雲重欲壓屋。霰雪飛不斷，凝冰介萬木。怒風中夜起，呼號鬼神哭。鼓蕩溟渤傾，勢欲翻坤軸。十日未肯回，凍埋蛟龍縮。城市百賈閉，衾裯換斗粟。蕭條觸事艱，更覺生意促。安得青帝回，愛景變鄰谷。氣温筋骸舒，負暄一飯足。豈願北鄰富，甲第厭粱肉。

題朱老壁

居無百畝田，廩有三年粟。舍北幾株桑，晚蠶食亦足。近水理蔬畦，面山結茅屋。夏風葦簟涼，冬煙土牀燠。堂前蒲萄架，新實初垂緑。清淨語不煩，事任鞅掌僕。鄰里通有無，泉甘草無毒。誰知庚桑子，今此居南麓。予非市朝人，受性本幽獨。願就謀一廛，餘外百無欲。

謁隱士段庭

人生何多謀，常苦飢寒侵。裘完甑有炊，於世澹無心。築室清澗曲，窈窕幽徑深。閉門長松下，歲無車馬音。古書束高閣，兀然遺屨簪。悠悠不記年，日月徙光陰。兒童城市還，得酒或自斟。隱几望南山，閒雲起孤岑。

秉文薦對報罷赴任有詩示予遂和

廣文予所知，京國十年舊。出背錦囊歸，人嘲飯山瘦。去歲近臣薦，三接期在晝。孤鴻鎩翮久，高舉或可就。慘淡辭都門，顛頓不可救。蕩蕩萬斛舟，失在一孔漏。相見嗟塌翼，誰與格困獸。危根逐輕流，蹇步難遠驟。予庭有疎松，風聲響泉溜。墻陰多雜花，晴日漸妍秀。都城帝子家，碧香寄新酎。期君一來過，獵獵直飛袖。

秋晚謁秉文有詩遂用其韵

庭木葉蕭蕭，廣文官舍冷。閉門過客稀，讀書秋夜永。病起絮帽額，聞風掣裘領。一堂東西横，乍若登虚艇。相對兩無言，孤燈弔形影。雲翼未騫翥，光陰惜俄頃。雙璧君羡虞，三龍吾與邴。世異泣傷麟，意激軾怒黽。萬事非偶然，屈伸難可並。無逐頹波流，自覺囂塵静。丹臺有珠宫，眺聽極疎迥。君能喜清游，登覽見殊景。

出承天院候客

曉動人語喧，門開探騎發。冠蓋相後先，煙塵互明滅。出城寒寺靜，蒼松帶餘雪。驅馬傍前廡，投鞭坐僧榻。畏風依蒲團，擁裘學趺結。曈曨曉日昇，逶迤旆成列。到官今年五，踽踽幾持謁。執板手有痕，脱冠頂無髮。將迎跡愈多，應接面常熱。野性素曠蕩，人事苦羈紲。久願整歸駕，渡汾尋舊轍。躬耕望雲岑，築室俯清潏。

泛舟潏水君俞用韓泛南溪韵作詩三首遂和

出城泛南溪，朝暮可往返。東西韋杜間，尺五天不遠。舟轉皇陂曲，岸帶青龍坂。夷猶一篙足，不待雙縆挽。回臨市橋艤，走就僧居飯。面山高閣重，入門蒼松偃。黯黯雨意來，蒼蒼野色晚。更欲窮上方，理履慚尚蹇。溪水秋更清，天晴好行舟。叩舷發吴歌，蕩漾無時休。朝戲朱坡下，暮宿青嶺頭。勝事或有得，隨意終日留。往年思此樂，屢嘆來無由。今我方求田，意欲營東疇。兹計儻能就，遂免卒歲憂。身隨鷗泛泛，心逐魚悠悠。南舍與北鄰，杖策步可投。更祈暘雨時，禾稌常有秋。山虧一簣功，泉廢九仞跡。精神去不回，虚牝黄金擲。泝舟望南麓，近岸多巨石。溪流曲折多，波喧奔湍激。野竹擁雜樹，紛紛兩參列。古松氣不羣，蒼然數百尺。晚花發幽叢，浮雲動遥壁。優游可忘年，去此皆妄役。

侯書記二子席上乞詩遂贈

植蒿不爲棟，豢豚不成虎。本非英特姿，雖長何足數。男兒生墮地，便要立門户。謝鳳炳有毛，羊豹兆於乳。探根咀其芽，已足知甘苦。吾黨有侯生，高門映東魯。翹然出二子，發祥自其祖。小兒肌骨明，珠光照合浦。大兒神宇深，崇鼎氣象古。學作四韵詩，已無近俗語。燃燈夜讀書，義頗識其㣊。來客見盡傾，喜歎立如堵。積慶固有獲，力穡刈𪎭稌。人知須有成，青雲張步武。惜吾已老矣，異日衆必睹。

送章發運楶

鄉農不寓兵，經費半非古。天下雖無事，禁虣必備武。浚郊開王畿，屹然根本固。鈎陳擁帝居，百萬環貔虎。軍聲潮海驚，牙帳屯雲聚。臨難責死力，温飽當有素。投身占尺籍，張口坐待哺。梁野川瀆交，掘泉不見土。種沙禾穟短，官租閣王府。國用取東南，舳艫引吴楚。浩浩九十州，連檣輸太庾。秋風滿汴渠，櫛比不可數。登陛獻歲額，供億足贏數。儲偫如丘山，司農視新腐。老幼無餒腹，誰復問暘雨。天子念大計，置官憂敗蠹。苟非簡帝衷，未肯輕付與。詔書忽西下，秦臺更使斧。精忠感帝聰，異寵褒聖語。實資經濟術，盡委浩劇務。狼荒極海壖，蜀江出荆渚。提封半禹跡，綜錯均周賦。際天聳風威，列城歸刺舉。西北敵騎飛，今猶急宸顧。百姓瘡未平，何處易星馭。國事有重輕，先後存淵宁。本根勢有重，暫輟營調度。大庭訪衆議，捨公孰可去。惟公德宇深，完養無驚懼。砉刀發新硎，音中桑林舞。遠畫垂後世，恥爲目前慮。冰雪淨聰明，涇渭包肺腑。縱横富萬術，一一廊廟具。出入未盡展，輿論嗟齟齬。岧嶢雲間闕，曉曦媚金羽。雙旌過對揚，當契君臣遇。拜賜親天光，高議願一吐。從容動凝旒，必歎相見暮。庶幾慰美俗，丹衢翔闊步。蕭條耕巖客，竊食慚無補。蹣跚世揶揄，拳曲逃規矩。舊學謾屠龍，巧伎羞刻楮。芘賴托商陰，濩落容魏瓠。附驥仰後塵，薦鶚玷過譽。宴坐接烏丸，妙譚奉犀麈。重借鷦枝栖，不責馬曹誤。摧頹已半生，踴躍臨晚路。今朝對行色，悲風激林莽。亂山雨報秋，荒野陰多霧。孤禽失侶鳴，回飛氣如縷。

送吕思道

東平貴公子，意氣區中窄。手撚金僕姑，青絲飛赭白。欲係單于頸，封侯取鼎食。四十心未展，垂翅渭川側。前日來坐上，天庭見黄色。今朝報恩書，戎幕進新職。崆峒古用武，高旌出鋒鏑。君當諧素期，洗劍秋泉碧。嗟予病摧頽，對别還悽惻。待君載斾歸，我作山中客。

送僧惠本

山僧青芒屩，厭踏城中土。水風寒蕭蕭，片影過沙渡。晚雲迎歸錫，低飛暗石路。暮鐘落前峰，去衝後山雨。

送人之鄧城

哀弄發危絃，苦調出促管。傷别骨欲銷，坐失重纊暖。仙鵠顧徘徊，千里襄江潬，此去衮衮情，江水流不斷。

送解敞

昔惜結懽淺，今嗟傷别促。離懷動秋雲，清霜落羣木。窮山行路難，歲晚自驅轂。飛魂不可闗，昨夜先到蜀。

答劉君俞

悠悠東武雲，來抱南山岑。南山有寒泉，雲影落泉心。泉古湛不流，雲靜閒不飛。相與待明月，千載發光輝。

答嚴隱之

美樹多來巢，确土無報耕。不問彼如何，但責己所營。聞昔荆有鴞，荆人惡其聲。自荆將遷吴，鳲鳩止其行。爾欲人不惡，無若革爾鳴。鳴聲尚猶爾，荆吴無異情。晉子父母邦，鄉閭皆弟兄。踽踽異嗜好，遽云居齊城。齊雖山川殊，是非如晉明。已私不自勝，齊人安肯平。子行求吾詩，吾詩豈妄成。贈子當發藥，期子沉疴輕。

答屈爽

至人喜曠達，所遇無形跡。非樂重其放，中心本純一。東晉尚書令，簡文用王述。論事匪卓越，動意皆真率。以此能過人，謝安亦降挹。微物器褊淺，舉趣半出匿。靜坐本無事，城府强扃鐍。終日如寒蟲，啾啾復唧唧。計校不滿毫，血盡死猶泣。疾趨赴冥嚚，但如水就濕。竟老何能爲，紛然衆惡集。古先有至言，小人長戚戚。

答公孫及

輾轉臥不周，遥夜何漫漫。娟娟竹間月，照我影零亂。繁蟲哀陰壁，輕風泛幃幔。節物自感人，寤言興永歎。頹坐易銷沉，去甚春冰泮。萬事隨俯仰，飄忽浮雲散。芳槿曜朱華，榮好常在旦。百年無期度，白日歲已晏。餘生能幾何，可進投憂患。駕矣追歡好，東方明星爛。

答吴與幾二首

人心如驚飆，飄忽無定時。默與身爲讎，晝夜萬里馳。兀兀形未彫，茫茫神先疲。所喪甚丘山，所得微稗稊。日月不相饒，矧可自傷夷。志憯劇鏝鋤，欲問孰能知。種苗須善本，本善苗必滋。養生須養心，心怡氣不衰。學問自可求，予言豈汝欺。

舊廬鄰通衢，先疇接近郊。居無風雨憂，歲免粒食勞。生理亦已愉，胸中胡鬱陶。楹桷思丹刻，久厭處衡茅。服味喜鮮甘，每羞視鋤耨。德業倦時修，憑虚事華豪。鄭真耕巖石，張蔚隱蓬蒿。内省重千鈞，外物輕一毛。當時笑寂寞，清節後世高。原思貧非病，賜也氣徒驕。爾視季子金，何如顔氏瓢。

和蘇内翰趙伯堅大卿清池詩

清池有華光，深夜闇不發。繁星雖燦燦，含光待明月。熒熒孤螢飛，來助明月輝。明月出東屋，螢向故林歸。

平陽民杜裕民因買薪得紫石於薪中石有黝理自然成觀音像相好端具觀察推官桑君安學寫之於素以寄予遂爲之頌

至心不可求，虛明曠無跡。應物乃現形，遺影留兹石。若以色見我，洋海塵三尺。諸像皆非相，於兹何所得。

十一月二十二日朝辭

朝辭承明殿，暮下金馬門。伏讀明詔意，仰思聖主恩。蠢彼獯鬻氏，禮數乃弟昆。帝初爲息民，繒帛代更屯。嗣皇謹遵業，使傳交塞垣。下臣非知古，有舌詎得論。恭承丁寧命，敢不夙夜犇。

辛順忠唐得道之士真身今在河州寺

少年遊嵩丘，登高吾獨見。西游渡隴坂，脱屣古河縣。削髪俗網裂，絶味諸漏斷。卧脅三十年，凝塵滿羌簟。六月大地燋，爐中結冰霰。牛頭實栴檀，降出九重殿。正就寂滅時，泉竭悲禽散。直從開元初，到今色不變。破屋閉真相，野鼠嗅香篆。時有碧眼人，酌乳供新獻。

觀梅次豫章公飲潤甫家韵

江梅犯晨霜，噴薄弄晴景。坐遣塞葅胸，化作陂萬頃。論交貴皓首，枯澹味方永。戲探茱萸水，飽食雲門餅。日下煙渚寒，長歌敲柳癭。

後園雙松

羣木喜春妍，彫落寒霜苦。昂藏兩大夫，森然鬚鬣古。堅姿不可回，正色少媚嫵。清風發好音，和氣琴中語。

庭下牡丹

春晚午景遲，氣暄困妍姿。乘酣意縱放，霞裾半紛披。晨起露風清，肅肅爭自持。相對默無語，含羞畏人知。

雨中觀池荷

急雨過池荷，飛灑來縱横。光圓走青盤，的皪寒珠明。炫轉勢不定，積多忽自傾。浩然江湖思，篷窗聽秋聲。

梧桐

猗猗梧桐樹，前日繁花馥。西風不相饒，影疎不可暴。坐看一葉落，余懷念羣木。漫有千歲憂，流光如急轂。

種罌粟

前年陽亢驕，旱日赤如血。萬里隨羽書，揮鞭無留轍。炎毒乘我虚，兩歲苦病暍。遇夏火氣高，煩蒸不可活。飽聞食罌粟，能滌胃中熱。問鄰乞嘉種，欲往愧屑屑。適蒙故人惠，筠篋裹山葉。堂下開新畦，布藝自區別。經春甲未坼，邊冷傷晚雪。清和氣忽動，地面龜兆裂。含滋競出土，新緑如短髮。常慮蒿莠生，鋤薙不敢闕。時雨近霑足，乘凌爭秀發。開花如芙渠，紅白兩妍潔。紛紛金蘂落，稍稍青蓮結。玉粒漸滿房，露下期採折。攻疾雖未知，適願已自悦。呼童問山鼎，芳乳將可設。

梨

柿垂黄尚微，棗熟赤可剥。新梨接亦成，實大何磊落。纍纍如碧罌，器宇極恢廓。懸枝細恐折，植竹仰撑托。露下色漸變，逼霜味不酢。採摘置中筵，氣壓百果弱。憶昔壯少時，酒酣病痟作。取食不論數，甘寒勝發藥。今嗟老且病，滋味意彫索。對之未能忘，欲探引復却。晴簷午景暄，尚或思咀嚼。齒朽齧亦難，把玩時自噱。

慈恩寺枸杞

枸杞始甚微，短枝如棘生。今兹七十年，巨榦何忻榮。偶以遺樵薪，遂有嘉樹名。雨露養秋實，錯落丹乳明。細蔓如牽牛，半枯猶絡縈。晚葉已老硬，不堪芼吾羹。根大多靈異，歲久精氣成。爲取入刀圭，頽顛掃霜莖。

薙草

衆草費薙鋤，回首已荒翳。隨處競茀冗，苟生無遠意。時亦吐柔蔓，牽引强附離。端居歎力寡，門庭愧蕪穢。

放魚

有客持巨魚，造門前自陳。敢致子産饋，可待姜侯賓。野人不知薄，但愧心美芹。横盤五尺餘，飛光生目輪。高鬣丹砂尾，長鬚黄金鱗。倔强忽起立，意氣如有神。口頰雖噞喁，哀訴何能伸。嗟哉自潛泳，胡遘網罟屯。使居江湖間，藏器養其身。得時感靈變，呼吸乘風雲。奮迅彌宇宙，洗滌萬物新。胡忍事一飯，遽使刀俎親。無罪就死地，惻然傷吾仁。解之謝來客，放爾歸通津。不期明珠報，相忘乃吾真。此去戒前禍，芳餌爲禍因。送爾吾自往，世有鄭校人。

種菜

同墻茅屋東，有地十畝餘。蒿蓬雜毒草，壅圃惡木俱。歲久人跡絶，亂穴狐虺居。今晨杖藜出，顧步良躊躇。默嗟咫尺間，荒穢侵吾廬。散米飯羣僕，操具亟剪鋤。攘剔先叢棘，斬伐多高樗。乘濕束故急，積供爨我厨。耕土如蒸麫，治畦將種蔬。時雨近霑洽，膏脉涵如酥。問鄰地所宜，嘉種願乞諸。異有出戎夷，遠或傳蜀吴。根移甘或辛，色剖玄或朱。蕪菁飯之半，布藝廣數區。牙甲助芬味，瑣細不可無。霜降百物肅，禦冬必此須。居貧寡營辦，親賓問招呼。盤飧多造次，鱻糲鮮毳腴。收藏資舉筯，率野真腐儒。澹薄味可久，萬錢非我圖。樊遲請學圃，予今老爲模。但愧公儀休，拔葵謝園夫。

松明

亢龍泄流津，津融身自化。蒼鱗困摧剥，古鬣漸彫謝。無地逃斧斤，豈願耀深夜。萬牛空回首，躊躇歎廣厦。

晝坐東軒忽十二蝴蝶顔色鮮碧飛舞近人移時方去紀之以詩

天上寶玉琴，星徽點瑟瑟。仙人手摩拂，變化通靈術。忽隨琴聲起，委蜕如蟬質。飛翔下緑雲，風翅含寒碧。人間清晝長，遊覽喜自得。見我瓶中花，羣遊過簾額。高戲亂疎幌，低舞侵墮幘。却疑午夢酣，身是濠梁客。栩栩出虚庭，興闌有歸色。應聞調絃聲，驚去欻無跡。

登蠶

林間葉半空，腹中絲欲生。已老意更急，食如風雨聲。緯蕭外周防，條枝中交縈。鼠雀爾無來，共願十日晴。
細細玄蟻浮，蠕蠕寸蠖伸。抱葉食囁囁，負彩斑彬彬。假息方委蜕，吐棼非謀身。萬生爾甚微，趨死成其仁。

浴蠶

柳暖柔可結，川晴流放光。繫柳浴晴川，簇簇古渡傍。春陽涵餘潤，斕斑色青蒼。衣被天壤周，卵化初微芒。

原蠶

蠶馬巨細殊，異物同精氣。物生不兩大，此衰彼所致。周人禮有禁，蠶爲馬之祟。織女天上明，多蠶今爲利。

咏蟬

委蜕疎竹根，舒翼高梧枝。攀緣擇陰翳，意求物弗知。清曉喜零露，晴晝弄凉颸。長吟不能休，自喜方得時。
轉丸能升高，藏丸必穴深。幺形感氣變，默得幽憩心。遇冬潛厚地，應暑登高林。仙術爾何知，動静役陽陰。
地僻小園静，羣木陰交浮。蟬聲忽入耳，物意颯驚秋。嘒嘒促徂暑，西風動蕭飀。滿林青青葉，漸有摇落愁。

題載記

河魚出龍門，雲雷走平地。飛騰不上天，臨流夜生子。生子子有神，怒風翻海水。長爪探陽烏，中原苦腥氣。鉗奴不耕作，揚鞭斷其尾。黄犢養成斑，奔登鄴城址。豹來抱虎兒，新棘多鈎刺。洛陽金鳳凰，飛入漳河底。東南寒日短，滿地邊塵起。

種松

移松自南山，昔種十三株。連歲苦久旱，十一已彫枯。兩株偶得生，踰年未自如。近覺稍得地，翠柯漸扶疎。乘春抽芳心，歲長二尺餘。漸有干雲勢，軒昂出楸梧。對立聳奇姿，秀發動吾廬。紛紛視衆木，雀鷇望鳳雛。清風爲我來，飄爽洒我裾。足爲送老資，日待偃蓋舒。予今亦已老，顧步良躊躇。想當千載後，黛色凌天衢。

卷十一

七言古詩

秋夜曲

玉刻麒麟煙縷直，生色屏風鼅甲碧。青娥無聲滿空白，兎影西流轉斜隙。仙人蓮花般葉開，當心吐光照愁魄。緆纓短後易水客，氣動燕山驕子泣。挽下天河倚渴傾，崑崙流斷無五色。銅匣新開北斗高，電光驚飛走空壁。鯨魚鬬死海水紅，欃槍西出屯雲黑。酒酣揮舞七星寒，金精圮下留素策。

出城

今日何日我心傷，出門下馬走東岡。東岡路高人跡斷，獨立矯首望八荒。長空澹澹地莽莽，停雲黯淡山淒蒼。回薄浩刧何渺茫，冥默銷沉寂無光。矜雄挾詐爭强梁，百年在世如風狂。變化俯仰旋銷亡，一丘已有萬骨殭。舊骨未朽新骨藏，丘壟纍纍爭相望。萬事意欲一概量，出古劍示座中量。賫志憤死世更長，九月窮秋天欲霜。悲風烈烈吹我裳，哀鴻求羣鳴且翔。原野具腓草木黄，百川東馳但湯湯。安得曦車挂扶桑，高持北斗斟酒漿。美人對坐舉瑤觴，與我笑歌憂弭忘。

流泉引

泉涓涓兮出重山，回抱山麓兮入於蒼淵。流來孔多兮自溢于林間，出始一勺兮下合成川。塍有稻兮壠有黍，聚以時兮令以鼓。削高增卑兮釃渠絡縷，人不愛力兮揮鍤如雨。川流濬兮來無窮，泥五斗兮水一鍾。旱暵則引兮淫潦則通，自今以往兮樂我良農。禮有經兮歲有蜡，羊豕盈牢兮農舞於社。椒香桂緑兮雲車滿野，敬謝有功兮宜奠於泉下。吾之將歸兮星律回秋，告邦人兮導甽澮之常流。欲泉利之專兮先耘耨之不偷，無忘吾語兮若吾歲〔二〕之來遊。

惜花謠

搖搖墻頭花，淺深爭灼灼。容冶不自持，飄揚成輕薄。只知朝爲春風開，不知暮爲春風落。人心愛春見花喜，看花却嫌花結子。別愁常亂空中絮，年光付與東流水。今朝還是見花開，明日清陰滿緑苔。寂寞流鶯歸去後，忍看落日上高臺。

別鶴曲 寄李成季

碧海漫漫煙霧低，三山風驚別鶴飛。千年華表會能歸，不及雙烏乘夜棲。烏來相喜啞啞啼，寒月影移庭樹枝。枝上營巢庭下食，追隨應笑塵中客。人生聚散羡雙烏，烏若別離頭已白。光陰百歲共有幾，空有相思淚如水。因君試寫別鶴吟，

〔二〕文津閣本下重一歲字。

拂絃欲動悲風起。

湖水歎　晚至西湖物意秋凄若有怨思遂作

岷山中斷洮水來，分入西湖浸城址。一落城陰不復回，餘波日〔二〕轉皋蘭尾。陰風凄冽寒氣早，愁霧慘澹邊思起。誰言秋水澹無情，默觀意亦有悲〔三〕喜。天軒地闢滄溟開，百川東奔如激矢。黿龍受職日夜趨，萬折必東效臣子。發源本願盈科進，築防豈期因坎止。日昇不及浴雲龍，泥潤空能養萑葦。停波寂寞雖無語，物情得失應如此。淮陰野外乞餘食，留侯圯下收墮履。當年或失龍準翁，冷落功名千古耻。我欲鳩工聚長鍤，齊平决堤如决紙。直看驚湍萬里潮，免嗟窮涸千山底。

夔州旱

夔人耕山灰作土，散火滿山黿卜雨。春日不知秋有饑，下種計粒手中數。七月八月旱天紅，日脚散血龍似鼠。汙邪甌寠高下荒，草根木皮何甘苦。蠻商姦利乘人急，緣江轉米貿兒女。己身死重別離輕，歸州州南神有靈，歸人刲羊求山神。驅風灑潤應香火，飛點不到巫山村。巫山縣南也伐鼓，不告歸神告神女。江心黑氣卷江流，雷車載鬼雲中語。太守身作勸農官，子粒今朝多貸汝。春種須作三年計，上滿隆原下水滸。他時更勉後來人，老去子孫無莽鹵。

〔二〕「日」：永樂大典卷二二六四作「目」。

〔三〕「悲」：永樂大典作「怨」。

兵餽行

調丁團甲差民兵，一路一十五萬人。嗚金伐鼓別旗幟，持刀帯甲如官軍。兒妻牽衣父抱哭，淚出流泉血滿身。前去不知路遠近，刻日要渡黄河津。人負六斗兼蓑笠，米供兩兵更自食。高卑日槩給二升，六斗纔可供十日。大軍夜泊須擇地，地非安行有程驛。更遠不過三十里，或有攻圍或鏖擊。十日未便行十程，所負一空無可索。丁夫南運軍北行，相去愈遠不接跡。敵聞兵侵退散隱，狡筭極深不可測。師老凍餓無鬭心，精鋭方出來戰敵。古師遠行不裹糧，因糧於敵吾必得。不知何人畫此計，徒困生靈甚非策。但願身在得還家，死生向前須努力。征人白骨浸河水，水聲嗚咽傷人耳。來時一十五萬人，彫没經時存者幾。運糧懼恐乏軍興，再符差點催餽軍。比户追索丁口絶，縣官不敢言無人。盡將婦妻作男子，數少更及羸老身。尫殘病疾不堪役，室中長女將問親。暴吏入門便驅去，脱爾恐爲官怒嗔。紐麻纏腰袍印字，兩脛束布頭裹巾。冥冥東西不能辨，被驅不異犬豕羣。到官未定已催發，哭聲不出心酸辛。負米出門時相語，妻求見夫女見父。在家孤苦恨竛竮，軍前死生或同處。冰雪皸瘃遍兩脚，懸淚尋親望沙漠。將軍帳下鼓無聲，婦人在軍軍氣弱。星使奔問來幾時，下令倉黄皆遣歸。聞歸南欲奔漢界，中途又爲西賊窺。悽惻自歎生意促，不見父夫不得哭。一身去住兩茫然，欲向南歸却望北。

唐秘書省書目石刻

蓬萊高閣凌浮雲，天上圖書奎壁明。滎河温洛龜龍呈，魯壁汲冢蝌蚪行。森羅萬目分緯經，大官供烹集羣英。魯魚亥豕校讎精，垂籤甲乙刻堅珉。懷素無量元崇名，唐興百年人文成。大盜一炬甚秦坑，碑落人間如碎星。埋沒草莽荆棘平，刊刻欲傳千萬齡。毀滅今與糞壤并。牧童敲擊看火生，鏗然清圓猶磬聲。

玉泉寺

道人東立海上山，錫飛西落大江北。雙屨還乘海雲起，西過當陽駐山曲。倚巖引錫神泉湧，一道明虹出幽谷。兀然孤冥踞盤石，清夜鬼神禮白足。化城自化非人謀，七日煥然一何速。雄樓傑閣鬱相望，擁路十里長松緑。鳴鐘擊鼓四百年，法席巍巍傾楚蜀。堂上提印雲門孫，聞我足音下山麓。門銜大路久慣入，客館蕭蕭蔭寒竹。春茶自造始開嘗，色味甘新氣芬馥。更窮上方縱登覽，峰嶂四環森萬木。投老經過得少留，明發飛塵暗征轂。

過興德寺用韓昌黎山石韵

行雨忽過漸細微，冉冉傍馬殘雲飛。亂溪爭流經屢渡，近水短畦菘葉肥。躋攲到寺石磴滑，紅葉擁門人跡稀。升堂坐定聞魚鼓，亦傳齋盋慰我飢。久陰忽開日色薄，初見竹影摇牕扉。開山寶塔真相在，瞻拜入爐香霏霏。塔前蒼松盡手植，到今百尺森相圍。登覽未盡夜氣冷，拂榻置枕舒寢衣。明星耿耿東方白，僕夫結束馬已鞿。老僧送客有勤意，靜境幸到何遽歸。

下元日朝謁回與李秉文冒雪過承天寺因題二詩於僧壁

北風吹空天欲破，急雪如簁塞空墮。焚香初自蘂宮歸，投鞭來就僧廬坐。乾坤一色飛鳥絶，市井無聲百賈餓。貧粟未給貧民啼，空屋漏穿不可過。僧爐有令禁觸火，袖手指直凍欲墮。瓶暖微聞蚯蚓鳴，客寒對作槖駝坐。叩鐘擊魚呼衆起，持鉢分糜救晨餓。一參木佛古因緣，試舉丹霞有何過。

督運宿明堂川　在夏州北

督運晚宿明堂川，鑿冰飲馬沙岡窟。風沙正面立不得，驍騎輕兵忽馳突。密雪擁渡無定河，河帶血流浸人骨。帳中令下星騎來，半夜促行更倉猝。

鯀廟

治水弗績鯀當殛，逃入羽淵爲黄能。韓山東北有荒廟，豕象冕服吁怪哉。鄉社養牲禁畜豕，恐觸神怒風雷災。秦漢以來不讀禮，祝尸鼎俎如優俳。魂魄久與魑魅雜，野妖陰怪憑草萊。高山南北二千里，谽谺鑿斷龍門開。昆侖長河走出海，神禹功大不可偕。後王書稱嗣天子，永爲萬世嚴祠齋。爲崇王像備冠舄，寢廡敞侈完傾摧。明飭有司正祀典，春秋致祭吾自來。

過高平縣　古長平也

蚩尤食鼎乘鬼車，韓國爲窟秦爲蛇。韓人畏蛇渡河走，殺氣吹斷邯山斜。秦鼓一擊趙括死，四十萬人坑黄沙。白日忽落天地黑，鴞銜碧火來人家。至今野土盡血色，古鏃漬血生銅花。髑髏銜恨骨不朽，千歲開口生齒牙。秦怒垂涎急飢腹，孱趙輕搏嬰其毒。折戟沉槍鐵半消，洗磨赤壘曾封肉。寃氣不絕起淒風，滿眼山川無草木。晝陰夜慘少行人，愁雨荒煙聞鬼哭。秦兵掃蕩六國塵，兵禍弗戢須焚身。博浪金椎擊不死，亡秦終是韓國人。

過澶州感事

孫村黄河决北流，北使年年過澶州。澶州兩城戰格盡，七十餘年廢不修。昔歲契丹傾國起，欲投馬箠渡河水。烽火夜夜照前殿，殿前羣臣色如死。心憂社稷輸至忠，殿上只有寇相公。默使敵計墮吾計，獨屈黄屋親臨戎。敵驚潰奔虎北門，從此願講兄弟親。平時危冠盡肉食，一旦倉猝方見人。

和遊趙韓王園

剥剥啄啄初叩局，主人立門雙眼青。籃輿遽下屏徒御，脱帽解帶風泠泠。倦思經時一日縱，乍離涸轍遊滄溟。覩深曲折任吾向，度橋繞徑足不停。芍藥晚花猶泫露，櫻桃滿樹垂繁星。萬竹森嚴擁幢蓋，蒼松夭矯呼風霆。空嘆春時不得到，枯香落蒂今飄零。徒倚歷覽意稍滿，自具野飯追渌醽。却呼主人坐對酌，脯醢間錯魚鰕腥。共歎羈韁鮮休暇，一餉聊爾消沉冥。病餘量隘不禁醉，騎馬歸舍猶未醒。解衣拂榻欲假寐，傳呼有客來造庭。

蒲城道中

羣虎鎖頸鷄連羣，弓刀後先路暗塵。刼錢殺人棄屍去，近山白晝無行人。格捕死鬬血狼籍，解衣黄金猶在身。傍雲縱惡壞官法，自來赴愬官中嗔。

伊川道中

溪流冰盡揺日光，夾岸弱柳千縷長。野鳥深藏但聞語，山花半開初有香。今朝伊川首西路，昔年瀍水過南塘。安得春風生兩腋，從教吹到故山傍。

過平泉鋪

去家十日九有雨，林間怒鳩猶逐婦。村店泥深晝閉門，繫馬臨河自炊黍。生桑煙重不供爨，麤糲如沙聊把筯。推盤急起却問程，黄昏更望山巔戍。

下鐵礓嶺望秦川晚宿九谷

六月登壠如登天，騰夷〔一〕鐵礓須判年。過險欲涉渭水渡，快眼喜見秦州川。溪塍青秧下白鷺，驛亭秀木含疎煙。投鞭清盥且展簟，明日去酌北流泉。

題步生所居

君今移居澗水東，澗水暴漲侵近路。盡取澗石成垣墻，生鑿岸柳作橋柱。結茅構屋十數間，取次面勢分幾處。看山看水督耕耨，隨意自在不計步。到處或坐或偃息，盡有室廬庇風雨。土牀竹簟雖草草，已足自適奉寒暑。窗下瓦榼漆生光，貰酒提攜老無數。客來安更問誰何，漉魚拾蟹共烹煮。青黄錯雜出木盤，野蔌山蔬四時具。久厭輕動踏市塵，未嘗開口論世故。究竟得意此最多，向老尤要知其趣。一生遇事皆任真，仰首高風繼巢許。

和沈潛誠崔氏園九尾龜

天生神物非偶然，此龜不知今幾年。世傳一尾直百歲，計應生在晉魏前。長江不掛豫且網，得來佳處遊林泉。穹然蒼甲大如屋，欲負三山翔羣仙。奇宫偶卦天地位，爻畫夐出大易先。惟昔寧王重爲寶，閟藏欲永萬世傳。今茲此寶世莫識，

〔一〕「騰夷」：騰夷亦山坂名。

但愛金字毛緑鮮。仰視朝陽俯引氣，一閉千息常綿綿。默然無言觀物化，壽比彭籛猶更賢。陰陽靈變固莫測，時或輕舉來巢蓮。

督糧宿鹽州東

怒風吹雪急鞭馬，匪兕匪虎率曠野。護糧將軍夜不來，敦然獨宿在車下。夏人驕狃敢予侮，王師問罪在一舉。半歲力盡竟無功，哀哀生人命如土。

西洨晚歸

今日雨晴雲出溪，踈林荒僻色愀悽。杖藜出步洨水曲，白沙細草净無泥。漁人截流張巨網，擊水驚魚魚更迷。兒童喜見魚網重，得魚貫柳畢提攜。林竹翛翛久不到，夏笋迸籬生不齊。或蓑或笠荷尺箠，牛羊羣過喬木西。野曠衣潤露已下，回尋歸徑登故畦。吾茅遥見隱暝靄，到門隣舍鷄亦棲。

村步

東阡南陌常經過，臘破已覺春氣和。出門仰視天宇静，暄暖自聞人語多。青青短麥遍原隰，耿耿殘雪明陵阿。身閒心適欲追酒，惜無佳客來當歌。

和李夷行遊西溪醉歸

輕輿共登大堤路，左手持螯不問數。風回驚怨落紅飛，把酒臨溪倚花樹。杯中神物換凡骨，直欲呼雲上天去。茂陵劉郎老更癡，夜守銅盤飲寒露。

雪中觀梅花

破萼江梅爭初吐，漢宫妙香聞百步。耐寒蛺蝶何自來，繞花翩翩那忍去。幽芳不載蔚宗譜，絶俗韵高吾最許。直疑滕王百幅圖，淡墨濡毫添老樹。冷蘂踈枝整復斜，倚杖時時暗香度。惜無璧月懸中天，令渠交光暎當户。莫作桓伊一笛風，要看冰姿嬌挾曙。

種桃

西郊移桃園散植，東風一吹高數尺。開花滿樹亂蔫綿，結實壓枝雜紅碧。初年採摘不知幾，三年花稀實少得。陰蟲食根膠自流，今歲春餘愁寂歷。須知花多必易朽，人間顔色安能久。寒松森嚴少媚嫵，回視衆木爾何有。不作羣花十日紅，欲獻主人千歲壽。

李花

桃花爭紅色空深，李花淺白開自好。前日含青意澁縮，今晨碎玉亂高杪。暖風借助開更多，餘陰鬱芘花還少。天晴不愁不爛漫，後花開時先已老。

牧童曲

牧童喜晴卧溪曲，羣牛互鬬殘我竹。驚起旁行不肯來，聞呼却走如生鹿。園夫奮詈辱其翁，老翁操箠自驅逐。牛奔衝狂亂壞籬，補籬更剪溪邊木。

書飲客言

御史在前執法後，先生飲酒不濡口。脫巾露頂兩脚赤，先生飲酒不論石。試問先生飲何如？舉手指腹此誰測。東家閉門强逼仄，刻骨膠筋束形跡。一生寂寞養聲光，誰肯回頭顧枯魄。南隣矜誇尚馳騖，平明跨馬朝天去。車從導騎如雲屯，謗辱丘山盈後路。賜銅鑄錢終餓死，深居巷内還逢虎。高天蒼蒼地茫茫，與君舉首望八荒。人生優遊本無事，自置冰炭毒肺腸。鵬飛鷃躍何高卑，菌短椿壽何彭殤。百年倏忽不再得，爭奪紛紛世界仄。渾沌不鑿人不死，但知飲酒志願畢。

東方明星高，西山江水流。〔二〕明星却回江不斷，與君常醉消白頭。

〔二〕根據本卷所收詩的特點來看，此兩句當缺四字。

卷十二

七言古詩

温泉行

驪山鴻濛凝白煙，山根陰火煮玉泉。陰靈炎炎燃礜石，石焰不滅何千年。珠閣縹緲飛鳳來，素衣仙人坐高臺。臺前香引流水出，白玉蓮花九葉開。泓渟分去浮輕碧，中有純陽無限力。四時獨不放春歸，散向人間消百疾。瓊樹他年日月新，霓裳舞動蜀山塵。寒雲怨鎖遺宫冷，林葉巖花秋復春。靈泉有靈天降福，山神嚴呵不可觸。祖龍心穢慢神天，毛髪流腥身被毒。

孤鶩

孤鶩何時失舊羣，空郊迥立如長人。疾風拂地忽驚顧，欲起不起低昂頻。遼東八月霜氣早，萬里旅飛來南賓。雲間翩翩羽相接，沙上雝雝情更親。空江誤駭虚絃響，飄亂哀驚爭愛身。倉皇離散意奔翥，形跡漂零心苦辛。拳曲悲鳴求遺穗，稻粱收盡原野貧。暮天蕭條侶影過，側頭仰望空傷神。想能高騫投别伴，思故未忍重求新。會向北歸却相見，當看刷翮向前春。

襄州大悲像

寶伽如來出海山，隱身自畫如來像。三日開門孤鶴飛，滿壁晬容現殊相。一首千臂眼在手，一一手執各異狀。日月山嶽星宿明，鐘鼓磬鐸琴筑響。矛戟戈劍利兵鋒，瓶鉢螺巾寶錫杖。左右上下滿大千，應機妙用不可量。金光宛轉遍沙界，億萬人天盡回向。昔聞如來發洪誓，慧目無邊破諸妄。我今祝願果初心，銷滅含生多刧障。

論交

市井苟喜毫釐親，節義動以肝膽許。餘耳兆亂在交初，管鮑論財偶多與。情僞安能盡一言，是非必欲期千古。尼父已遠不得復，夢寐恍惚與神遇。

元日

元日擁户如盤蝸，門前轣轆多行車。擁門喧呼客投刺，驚風舞雪翻飛沙。幽室置火引就坐，持杯暖腹客氣華。三杯油然衆客去，庭樹瑟縮蹲山鴉。

上巳成季召會于西溪會上賦詩須多韵仍用故事或舊詩十事已上未終席而成違者浮以三大白罰者四人予與成季免焉

華林園中千金堤，銅龍吐水天泉池。〔一〕八公山下劉安臺，〔二〕城郭周圍雜花開。流金寶劍爲秦出，綵鷁羽觴浮洛來。著處祓除務是日，西闕千人萬人出。翛翛美竹帶林高，激湍遠照崇山碧。主人濟南舊詞伯，芸閣鉛丹事書册。載酒展席俯長流，一飯未嘗留俗客。拂地低回舞袖飄，簫管哀吟動魂魄。天晴初暖雲自嬌，風柔徐動花無力。氣酣傾倒不自惜，屢顧空尊有愁色。豈學飛蚊一餉樂，論文清心聽鳴鏑。詩壇誓衆軍令嚴，立表下漏不容刻。神意慘淡諠謔寂，疊簡摇毫辭舉白。欲徵故事入新語，摯虞追歎慚束晳。山陰衣冠交履舄，千載風流傳不息。繭紙墨妙龍鳳飛，遠近家鷄皆斂翼。明年此會恐難得，俯仰之間已陳跡。來者興歎感斯文，後之視今今視昔。

夏旱

浮雲蔽空旱日熾，日酷燒雲雲散裂。雲怒漏穿未肯去，日光迸射千道血。蔽天頑狠鬬不歇，天工默默無與決。乘時爭勝更苦熱，魚龍戢戢愁海竭。

〔一〕自注：出鄴中記。

〔二〕自注：宋劉裕上巳遊劉安臺。

七夕和韵

東方牽牛西織女，飲犢弄機隔河渚。西風忽起怨夜長，相望盈盈不得語。走投上帝貸金錢，五雲飛來結香輧。曳裾拂露天榆冷，照影回身桂葉偏。銀潢七月秋浪高，黄昏欲渡未成橋。却向人間借烏鵲，銜石欲半河已落。碧霧爲帳霞爲裳，絳節欲盡兩旂張。燦然一星中耀芒，前瞻漢曲喜色長。飈輪儼雅靈龍翔，相迎交贈雙明璫。臨席舉袖開雕扇，故人有似新相見。共持深願祝天工，海底烏沉參不轉。世間共傳牛女喜，綺樓百尺排空起。垂綏插竹動雲陰，玉豆珠盤羅餈餌。壺開緑酒淨於空，秋滿虚庭氣如水。兒童不眠看星會，白光奕奕摇飛旆。整衣低首祝深心，未祝焚香先再拜。曈曨曉動斗車移，小雨班班怨別離。天上還應分鳳軫，人間又喜見蛛絲。空堂野老頭如雪，不解祈巧但祈拙。

重陽日獨居洨水君俞出遊杜曲惠詩酬以來韵

衆人有錢競沽酒，嗟我獨醒坐搔首。荒徑蓬蒿深映門，茅舍三間傍疏柳。南山奔騰呼欲來，雲散山容一笑開。何似齊山江上客，菊花須插滿頭回。

和李教授攄遊溪阻風

去年春盡送春歸，溪邊曾與春風期。共期今歲春風到，却話去年相別時。二月天回斗杓轉，沙際春風猶未知。咄咄向空但書怪，常有孤愁來兩眉。南巷佳人佩蘭客，去年把葉同題詩。能傳芳信慰枯槁，問我溪邊來何遲。明發招邀出城去，欲傍垂楊舉酒巵。盲飇東來忽作惡，掀簸地軸摇天維。坐客隔手不相見，縮頸盡如藏殻龜。昏沙欲定日更黑，浩浩崩奔陰雲垂。蒼茫催人雨勢急，促轡競路爭先馳。歸途邂逅過蕭寺，投鞭思弈雲房棋。道人呼童拂廣榻，笑我塵土兩目眵。漫展紋楸弟袖手，瞑依團蒲神意疲。朝來共尋一餉樂，齟齬似爲神物欺。况乎人生百年間，世事萬里多嶮巇。紛紛智巧日夜鬬，一身浪苦寧非癡。試向道人問實相，指我自求無言師。

和朱公掞禱雨五龍廟

太師占歲驗律管，氣來姑洗聲猶短。野人告病三月餘，公堂嚴齋五日滿。相招禱雨陟南山，出城鞭馬追飛繖。林鳩怒鳴競逐婦，穴蟻移居自銜卵。迎路商羊舞若飛，隨車少女風不斷。陰昇陽交兆已見，神意感通知憫旱。焚香瀝酒灑枯地，草根清流忽盈椀。兹事舊傳或未信，誠禱靈答知非誕。祠亭豐碑高突兀，歲紀神麃魏所纂。道武開國始南征，矯首據鞍思勝筭。雲間仰見黑龍來，翔戲下山五爲伴。考卜推爲受命符，將拜帝休先沐澣。前瞻雷電塞空山，築宫岧嶤敢辭懶。鬼神塡委煥丹青，草木森嚴無冗散。登山層級繞巖巒，趣門一徑極平坦。簫鼓于今幾百年，暘雨無愆雩禜罕。今朝霡霂千里蘇，太守憂民罄誠款。四郊宿麥遠青青，土膏脉潤天已暖。明朝牲幣躬脩報，豈憚陟降步巘嶮。魯無禾麥書春秋，須知民事不可緩。

依韵酬朱公掞給事

滄溟酌蠡天窺管，龜兆何長筮何短。什百倍蓰情不齊，斛龠釜鍾難槩滿。東南地缺如斷玦，西北天傾猶倚繖。山擬何由蔚豹班，荆鷄豈解伏鵠卵。雖許駑駘可累馳，所貴鏌鋣能立斷。東陵瓜地久已荒，南山豆苗歲常旱。日隨羣影塵滿衣，愧竊太倉米盈碗。默嗟世事意難期，却怪古書語多誕。往來迅景急川流，悵惘無聞歸鬼纂。今年短髮颯驚秋，餘日駸駸豈容筭。逸驥空勤足未舒，寒燈靜弔影爲伴。數朝忽喜挹高風，煩心執熱逢清澣。仰觀眉睫意可見，已許交臂心無嬾。飄零鎩翮感鸞悲，繩墨呈材愧樗散。須思汲古得修綆，却步歸愚識夷坦。惟君早歲嘆淹回，白雪調高和宜罕。諫垣密疏稿常焚，瑣闥舊風筆不欵。雲間遽與鴛鷺分，邑里新歌襦袴暖。與我晤語若合契，鋤去陵谷無隙竅。因君相見慰蹉跎，再激平生嗟已緩。

酬邢先生疊前韵

道人海南游五管，野服褷褵鶴羽短。飛符分藥濟炎州，陰功早約三千滿。細葺柔蔓作重茵，密綴圓荷爲翠繖。丹回七返已成珠，寶養三田如抱卵。一身天畔若雲浮，萬事世間皆刃斷。行山書篆虎逃穴，臨水呼風龍救旱。弄琴得趣或忘絃，遇酒無辭任傾盌。試持舊說叩真詮，深笑浮言多詭誕。須知至道甚無煩，豈若俗書務集纂。向走天下四十年，利口妄談何可筭。引枝逐葉盡無根，神與形離不相伴。超然自得方自知，天下一新如澡澣。生平聞風已默契，今者相從敢縱嬾。事來酬酢外須應，心不將迎意自散。喜予雙眼爛熒熒，知予靈臺常坦坦。寶身好事求雖多，誠言出口識還罕。赤水遺珠若爲求，五雲瑤闕何時欵。凌空未便御風行，跨馬先覺雙鐙暖。輪扁運斤棄繩墨，庖丁解牛遊綮窾。太清吾祖遺真風，欲逐青牛愧駑緩。

按視沙苑

南瀕清渭北洛水，寒沙東西横百里。中條太華塞秦關，衆川無歸皆瀦此。地維忽斷兩山高，帝罰罔功五丁死。波飛浪激走東溟，積雪回汀擁都鄙。坡陀起伏接城門，薦草甘泉國馬屯。雲昏霧暗天駟下，星宮夜失房宿尊。驊騮騏驥種各有，一一六印官字存。開元籍馬七十萬，監苑舊政宜討論。過都歷塊汗流血，朝刷幽并暮楚越。天邊不從鑾輅行，歲久空老狐狟窟。去年駒生風雨腥，戴角肉鬣自有鱗。廄人見怪棄於野，騰入渭水方知神。

與任鯤同按沙苑

寒空暗澹風滿衣，縈回林薄相追隨。野花班班隱亂草，暮葉翩翩辭高枝。渭水無煙但聞哭，延州築城猶出師。四顧乾坤莽回互，濺濺洛水東南馳。

送人赴雅州任

去年送君走邊州，今年送君入蜀道。上官南北不自知，風卷孤雲離海嶠。場屋爭飛二十年，垂翼空歸嘆潦倒。緑衣晚出外家來，一命初忻慰枯槁。憶昨當途數論薦，謂君逸足須騰趠。故爲羈縶尚淹蟠，區區課額量登耗。辭尊有義不辭卑，屈身斗禄貧親老。蒙峰正在岷山西，新月殘時行始到。連江地暖春無雪，天際春來氣常早。君今此去春已盡，江山緑滿花枝少。人生離别難爲情，莫戀異鄉風景好。杜鵑忽傍耳邊啼，回首秦川淚斑草。

晉州會上送衞伯紹休官南歸

叔寶風流喜高簡，非意相干以理遣。勝日一言能造微，衆許冲情去人遠。斑斑氣韵見諸孫，秋水神清驚俗眼。追風逸驥自龍來，照夜靈珠須海產。結髮讀書棄人事，南上衡廬宿雲巘。窮源欲探崑崙深，導河猶恨積石淺。十年業白出石〔二〕壁，錯落青錢宜萬選。長衢驤首向雲嘶，千里霜蹄思一展。辛勤久未脱羈銜，蹀足蟻封嗟踠踠。去冬懷綬到并州，投鞭三月春風滿。溪邊行聽踏踏歌，草露忽驚人世短。地下枯骨不沽名，便棄華簪獨恨晚。尋山高頂白綸巾，寄食但乞青精飯。醮壇龍虎夜星寒，海嶠雲霞春洞暖。憶昔相逢洛水橋，偶來促坐襄陵宴。半生契闊一日逢，互嘆參差不相見。新鬢早驚蒲柳衰，舊事重論風雨散。我今漸歎暮駸駸，長卿多病嵇康懶。肯强塵沙立暝途，逆流理檝厭牽挽。待君植杖武夷山，南去尋君任雙趼。

趙嶸惠二詩酬以來韻

廣漢諸孫用心苦，亹亹姸譚殊可數。江南春意滿芳洲，長襲幽香佩蘭杜。

世緣嚼蠟久無情，喜聞叔起有新聲。著書半百懸磬久，蹻屩一日雙璧明。顧予畫脂已心朽，看君著鞭方力生。他時負雲縱六翮，上摶扶摇遊太清。

戲酬楊次公

法雲説法元非法，六月洪爐舞飛雪。寶香一瓣下天來，須彌座上金光發。三界風雨動雷音，八部人天歸象設。昔年關西舊夫子，今日淮南大檀越。揚眉師利傾千偈，隱几維摩無一説。試開門户立家風，頓超初地無生滅。百川萬折必朝宗，

〔二〕「白」：文津閣本作「蒼」。

東南到海無分别。紫陌紅塵拂面來，鐵壁不容通水泄。衆形畢現明鏡静，浮雲飛蓋秋空澈。眼見億萬歸彈指，境落毫釐差永切。野犴不是師子兒，磨了觜頭三尺鐵。全湖巨浸一浮漚，結果開花今幾葉。昔人卷簾仰天笑，得道固應由慧業。一言可盡千語迷，不如静看水中月。

答郎涣

蕭生陸沉自信篤，白首抱關羞碌碌。爾期速售恥干時，行爲徒涉慚濡足。鴻飛冥冥凌高秋，南來亦有稻粱謀。無言盡戀江湖樂，未肯相隨腐鼠求。

依韵戲答胡沙汲

去年聞君到漳浦，庭樹鵲鳴簾燕舞。今年聞君入戰場，眉間黄氣如蒸霧。風霜往回太行道，空解寄聲託飛鳥。南城百里不著鞭，輕逐歸雲高縹緲。知君苦吟尚如舊，他日相逢更驚瘦。明年射策對明光，曾聽人歌戾㢊否。

依韵答胡直孺

東蒙野老工何拙，刻楮三年不成葉。迂途獨往自名愚，舉足常嫌投險捷。忽然開口向時人，機士笑驚多脱頰。半生長餓首慵回，厭見糟醨能腐脅。惟與孤雲静往還，胎仙戲舞琴三疊。江南墨客貌雖癯，戰勝當前輕勇俠。潤身不貯世間珍，别有驪珠光滿篋。北游一見潛魄動，雙目爛爛巖光曄。新詩幾幅起秋風，使我静觀但囁嚅。相逢便欲苦死留，恐跨飛鯨動歸鬛。

答李師載

早歲賢關初闖首，五色長虹出君手。孤坐傲兀若老羆，滿場輸伏甘居後。巨榜清曉揭宫墻，名姓喧傳天下口。天子未見已先知，雲路風生看馳驟。一官纔得墜驚波，顛頓衝風嗟莫救。冥冥陰禍鬼發機，羅網恢恢疎不漏。幽囚束缚落空山，蟬腹龜腸餓荒藪。黄雞乳鷇飛刺天，病翼傷垂自看醜。男兒性命絶可憐，萬事塡臆難出口。天高地遠無消息，日月回環歲閏九。情之所鍾正在我，幾度寄音藏客袖。辟書拉拭召從軍，寒出綈袍憐范叟。孤童匹馬渡盟津，白髪青衫亦何有。相逢握手話契闊，懷昔感今嗟嘆久。巨幹堅姿老不衰，霜雪蒼松性依舊。騏驥不合駕鼓車，鏌鎁鬱鬱猶衝斗。惟君與我同襟期，爲君掃榻開東牖。相對惆悵懷抱惡，聊且撥置共尊酒。天地氤氲何事無，白雲須臾變蒼狗。冥心委順觀我生，任有垂楊生左肘。

依來韵答謝教授敞還鄙稿語

老便收氣自暖腹，厭見先漿動人目。乘間縈思似秋蟲，終日牽絲不成幅。廣文嗜好背時利，妙律開雲發孤竹。已驚垂蚓得鯨歸，更愧並貂持狗續。可嗟按劍夜投珠，何異剖巖朝泣玉。昨宵月暗風淒淒，燈陰神物來聽讀。

調李教授

君不見屈平放逐南辭楚。顴頷行吟並江浦。一聞鼓枻笑獨醒，搔首低回愧漁父。又不見淵明彭澤投簪纓，退隱衡門依五柳。凝塵滿匣不鳴絃，頭上接䍦親漉酒。爾後寥寥幾百年，醉鄉途路隔雲煙。空看青鑑悲毛髮，不向芳尊問聖賢。天邊酒星歎寂寞，太白相逢發嘲謔。悲風苦霧動星愁，欲惱寒蟾對杯酌。舞袖低回雙鶂退，曾憶婆娑拂仙桂。雲間月下兩茫然，牢落江山無勝氣。星星今古夢中身，巧力爭求身後名。衛鶴莫矜軒冕貴，魯鶋曾見鼓鐘驚。園林昨夜春風滿，待得花開春已半。流鶯才怨曉紅飛，布谷已催秋種晚。藻間養子碧魚肥，石上拳牙紫蕨齊。柳下驚逢金騕褭，花深聞唱白銅鞮。須知向眼光陰好，忍困飢腸守枯槁。明年雖見舊花開，却恐花枝笑人老。終南紫翠倚天高，渭水東流入海潮。水去不回山不改，茫茫曾歷幾昏朝。君看曠達是劉伶，寵辱冥心過一生。枕麴漱醪方自得，任從耳畔發雷霆。

戲謝漕食豆粥

石泉清甘出山麓，瓦釜貯泉烹豆粥。太行苦霧朝塞門，相與持杯煖寒腹。集仙學士著繡衣，瑞節前驅光照玉。入境風生三十州，高廩臨邊溢紅粟。公台深靜兵衛嚴，部吏趨承冠履肅。剪毛胡羊小耳肥，列甕釀香浮螘緑。盡嫌豪侈徹豐俎，坐刻鱉煤温凍足。擁爐招客學僧禪，爭聽敲魚醒睡目。太師論詩歌蟋蟀，千載遺音流晉曲。何曾方丈裂餅多，武子琉璃蒸乳熟。只知齒頰快芳羶，豈料年齡愁嗜欲。但能舉鉢厭饑腸，便覺古風親土俗。君不見錦帳匝地石季倫，又不見冰澌渡河劉文叔。竈間燎濕困滹沱，席上爭先出金谷。豈惟暫飽濟艱難，猶貴速成勝珠玉。昔人不願五侯鯖，今我何知九鼎肉。杜陵春晚把鋤歸，常喜朝盤堆苜蓿。莫嗟粗糲百年飡，且免禍盈鬼瞰屋。

題謝子高易義

東風吹園未曾出，隱几潛心讀大易。低頭不知客入門，但見開編時點筆。天開地闢日月明，四時變化萬物成。伏羲畫卦混沌死，紛紛智巧彫元精。

梁山

梁山蒼蒼寒日低，武皇昔年留羽旂。層宮突兀天上出，舉手欲引仙人衣。仙人不來怨空老，索莫時從東海歸。銅盤千里渡漳水，茂陵草荒秋螢飛。

野蠶

野蠶緣桑自成繭，羣兒採繭殘桑枝。明年家蠶黑蟻出，田中桑死蠶忍飢。野繭更採不滿筥，家蟻歲生無盡時。翁乎驅兒無殘桑，葉長蠶成長有絲。

酬愍長老退院作

掣電機鋒不容擬，已逐驚飆落千里。人生萬事孰爲大，世上百年能有幾。餘蔬殘肉豈能飽，包束乾坤歸一指。今朝齋鉢掛空墻，山前山後松風起。

山寺禪者

敗屋數間叢萬笴，虎豹到庭門下鏁。自種石田一飯足，與語略能言璨可。天昏霏霏小雪墮，拾薪吹爐勸親火。葉藏巨栗大如拳，撥灰炮栗來饋我。

卷十三

五言律詩

過萬泉縣

邑屋連山麓，蕭條去路斜。鹵田無美井，旱港足飛沙。逃室多欹棟，殘林有斷楂。荒墟人不見，墻角自開花。

自壽安之長水

夜宿錦屏下，曉行伊水長。露寒荷葉紫，秋晚稻花香。女几仙風斷，連昌輦路荒。二年渾作客，山驛過重陽。

白沙驛　在歸州東江南岸

轉側下層巔，江流出斷壖。寒雲生古戍，野店引山泉。雨暗疎茅濕，堂危倒石懸。去程無限險，心落渭城邊。

再過方山驛

春過方山驛，依然柳色新。昔遊嘗弭節，舊記已埋塵。往歲讎書客，新恩守土臣。南來心不競，時羨北歸人。

自吳嶽歸

鳴鳳岡邊路，秋風動夕嵐。閒雲依絶壁，獨鳥下空潭。疇昔經行慣，重來委曲諳。試尋遺墨在，投策訪僧龕。

聖容寺僧伽舊居柳公權書碑

應感雖無地，棲真自有緣。寶坊開泗水，香露散秦川。草亂遺庵廢，珠明舊相圓。豐碑傳異事，細字刻誠懸。

遊寶雨寺

信步出江舩，庭松立兩龍。晨僧自汲水，高閣忽鳴鐘。淨飯多山蜜，新羹供野葑。傳聞初祖錫，猶掛最西峰。

重遊寶雨寺

題墨暗頽垣，崢嶸歲序遷。舊僧霜髮滿，老柏瘦根穿。客少庭多草，村饑供乏錢。重來猶晚暑，清盥挹寒泉。

興慈寺觀君俞舊題

松院前年到，同君共五人。今來觀舊跡，君已是前身。遽掩千秋夜，空傷兩歲春。向風無可語，淚灑壁間塵。

峽州渡江入寺

雪暗離秦地，春歸入楚邦。平生憐匹馬，將老渡長江。解纜辭亭樹，中流見寺窗。舟人喜風色，略得寸心降。
江上招提古，蕭疎對郡城。延賓竹榻静，過雨石堂清。齋接荆州供，題多蜀士名。老僧飛錫倦，歸坐聽江聲。

興德寺逢張居士

掃葉開新徑，携瓶汲曉泉。偶逢巖下客，來問室中禪。鳥去空還寂，薪窮火自傳。四方行已遍，歸老舊林邊。

登青龍寺

疎爽巖邊寺，秋登更晚晴。連岡横野斷，遠水隔林明。廢井餘荒甃，殘碑有舊名。幾經兵火刼，禾黍遍新耕。

遊觀音院　唐趙州諗禪師舊遊

秋林晴簇簇，野竹静娟娟。臺殿横高絶，山河滿大千。莫論金屑貴，且契布毛緣。試問庭前柏，干戈動幾年。

慤禪師

湘南衡岳水，分得一支來。宴坐秋峰静，澄心夜月開。清風生虎錫，驚電護龍杯。昨夜飛香動，山神禮寶臺。

新羅寺唐有新羅僧咒草愈疾卵塔今在閒來因題

斷石傳遺事，唐年刻永徽。庭荒靈草盡，塔壞禮僧稀。古殿含涼氣，空堂照夕暉。獨來人不問，行聽暮鐘歸。

甘羅廟

縱横爭擅勢，之子獨尊秦。弱齒能專國，奇謀不借人。拳峰凌九仞，勺粒動千鈞。過客瞻遺構，臨溪野草春。

九日過介之推廟

荒祠久零落，秋日故山阿。椒菊持新奠，龍蛇憶舊歌。論功嗟晉粟，流怨動汾波。千歲遺靈在，鄉民禁火多。

清明日北園亭作

錦亂筠遺籜，青浮水結衣。乳鳩呼却逐，鬭雀墮還飛。客過殘樽在，年侵冷食稀。去年今日意，渡峽雨霏霏。

春日北園早起

雨斷雲猶在，風回氣已明。林花含宿潤，露沼散餘清。喜静心常澹，居閒意寡營。流光隨轉盼，所向達吾生。

秋晚北園

野興乘俄頃，扶行錦竹長。碎蔬殘宿圃，亂葉散寒塘。地僻柴門靜，人稀草逕荒。曉霜今幾見，猶有菊花黃。

晨起東軒

影暗纔分竹，煙低正滿簷。雨斜侵藥裹，風過亂書籤。篆滅香猶在，塵昏硯未添。靜中時有興，著論不爲潛。

曉〔二〕至西郊

墟落隋城外，西郊路可尋。帶霜殘黍短，過雨舊溪深。近港來迎犬，荒籬散宿禽。隣翁邀具餉，煙火動疎林。

江晦叔邀遊吴氏園爲約月餘始能一往吴生某求留題遂書石上

竹屋横虚舫，松屏展翠帆。柳條晴後弱，花態曉來嚴。樂意難逢暇，清游久嘆淹。主人求客語，乘醉寫雲巖。

〔二〕「曉」：文津閣本作「晚」。

出村

風露已淒淒，郊原百草腓。負樵山木下，轉粟戍人歸。野曠羊牛遠，場荒鳥雀稀。南山經月雨，猶有亂雲飛。

西溪酬孫倚李珪二同年依韵

水部張員外，中書白舍人。曾聞三絶句，同賞曲江春。且逐追隨舊，休悲老大身。花今千樹發，有底不來因。

病起

病起秋將晚，高林葉半黄。梳驚殘髮少，瘦覺舊衣長。尚怯扶藜杖，猶勤檢藥囊。喜抛烏帽去，曝背卧朝陽。

雲巖

徑轉隨高下，欹危亂石中。寒巖朝起霧，空谷夜生風。疎竹連殘屋，驚麏逐斷蓬。求棲問茅舍，非淺愛田翁。

夜意

山霧連城白，虚庭待月生。雨餘秋葉潤，露重葛衣輕。陰壁鳴蟲澀，風枝宿鳥驚。淹留禾黍興，悵望故園情。

和楚倅懷歸

雨斷他鄉夢，風沉故國音。山城黄葉落，蘭畹白雲深。寄食衣裘敝，憑鞍歲月侵。流塵昏斗劍，萬里愧初心。

留客

秋堂留曉客，密雨擁柴門。石鼎燃松葉，山樽捧竹根。買魚催網急，嘗栗破皺繁。村黑歸泥滑，移牀醉夜軒。

送客至黎城

二年三送客，空復往來情。野色浩無主，秋風暮獨行。山連長狄國，水過潞王城。試問式微詠，猶歌怨衛聲。

答徐耘朝散

昔年汾水上，曾遇海南翁。欲問三山路，先知一溉功。萬紛銷寂默，一氣抱冲融。更約丹砂訣，他時訪葛洪。

催發諸邑民兵至朝邑縣官未至遂宿其驛

羸馬趨程晚，衝風雪滿衣。城荒更鼓暗，市冷吏民稀。烏壘兵初起，河橋客未歸。北行殊未已，捧檄寸心違。

月

玉露漳川月，相看幾上絃。氣横秋浦白，輪帶女城偏。半魄蟾猶隱，分枝桂未圓。雲衢誰可到，柅轍駐流年。

竹

園竹三年種，今春緑始稠。未知能却暑，但愛不悲秋。影補頹垣缺，枝多暮翼留。近因開小徑，時有客相投。

蝦蟆碚水

泉出蝦蟇碚，名高陸羽經。細分寒乳白，散落曉巖青。歸客停松檝，臨江貯藓瓶。神仙雲母液，烹飲養頹齡。

江公著舉棋無偶忽敗于予有詩戲用其韵

忘暑憐楸局，含風愛竹窗。料兵聞舊怯，築壘納新降。舟渡焚秦水，兵分泣楚江。君知猿臂將，國譽世無雙。

觀山郊閱武

疊錦聯貂帽，飛光散羽旗。虎文雙箙重，金粟小鞦垂。望鵲翻雲沒，呼鷹駐馬遲。更聞傳令去，先促羽林兒。

榆落山連壘，川平水帶城。張兵圖野曠，吹角怨秋清。移帳高雲動，開鐔碧海驚。歸風回勝氣，西北埽欃槍。

晚客狎至應接不一或有疑者作此詩示謝敞教授

岸幘扶藜杖，移牀傍晚林。形骸猶是累，語默更何心。望外浮雲薄，涼生古汲深。自憐多懶僻，塵色悶孤琴。

答分守魏大夫

坐憶金臺別，于今十四年。新恩乘五馬，北首渡三川。縣急均𨦇户，邊停助餉錢。晉民衣食薄，移柱聽調絃。

舟行出峽先寄峽州太守榮子邕同年

幾日方離峽，舟浮任所之。江開平岸闊，天遠去雲遲。心折襟分後，身存痛定時。晚亭登至喜，歸信半年期。

依韻酬趙令之

相逢三十載，少恥事驍雄。封植思嘉樹，交遊嘆谷風。雲山輪跡少，葵藿歲時充。冉冉秋還暮，霜寒泣候蟲。

呂子固置會有詩張芸叟邀予席上依韻和

故國歸來晚，相逢共老年。聊從浮白飲，莫擬畔牢篇。花近紅侵坐，槐新緑媚天。還丹消息斷，無惜放杯傳。

還王天倪詩卷

素尚躋遐曠，平生厭淺浮。錦囊刀尺古，江渚蕙荃幽。翹首孤雲遠，踈林暮葉秋。十年人不問，寂默老荒丘。

酬喬世材推官

峽州江岸客，亭名至喜予前。過此與子邕，約半年同歸。今得如願。

地僻人來少，公庭吏散時。亂蟬號晚日，涼葉下高枝。仰羨知歸鳥，先書寄遠詩。只應今夜月，偏解照相思。

答推官李珪

吾族柯條茂，人稱孝子賢。新游思我共，舊學欲誰傳。每愛鸞鴻志，徒嗟犬馬年。青雲如得路，驤首看揚鞭。

和張裁推官遊湖

閒弄香蘭楫，斜開紫綺襟。回風收雨脚，靜月到湖心。高柳留疎翠，前山動夕陰。興來行處愜，樂罷感還深。

寄延帥趙龍圖卨

瘴嶺有毒霧，鳴沙無美田。乾坤滋孕毓，山海限腥羶。干舞旄星落，弓櫜譯舌傳。但能思上策，何必勒燕然。

戲答山人趙潁憶山居

緑髮年來改，相看憶去頻。青山不厭客，黄屨自迷塵。耳冷泉聲淡，松殘藥竈貧。白雲他日見，應問世間春。

新蟬

病耳不堪聽，仍愁露下時。纔能升木杪，便解入雲吹。漫有真仙契，猶多風樹悲。美陰如可託，後患亦須知。

太學試駕幸後苑觀穀

禁籞開清曉，宸心喜豫遊。鳴鑾迎霽日，嘉穀茂高秋。秀穎晴光爛，雕輿睿鑑留。晨光照金粟，喜色動珠旒。緑野勤農力，青編藹帝猷。周人豳頌在，王業起耕疇。

依韵酬沈仍長官惠葡萄

異果乘秋熟，分來道路長。緘封湘篋重，題詠剡藤光。氣蓄西河潤，山圍大谷涼。龍鬚初引水，馬乳晚經霜。衣薄輕鉛粉，包圓小紫囊。膏腴凝紺液，甘酢溢雲漿。蔗浥含餘潤，醅浮帶舊香。藥經難仿佛，畫筆漫形相。涇洛宜秦土，汾嵐利晉鄉。鱗差分萬葉，珠實綴千房。楚瑞慚萍實，江奴笑橘黄。破酲生靜爽，滌熱□〔一〕新嘗。契闊初心在，提携遠意將。茂陵遺客老，痟病證仙方。

〔一〕原闕。

卷十四

七言律詩

垂拱殿賜對蒙恩入省

黼座親瞻咫尺威，恭承天語慰衰遲。錦書殿陛初傳賜，白髮郎潛且漫爲。九日重分番直夜，自注：刑部先郎官八人予到爲九人重分寓直。六參便赴早朝時。自知麋鹿難馴習，深愧鵷鸞接羽儀。

雪中早朝

正衙冠劍拱星齊，清曉天花舞御墀。玉殿影深分扇早，金爐煙濕散香遲。雲低含潤侵珠絡，風亂飛花拂羽旗。班退便疑凡骨變，自驚身得到瑶池。

會聖宫朝謁

七葉丹成不可攀，蘂珠宫殿翠微間。千年空怨龍髯斷，億世曾聞寶筴還。宫女祠歸朝路静，嶽神纛退曉風閒。五雲高宴蟠桃罷，鶴馭時應會此山。

省中寓直次劉巨濟職方韵兼示祠部張臺卿

鋃〔一〕鐺司鑰禁門重，寓直高秋此夜同。樓外歸雲迎霽月，宮中傳漏帶疏風。衰迂豈合參新論，俊少何堪接野翁。華省分曹占列宿，經時飽食愧無功。

再任提點雲臺觀

天光垂碧抱瓊臺，蘂殿珠宮對嶽開。峽口巴猿初别去，海東遼鶴又飛來。三生難轉靈源静，六歲空驚迅景催。欲挹蓮花峰頂水，普將甘冽淨浮埃。

守鄭易陳方及境改信都過大名書呈吕太尉

淮陽閉閤欲偷閒，新捧除書墨未乾。五日御風方假翼，兩河試郡别移官。生緣有定隨流易，世事無端用力難。今日得陪門下客，一枝容息便心安。

〔一〕「鋃」：文津閣本作「銀」。

京西初歸作

少年輕喜欲憑虛，誤落塵中二紀餘。生事蕭條寒葉散，故人寥落曉星踈。殘骸已脱風波晚，清枕方回醉夢初。却覓漁蓑尋舊釣，一溪煙雨伴春鋤。

乞罷未報承延晉秦慶皆惠書

東西南北閲光陰，邊意蕭條老境侵。四府飛書慚過譽，數疇廢壤愧初心。傾懷敢望時情合，論事須思後計深。髀肉久消筋力倦，但能操筆謝知音。

九月十三日夜偶書

林葉紛紛已半凋，陰雲不放眼周遭。稍知風逐青娥動，更覺天騰北海高。萬里無心思假翼，百年多事喜持螯。山前沙井通幽圃，待得春深弄橘槔。

熙州再乞罷

末途潦倒愧知音，幕府重來歲月侵。狂見請纓憎往策，禮容著帽感虚襟。白頭久厭戎衣窄，黧面空嗟寒色深。東望故山今有約，清秋應得訪雲林。

乙卯七月十六日忽報罷任

掩關忽報被刑書，自笑無堪涉世踈。白晝曾聞驚市虎，殘灰今見禍池魚。莫嗟靜影逢沙矢，猶恐餘猜及鼠蔬。逆境自觀還自喜，片心無礙一舟虚。

上延帥沈内翰 自注名括字存中

昔年圖史守巖幽，每仰高文動斗牛。千里來登徐孺榻，一時如上李膺舟。激昂囊穎思先出，慰藉泥塗欲晚收。曾笑王筠無事業，但題草木作風流。

榮路回翔簡帝衷，坐煩談笑静西戎。金鑾學士承新詔，烏壘將軍有古風。關塞星烽葱嶺遠，塵沙毳幕賀蘭空。平時未便知頗牧，今日親逢出禁中。

答夔州舊僚被召見寄

聖恩優厚得西還，又向雲臺作地仙。顧我全生如苦李，喜君頻酌似甘泉。一篙已占南溪水，二頃初無負郭田。他日題詩如欲寄，爲尋茅屋白雲邊。

搗藥巖世傳昔人煉丹得道今隱於此山下土中時得丹粒服之愈疾

超世猶存救世心，深山相遇不知名。巖前時得丹砂粒，雲裏嘗聞玉杵聲。汩汩流光愁易促，冥冥濁刧苦難清。如何爲我開靈鼎，遍使蒼生病骨輕。

登北原望京城有作

五季兵銷帝業新，霏煙雙闕照夷門。地盤王氣千齡會，勢據中天萬國尊。劍佩輝光新日月，風雷鼓舞變寒温。開先神發隨人意，轤軸於今轉海垠。

登美原縣樓

三月春光入眼稀，試尋高處看芳菲。影行平野孤雲過，點破青山白鳥飛。秦甸氣回鶯緑滿，渭川勢穩競東歸。憑虚便欲乘凌去，清吹飄飄已拂衣。

登夔州城樓

夔州城高樓崔嵬，浮空繞檻雲徘徊。百川東會大江出，羣山中斷三峽開。關塞最與荆楚近，舟帆遠自吴越來。雄心乘險争割據，功業俯仰歸塵埃。

夔州制勝樓

野蜑荒獠南北羣，西接庸蜀東荆門。高城獨控江山險，勝算争先日月昏。散火燒畬連近岸，歸雲帶雨過孤村。二儀開闢雖重阻，須引流波及後昆。

自京之楚州

隋柳橋邊一問津，便將行止付舟人。土風入眼鄉閭異，客路關心童僕親。淮水煙開漁市曉，龜山雲動佛香春。共傳米價年來賤，取次東遊不畏貧。

過黄牛峽

轉首黄牛百里西，便風不斷滿歸旗。青山隨客豈辭遠，白浪催船常恐遲。多米漸聞荆渚近，故宫欲問楚人知。今朝共話平安喜，更得長魚伴晚炊。

大江

西南水會大江出，萬里奔激瞿塘開。神宮龍府雲霧暗，渦轉峽盤天地回。岷山發源四瀆長，廬峰白浪九道來。刳舟濟涉萬世賴，積金覆舟吁可哀。

荊門軍蒙泉

遠山分脉發巖陬，六月虚堂客意秋。無限寒雲噴不去，有多鳴玉碎無休。清涵錦石斑斑麗，秀吐金蓮熠熠幽。美潤散分周下澤，餘波還入楚江流。

過葉縣

南對黃山百里峰，雙溪夾路碧溶溶。難追舊事飛仙舄，但有餘風喜畫龍。柳際秋晴分穲稏，亭陰晚色見芙蓉。襄城已遠方城近，圖誌分疆入楚封。

移官慶陽過定平縣

春郊二月浴蠶時，傍岸溪流可染衣。谷轉城深鶯柳暗，地寒春早見花稀。三年厭應西烽急，千里重隨北鳥飛。若問前籌慚潦倒，欲辭虎帳訪漁磯。

過天門關

龍鍾雙袖馬騣騣，來往榆關日向深。多病出門愁遠道，早寒平野苦層陰。泉流危棧新冰滑，風入長林暮葉吟。觸目淒然何所補，高枝巢穩感歸禽。

峽山阻風

黃牛白馬渡驚灘，兩目盲飈更險艱。天地容身惟一榻，江湖駭浪動千山。豪商競利能争捷，陰鬼多私故作慳。歎息隣家田舍穩，柴門深掩日高閒。

定昆池

風煙當日競豪華，故里猶傳貴主家。何處可尋楼下水，平南不見面前花。陰機鬼伏天沉海，危禍波翻骨委沙。遊客乘秋興永嘆，高林不覺見棲鴉。

分按洛西諸邑登山出永寧西望晚宿詔山寺

雙旌明滅轉委蛇，行遍秋山意若何。暗谷路窮平野闊，回巒石斷亂泉多。崤陵東盡開周邑，熊耳中分放洛河。欲舉因緣尋隻履，夜深隨雨到巖阿。

胡義修推官再招彦桓與予同遊龍泉寺

江曲花開惱醉翁，經旬出飲獨牀空。芳羮間筯溪毛碧，異果堆盤海藥紅。盡晚莫辭千日酒，餘春已怨幾番風。主人清韵家聲在，伯始源流到眼中。

彦桓奉檄將行同飯素於龍泉寺

西江吸水試龐翁，再訪祇園問色空。古殿香寒消宿篆，晴林葉暗退殘紅。衰年再乞千家飯，逸馭初乘五日風。曉去清明邊檄急，前旌高下亂山中。

過香積寺

迂轍來尋昔歲題，怳然前世意猶迷。荒庭老樹半空腹，壞塔野禽争暮棲。晚學盡驚新使節，殘僧時認舊沙彌。松房自出成何事，二十餘年東復西。

遊山寺

山後山前紺宇開，閒攜藜杖結青鞋。霜欺泉澀羣流淺，風勁林彫萬壑哀。到處每逢清衆出，有時偶伴野人來。裴公看盡因緣在，百塔龕前首重回。

寒泉亭

孤亭結架開巖扃，山深氣偏冬常侵。驚浪一溪噴飛雪，陰簷五月垂堅冰。長風不斷響空峽，崩石欲落纏巨藤。三伏火雲愁病暍，投鞭知有幾人登。

題大圓庵

星郎步履在清禪，雅結新庵賦大圓。譬喻河沙終未盡，含弘法界外無邊。渾成獨轉離諸相，不立中間絶兩偏。聞說毗耶在方丈，衆人欲問却茫然。

焚香置榻拂氍毹，困倚蒲團坐結趺。丈室曾瞻一居士，臺山豈有兩文殊。信心自得超三界，明眼何嘗滯四隅。伯雪相逢能目擊，電機已笑涉泥塗。

題武侯廟

梁甫高吟一幅巾，聯翩衆盜肯同羣。久蟠丘壑雖龍卧，默計江山已鼎分。庸蜀欲開來日月，隆中先見會風雲。雜耕初動明星落，千古英雄泣渭濱。

天厭炎靈暗不開，欲吹餘燼發寒灰。强因徐庶南陽起，能枉周瑜赤壁來。常見英風吹草木，尚存精魄動雲雷。西南遺愛無時歇，不逐長江去不回。

女几山女仙廟

絳節高翔不可攀，尚留遺跡在空山。月明曾有芳簫過，松老時看舊鶴還。巖下春歸花寂寂，壁間雲暗蘚斑斑。開元已遠霓裳絶，野草青青輦路閒。

和林次中秘閣題五龍廟

頭角蟠濳歲月沉，腥風不散古祠深。曾聞驚電開巖壁，常見屯雲宿殿陰。蒼蜴吐冰藏暗穴，彩虹收雨出長林。荒碑磨滅無遺事，猶冠軀跗壓翠岑。

屈原廟

古廟荒山暗水雲，歲時歌舞感鄉民。幾傷讒口方離國，欲悟君心豈愛身。慘慘飛魂號帝闕，冥冥齎志託江神。千年自有遺文在，光焰長如日月新。

題解梁驛舍

三年去國苦飄零，滿面風沙漫度春。白日驅車無住客，青山當路亦爲塵。東經鹵澤初迎雪，西出蒲關欲問津。何日投鞭尋舊隱，雲間深訪牧牛人。

過沔池驛

崤陵臯墓幾摧輪，秋暮重過白髮新。小雨廉纖能滑徑，亂山廻互欲迷人。客心苦厭孤程晚，驛舍頻來舊吏親。明日問途知更遠，又須呼僕待初晨。

過襄陽

表裏山川舊楚畿，築關乘險事皆非。槎頭魚盡無新語，峴首人亡失隱扉。雲外煮茶僧室静，江邊酤酒客帆歸。我來駐節無言久，爲愛春流可染衣。

初至鄭州

二年青海困征鞍，歸望天威咫尺間。雨露忽頒西輔印，鴛鸞阻綴紫宸班。往來擾擾無虚日，應接紛紛祇强顔。吏責無窮人事拙，夢魂時到舊家山。

過臨晉縣適調發

半夜驚呼府有符，河堧荒邑應軍須。冰生垂血辭鄉淚，風漲飛塵出塞車。千里饋糧人未返，百丁團甲户無餘。天邊旁午流星使，更見河橋急羽書。

韓退之舊業

城南舊業訪韓符，門掩荒榛老木疎。陰洞尚寒難駐客，短茅初葺未成居。崩崖亂竹從欹倒，糝逕飛花不掃除。舊集遠年今散逸，蒼碑但刻馬鳴書。

八月十六日後池上

竹户深扃滿逕苔，芙蓉落盡曉池開。數番雨勢隨風去，一片秋光入座來。已老林蟬餘韵斷，將歸簷燕强飛回。沙鷗時下知人意，近岸相親眼不猜。

种說山居

隱君奕葉爲清門，誅茅卜築歲已深。池影青蒼山墮地，松枝夭矯龍出林。六月取冰自鑿谷，百壺進酒不論金。阮生熟醉無臧否，今愛遺風杜曲陰。

客來稚子出謍門，潔灑虛庭屨汲深。西澤千塍連别岸，南山一帶是家林。泉清野果浮蒼玉，燈散靈峰見紫金。晚日已收涼氣動，客歸相送步松陰。

抱甕軒

擾擾誰知巧喪生，惟君智巧不關心。爲能懸解如莊叟，會識真風在漢陰。閒笑重輕爭俯仰，静忘身世任浮沉。堪嗟混沌亡來久，今獨憐君踵息深。

郊居

閒原渺渺散弘襟，風舞淵潛自樂生。春到雲山惟杖履，日長天地獨柴荊。百年雖健猶親藥，一飯無多嬾問耕。常羡子喬仙馭遠，笑悲滄海世人情。

三月二十八日園中作

決決清溪潄遶堂，興來隨意轉藜牀。畏人野鳥疑花動，收蜜山蜂誤酒香。杏子帶鬚紅半抱，藥苗退甲緑新長。風光須是閒時見，身世今欣已兩忘。

和夏日園中即事

雨過深園暑氣清，拂雲松竹映重闉。預期節物移承露，自驗方書採合昏。片影有緣聊暫寄，寸心無事得閒論。風光未信隨流轉，猶見飛花落酒樽。

園中獨坐

高樹風輕葉影齊，新荷破卷緑猶低。日長松下少人到，坐久竹間聞鳥啼。萬里驚波逢寶筏，百年病膜快金篦。雖知赤水遺珠在，問路襄城舉世迷。

李氏園

城近斜臨南郭路，地寬分得奉誠園。垂竿引水穿回徑，種竹成陰補壞垣。曉露不收荷已敗，新霜將落柿初繁。天晴野曠秋風厲，借榻虚堂負午暄。

過李氏園

伊川北首始知春，問路停驂僕候門。垂柳萬鞾梅一笑，蒼松四出石雙蹲。高人舊隱家風遠，祥兆開先國邑尊。昔歲往來曾駐蹕，從臣遺刻在雲根。

陸渾王秀才園

兩歲伊川擁傳行，往來屢喜訪雲扃。四時溪水喧巖石，六月山陰滿户庭。每到似開雙眼翳，久居應滌百骸醒。露香浮座供賓餉，凉葉生風野草青。

和題屈氏園

密樹煙深緑映門，入門清絶隔囂塵。須知澤畔行吟客，便是林間散髮人。山色滿樓何處盡，花香過酒逐番新。東風時引閒雲到，留作輕陰欲駐春。

杜城陳文惠公園　有桂林亭

杜曲西遊訪物華，門前潏水渌涵沙。南城天近無雙譽，北斗魁前第一家。當日不知龍臥久，今朝空羨桂交花。高文遺墨皆漫滅，林下祠堂春日斜。

和范君武出郊

九月天高客喜晴，籃輿因興度溪行。身逢樂歲留漳浦，心逐秋風入渭京。日暖登塲多稼熟，桑陰具餉野盤盈。豐年社後多餘酒，處處神林簫鼓聲。

和人遊千金公主園池

溪流古堞帶林高，林下行通小水橋。但有春風催載酒，更無仙鳳伴吹簫。花間鳥散驚藜杖，沼際波回轉桂舠。塵跡尋餘思一弔，楚魂飛盡不能招。

後園小池

鑿地開方斷石根，潤通草樹亦欣欣。築基偏傍孤亭闊，引水初從曲徑分。風約落花回近岸，露垂欹竹滴圓紋。春晴山鳥常來浴，淺處喧喧故作羣。

城陬荒僻自開鋤，野性難忘水竹居。岸側星機措錦石，波心仙仗立紅蕖。閒中有客唯來鶴，静去無竿不釣魚。八卦神靈今可問，玄夫時出御輜車。

和韓丞相玉汝登見山閣

丹青岌嶪冠鼇丘，地闢天開洗百憂。萬竅倚空號一噫，八川盤野會千流。浮雲晚日悲餘翠，廢苑荒陵怨暮秋。自昔登臨思善賦，高吟豈向世間求。

遊柏谷寺寄范君武

絶塞初歸喜澣休，東城送客偶成遊。山前欲訪青蘭若，林下初聞黃鷅鶹。雙屨高窮溪水出，一身輕共野雲浮。寄聲德操還能否，炊黍吾過爲少留。

卷十五

七言律詩

賦杜子美劉夢得遺事

壁間石刻圖經在，瀼外祠堂繪像真。秋去書懷傳北客，歸時遺曲祀蠻神。十年夔語投荒謫，千里兵戈下峽身。嗟我南來心跡似，臨風把酒寄情親。自注：杜在夔有秋日書懷寄鄭審秘監李之芳尚書詩百韵。劉有別夔州官吏詩云惟有九歌詞數首歸時留與賽蠻神。

王穀節推畫草蟲花竹求詩

細羽争飛翠蔓長，窗間留影點綃光。寧知臂朽專蜩翼，但見心精妙楮芒。詩學蟲魚增舊譜，藥圖草木驗仙方。請君放筆開高臆，縱意雲龍五色章。

王氏園置燭觀梅

堂前梅樹花初遍，露坐看花對夕風。苦恨夜收春色去，故移燈入素光中。亂争短髪愁邊白，清映衰顔酒後紅。醉眼却來尋不見，只疑林月碎玲瓏。

依韵和秦倅陳無逸觀梅

渭水冰消意始回，肌膚玉雪本仙材。江南氣暖常先見，隴坻山寒不易開。二月莫傷春色晚，一枝豈待嶺邊來。風光切莫輕流轉，未放悲雲畫角哀。

觀梅

轞藉霜威欲斷肌，傲霜挺挺發南枝。微風披拂香來去，皎月勾添光陸離。已入鸞臺弄粧手，猶存谷口出塵姿。苦無疎影横斜句，深愧林逋處士詩。

陳再有詩誚梅開晚戲酬

漠漠飛香散不收，無言對客似含羞。雖非雪裏孤根暖，却免黄時細雨愁。争意競先多淺俗，高情持重自風流。一株又見垂垂發，肯學江邊取次休。

和林次中五鬣松

仙人五色鼎中丹，丹養松根葉不添。雲散細風梳碧縷，龍離遠嶠奮蒼髯。雨衣鐵澀封霜甲，露點珠明滴翠纖。採釀春醪能愈疾，欲求方法檢書籤。

詠槐

當年夾路綠參差，曾擁金輿拂羽旗。得地偶逃斤斧幸，聞風非與雪霜期。猶殘臘火燔空腹，時有驚雷起蠹枝。想見妖靈占上象，黿山獵罷舊都移。

古槐踈慘倚頽牆，病葉先秋已半黃。封植不知何歲月，彫零今困幾風霜。老根傍出人供爨，蠹腹多穿馬繫韁。嘆惜他年承愛賞，清陰曾借暑天涼。

和進櫻桃上宣諭近臣洛中今年進櫻桃甚大當日分賜

四月櫻桃始爛紅，拜章馳驛歲常同。留都舊事修邦貢，薦廟清朝廣孝風。翠籠摘從西後苑，彩奩進入大明宮。近臣曾見天顏喜，清曉分頒到省中。

和人汰竹

與世論交獨厭數，此君多冗豈無煩。欲期虛静延清影，莫懶芟除去惡根。漸見遠山開晚靄，更無繁鳥亂黄昏。直須放手留閒地，别待春雷見子孫。

和人筍詩

葛陂龍去已千年，每見遺孫出是間。未遇嚴霜懷節久，因生平地立身難。長崖氣潤雲藏角，暗谷叢深霧養斑。春晚向空重籜盡，却驚高意不能攀。

和周湜雪

雲表争飛鏤玉花，衝煙照水弄光華。遍粧庭樹能多巧，亂入風簾不奈斜。漠漠楊花迷客徑，紛紛蝴蝶滿人家。寒簷向晚凝清滴，乳洞春硝長馬牙。

六合天人競散花，坐驚門地亦清華。川原霽後龍鱗出，島嶼平時鳥篆斜。秀發園林春萬里，寒生樓觀月千家。待看陽律還暄早，破潤乘凌見翠牙。

暮飇作氣動長林，渴意經時恨未深。亂學飛花穿竹户，散揺清影落池心。生憎拂面輕難改，更覺衝風薄未任。狡兔但從開幾穴，韓盧會逐曉蹤尋。

毰毸亂舞出煙林，落久臨階試淺深。平盡高低寬眼界，放開虛白見天心。狂傾月窟愁將竭，厚壓坤輿恐未任。潤澤功成本無跡，便回春意欲同尋。

和朱給事上元早雪

玉花清曉作餘寒，雲暗重城晻靄間。初逐細風飛寂寂，旋隨小雨潤斑斑。萬家燈火方行樂，九陌輪蹄肯放閒。向晚霽開斜照在，門前柳色未藏山。

和孫侯朝奉立春

閏餘隨臘報迎春，便覺勾芒令有神。流轉光陰頻著物，峥嵘歲序苦驚人。花裝寳蠟餘枝弱，菜點彫盤小綠匀。從此試聽枝上鳥，漸傳芳信語言新。

梁元彬招池上府會辭之以詩

東郊日日喚春催，得意晴天浩蕩來。病客強因寒食起，新花不爲老人開。塵埃邊叟抛書卧，鼓吹山翁倒載回。欲問湖光幾時淨，試容扶杖獨徘徊。

和郭户部中秋月

重雲宿靄風收盡，千丈銀毫吐海涯。露氣洗開青玉闕，龍宫浮出白蓮華。寒驚棲鵲翻庭樹，陰引靈珠耀浦沙。我是襆巾修月手，玉皇應許上仙槎。

潞守歐陽叔弼召登鼎軒暑飲

崇軒寫物體模分，爽拔風攜顥氣升。王粲消憂思眺聽，本初持飲滌煩蒸。金烏不轉銅壺箭，碧碗時分玉井冰。每見喜公如玉雪，更因執熱服吾膺。

再和叔弼暑飲

古製雖存事一新，奇峰時作火雲升。憑風高棟能虚爽，欲雨炎天故鬱蒸。適意浮沉多野果，熱中咀嚼喜清冰。别裁僞體親風雅，若比陰鏗豈敢膺。

答晦叔求飲

墨客高吟動碧雲，蕡桴輕笑鼓雷闇。千尋自分遺樗散，百和何堪借棗昏。按劍夜光驚暗擲，揮絃流水喜新論。久聞逸興須酣發，願看長虹出滌尊。

和江晦叔喜雨

千里人懷閔旱心，輕將歲事叩天閽。驟傾江海繁聲合，盡滌山川沴氣昏。官責時豐聊共喜，歸休興動欲誰論。更思田父相邀樂，步屧春風倒社尊。

和朱公掞給事喜雨

喜雨高吟夜不眠，飄飄秀句選青錢。已推覆斗占穰歲，誰事操豚祝下田。滿澤新秧初放溜，連雲高樹欲生煙。未知美價堪多少，洗盡人間苦暍天。

中秋客至不赴郡會次范君武韵

經歲相期盡賞心，虛堂有客阻趨塵。登樓君似庾老子，挾策我爲臧丈人。清據胡牀興不淺，來尋奇字夜相親。莫言糟粕無佳味，未許桓公愧斲輪。

和李獻甫守歲

枯鰕乾栗排野盤，擁爐酌酒兒女筵。却愁詰朝祇明日，便數今宵爲去年。瞻星惟恐斗柄落，續膏更願燈花燃。小癡老怯坐自笑，無補漫廢通夕眠。

次韻鮮于之武遊南谷 字彦桓

山光娱客古城東，雲散春陰望處空。畏影戲魚依藻綠，避人飛鳥動巖紅。林間野坐分溪石，岸曲晴行喜水風。舊事共高文字飲，新遊盡寄語言中。

芸叟召杜城晚飯〔一〕遂宿於東軒欲同遊五臺寺有詩因和其韵

第五橋東潏水濱，山紅漫漫綠紛紛。溪邊童子風雩舞，林外先生植杖耘。高論但談雙樹法，勝遊將步五峰雲。東軒夜久清無寐，山雨初從葉上聞。

〔一〕「飯」：文津閣本作「飲」。

次馬承議韵

浮雲飄忽竟多姿，蒼狗須臾化白衣。對客莫思捫蝨語，乘風且共跨鯨歸。巖巖清壁三千仞，鬱鬱寒松四十圍。君看時光易流轉，新霜高葉又朝稀。

依韵答俞承議

南北相望已十年，白頭相見喜留連。風埃異國君多感，朱墨勞心我自憐。事可寸心能有幾，生無百歲漫憂千。一聞新賦思歸去，韋杜溪邊訪舊田。

次韵李忱承議所惠詩 字天輔

人生飄蕩若浮雲，邂逅乘風忽聚羣。嗟我淹留今倦宦，喜君傾倒細論文。揚舲覺海宗提印，授鉞詩壇勇冠軍。荒學漫勞無所得，鼻端聊假一揮斤。

和胡漕鬭茶分藥

萬里飛香入晉山，高真秘籙露談端。春雷發地巖鶯綠，夜鶴飛壇鼎轉丹。仙桂清風生兩腋，玉壺五色抱神丸。虛談論罷無塵事，林外娟娟月半殘。

和成季

芸閣磨鉛勘舊經，昔聞同舍此同升。九楹置榻從頹偃，百尺浮空遠濕蒸。玉鱠堆盤魚勝雪，綠荷傾飲酒凝冰。家風牢落承推奬，深愧龍門昔有膺。

依韻和南子強

雲路天門白日開，豈無松桂出蒿萊。於斯未信誠可矣，如或知爾何以哉。鏗然舍瑟有異撰，豈必讀書無取裁。業廣惟勤今汝晝，覆簣不止須崔嵬。

和劉丈招與康集同遊韋杜

潏水橋邊縱客車，去天尺五訪尋初。按圖韋杜風煙在，遺址隋唐錦繡餘。雨後晚花寒寂歷，霜前老樹半彫踈。松間有酒來招我，遠約相依造隱廬。自注：時李〔一〕文使隱居在杜曲，以詩見招。

〔一〕「李」：文津閣本作「季」。

和尹宗閔書記四月二日候客溪上潞守李獻甫具飯有詩

溪園經歲不曾開，逸興何妨候客回。春色堂堂辭我去，暑風咄咄逼人來。追凉故繞池邊樹，分坐時侵石上苔。皂蓋歸城魚鳥樂，更延虛静獨徘徊。

酬汾守鄭大夫

鄭公賦政鬢如絲，符竹新分晉水湄。招客遠郊常置驛，論文古訓舊箋詩。漢庭行曳尚書履，涇谷曾刊隱士碑。今日湖亭共遊汎，追懷子美昔同時。〔二〕

暑中即事

掛壁清羸金粟像，映窗性相净名經。門前野水流繞舍，雨後緑槐陰滿庭。凉簟醒心須稍健，好風吹鬢欲重青。此間真境誰宜到，更有珍茶一種靈。

〔二〕 自注：李之芳與杜子美同於鄭審秘監湖亭汎舟。

静坐

一室蕭然不受塵，簾垂踈竹映深門。擁衾調氣煩呼吸，據案翻書費討論。南郭子綦初喪我，毗耶摩詰已忘言。盡傳息慮何須息，竅鑿無傷混沌存。

和劉君俞遊華嚴寺謁文禪師

華嚴法界出諸天，帝綱重重絶世緣。昔有高僧開寶刹，今留飛閣聳瓊田。身遊色相無窮境，心悟虚空不住禪。碧眼胡人香一炷，分來今欲對師燃。

靈山勝致古今同，下種開花一線通。峴首道安酬鑿齒，江西馬祖對龐翁。圓珠迴耀千淵黑，滴乳微傾六斛空。我有宿緣香火念，閒來相與論幡風。

暑退病起沐罷倦卧得芸叟詩招爲草堂紫閣之遊酬以來韵

八月秋高肺病蘇，深居吾亦愛吾廬。晚風剡剡初衣裌，白髮蕭蕭不滿梳。困著藜牀眠北牖，遠飛蝶夢訪清都。覺來聞有雲山興，親寫新詩欲起予。

酬晉倅徐發承議

默默窮年逐衆行，杯坳浮芥竟何成。交遊似夢逢還去，世事如塵掃更生。未訪故溪舟一葉，空嗟短髮雪千莖。病衰易感傷搖落，一夜西風枕上驚。

天輔歸休再用前韻并其弟恪子勉所和詩見寄再酬之

西北秋風動碧雲，經年忽忽慘離羣。去辭北闕投新綬，歸老東山綴舊文。詩遇惠連須長價，書從阿買可張軍。平生勝理思懸解，糟粕徒觀愧運斤。

同君俞自牛頭寺至興教院又會文師

杜曲樊川舊化城，東西相峙兩牛鳴。巖前寶塔藏遺燼，殿裏長燈續舊明。萬法分流皆有相，一心息妄自無生。叢林是處經行遍，會向東山記姓名。

贈楷長老

靈源獨耀脱根塵，豈論空身與色身。若論有無寧見法，須知開悟不因人。病痟得味難形語，走餓還家忽忘貧。薪火相交多少險，煩師與衆指迷津。

天竺僧金總持

金輪風火轉無涯，震旦觀光渡海沙。八萬言詮歸貝葉，三千世界聚蓮花。有緣禽鳥來波第，随喜天人盡木叉。今古少林風月在，閉門常御白牛車。

蔡元度話其子能言前世事江晦叔有詩次韵

應感随緣各有因，一源真寂自無塵。須知此物非他物，能悟前身是後身。叔子探環喬木在，房公發石舊書新。區中誰是王文度，證印曾逢竺上人。

往來積習幾生身，石上精魂世共聞。北澗水通南澗水，南山雲繞北山雲。光含衆色珠常静，影入千溪月不分。試向道人談實相，神奇腐臭但紛紛。

次韵錢穆父内翰題劉掾詩集

朱絃曾聞三歎曲，青松自長千歲枝。意來是有我輩語，佳處只應能者知。舊心洗盡萬斛水，新愁誰争半額眉。清興飄飄仙奕奕，欲遊天外戲雲螭。

依韻酬張公燮

城下清溪照病容，溪邊開席豆籩豐。故應舉酒殷勤處，欲慰疎花索莫中。短髮蕭蕭羞帽側，强顔咄咄學書空。青山行卜他年樂，深結茅廬訪德公。

次韻李信叔

不見吟翁近十年，驛亭相遇兩欣然。旋臨野岸烹河鯉，朘向鄰家送酒錢。對雨張燈留夜榻，傍籬繫柳泊歸船。此生自斷君休問，早晚須耘杜曲田。

和徐發承議懷歸

騣騣長路倦羸驂，搔首飛塵苦戰酣。猿過故山驚曉帳，苔生舊釣暗秋潭。土風膏潤田耕熟，物意清幽井汲甘。一别幾年勞客夢，會攜藜杖破晴嵐。

和胡吏部醇夫

妙語飄飄慰旅窮，自憐飢味得甘豐。朱絃恨廢高山久，明月驚投按劍中。垂翅爲逢勍敵勇，傾囊但愧鄙夫空。相從知便忘形跡，一鷗先曾玷至公。

依韵酧蔡陽叔赴永倅留别

朱紱翩翩别乘行，候人楚語喜秋晴。君山木落洞庭闊，帝子魂歸湘水清。曾嘆選官稱一字，舊聞世譽重三明。餟醨若訪垂綸客，葦岸夷猶鼓枻聲。

次韵吕元鈞給事嘉川驛來詩

相逢莫厭重留連，邂逅浮雲只偶然。前日一樽窮樂事，今朝千里感流年。塵侵遺跡留漳水，風入高吟動蜀鞭。錦鯉往來出江浦，應傳秀句滿嘉川。

送客至西湖

湖亭獨往客初歸，春去春來盡不知。新竹出梢纔放籜，斷蒲經雨别生枝。山寒藏雪生雲濕，風送飛鷗過水遲。却笑偷閒得忙事，自尋鄰叟問釣絲。

吳安老罷制舉赴安吉任

南北飛鴻跡影孤，青衫相見十年餘。中銓簡士歸繩墨，小邑沉才謹簿書。游刃屠龍傳世學，飛章薦鶚待公車。太平藻繪須文彩，今日何人誦子虛。

送衛奕之西河任

藹藹長空春已歸，東風猶在綠楊枝。故人錯莫送行處，流水蒼茫無住時。汾上先生能理曲，河濱退老喜論詩。聞君此去追高躅，應忘青衫簿領卑。

送孫甥 名永字祖修

瘦馬駸駸渡洛行，東風莫著褐衣輕。爲嫌愁夢能催老，故懶題封去問程。千仞會游懸水急，五漿須信客心驚。明朝我向壺關路，待約歸纓共濯清。

送張景純

我居杜陵君淮東，平生南北馬牛風。雲山一日邂逅見，草木千里臭味同。今朝歸心逐社燕，他日付書隨春鴻。不堪立馬向日暮，索莫酒散秋堂空。

送趙伺承議致仕歸

聊爲五斗陶元亮，却愛三龍邴曼容。蕙帳曉空驚怨鶴，客衣夜薄感寒蛩。江邊朝露半紅葉，天際晚晴多碧峰。漠漠長空何處盡，雙鳧飛去曉雲重。

送董億朝奉

北游汗漫遺玄珠，煙愁霧泣啼芙蕖。興來便脱上方屐，歸去重修緐露書。一夢百年依幻宅，五湖千里御風輿。家山芋栗應常熟，坐看朝三戲衆狙。

送陽孝章户曹

前生問學仰前修，親髮星星禄始謀。千里束書來北闕，一朝懷牒走南州。荷衣未改斑衣戲，斗米聊寬負米求。想見江神能世態，開帆風滿送歸舟。

卷十六

七言律詩

送人從辟

秋風蕭索塞雲黄，白髪青衫應辟章。曾説穰侯常畏客，今觀毛遂欲投囊。雁門舊障雲松盡，離石新城壠穀荒。想有高談開玉帳，尊前妍論灑珠光。

李無玷自左正言出守永州召爲吏曹外郎尚阻叙舊先貽此詩

初伏青蒲拜皂囊，忽驅五馬下瀟湘。入承上閤尚書牒，分掌中銓吏部郎。焚稿舊垣猶寂寞，拱樞列宿頓輝光。聞歸未便能傾倒，五日朝班得綴行。

用周作韵送范忱夫舉歸

白日高懸照九垓，天門欲上却飛回。雖聞西蜀題橋去，未放東都走馬來。豐劍有神須會合，荆珉藴璞且徘徊。明年八翮乘風起，一振鵬程九萬開。

贈張萬户征閩凱還

瘴雨蠻煙遠蔽空，只將談笑蕩羣凶。旌旗夜捲妖星殞，鼓角秋高殺氣雄。已喜張良還灞上，更須龔遂守閩中。凱歌聲動天顔喜，金虎三珠擬報功。

寄吏部王侍郎

國門一别四經秋，新命恭承自冕旒。碧落神仙來禁闥，青天雲霧隔皇州。孔鸞筆下騫光翠，涇渭胸中有品流。聞説絲綸推世譽，佩聲好聽上鰲頭。

答董天隱推官

日月沄沄不可追，神奇腐臭略無遺。一丘一壑能誰過，相呴相濡莫我知。强聒睢盱何所補，雄誇凌厲亦奚爲。秋來春去尋常事，安得乾坤獨爾私。

答潞城令谷大同

蕭條寒邑古風深，應嘆光陰恨陸沉。莫厭荒山輕廩粟，須思美政慰民心。門連露草常封印，吏散秋堂靜試琴。欲約仙鳧終未得，東城何日聽車音。

酬張法掾翼求侍養歸

少輕紈綺襲箕裘，力學從容與我謀。擇友卜商能勝賜，舞風曾點自殊由。去乘汴水春舟疾，行過龜山楚客留。千里有聲如寄我，須尋臨濡舊林丘。

謁冷朝奉路逢王才元舍人同往

曉路髯翁已我先，清時有味獨君偏。柳深門掩徑未掃，花落鳥啼人尚眠。顛倒著衣驚應客，咄嗟解榻遽張筵。雲開日影斜閶闔，悵望歸程急馬鞭。

答李成季賀授直秘閣

絶域經秋自乞還，粉闈春得綴星班。詔趨龍幄登文陛，恩捧芝函入道山。曲學豈知新説美，蒼顔難伴後生閒。聞君此地淹徊久，悵望當年未及攀。

酬李公寅留别

歸風何急動征車，幾夕相逢意有餘。緑暗河橋冰泮後，雲藏山徑雪晴初。登門曾上千重峻，游刃將驚萬窾虚。他日再來寧可約，北鴻時付一行書。

别夔州衆官

半年漁浦巴城守，兩任雲臺太華宫。豈欲背時聊免俗，但能省事略成風。玉泉古刹須留客，峽水安流好向東。祖帳聯翩催棹急，臨溪洒淚落丹楓。

衛奕其兄被劾得雪惠書及詩

去歲書傳歎鶺鴒，新詩甚喜字縱横。黿雖有智猶罹網，雁爲能鳴得免烹。須信篋中多謗語，莫矜堂上有奇兵。滔滔天下常如此，無慕功名取次行。

寄朱約之

子墨文章不自珍，連編大軸棄如塵。久收幽履安巖谷，但見高名出搢紳。欲寄遠書尋素舸，今逢佳士得朱輪。放談可講平生學，新傳行觀盡獲麟。

寄舊同遊

去鄉甲子四十二，歸路山川九百三。長河無鯉來東北，遠夢隨月轉西南。簷花雨落春獨酌，窗竹燈寒夜對談。石上精魂能閱世，欲尋前事與方酣。

吕司空壽

飄飄仙馭出蓬萊，時節新陽動琯灰。慶閥拱魁三象近，祥源引派九天回。磻溪龍虎家璜在，中國風雲舊嶽開。聞説清臺占異事，弧南星步入中台。

贈吴德秀隱士用來韵

不計無成與有成，但能償足百年心。喜營美釀多栽秫，廣蓄奇書盡散金。三代遺文鐘鼎古，五湖秋意畫圖深。超然真趣誰能識，目送孤鴻撫素琴。

答人見贈

形影何嘗問主賓，真風滿户養頹齡。不從田父迷迴駕，但有漁人笑獨醒。閑攝高雲遊沆瀣，静收浮氣借光靈。出門無事誰相喜，只對秋山滿眼青。

答范軻

綏城古語刻兆韃，何事求犀近水燃。鄉里後生輕宿學，朝廷新詔急遺賢。風回夜月開重暈，驪睡神珠出九淵。今日秋皋聞鶴唳，茂先方議斸龍泉。

答李成季

山川錯莫不逢春，京洛空多滿馬塵。李渤請歸聊見志，魯褒著論久知神。懷沙曾愧垂綸客，擊磬興嗟荷蕢人。向老愈憐筋力弱，空傷涸轍泣窮鱗。

答李公藴

臘前曾約走新春，春到無端絶塞行。戍卒催完燈下甲，急烽連入雪中城。萬夫擾擾争分餉，一飯匆匆豈暇羹。自嘆東西求斗禄，兵戈已過十年生。

答彭同年勸應賢科

早歲逢予嘆陸沉，東風還更枉華音。五蹄一角必殊相，八跪二螯多躁心。衆惜伏轅傷駿骨，自慚躍冶匪祥金。搏風敢效垂天翼，但樂孤巢寄舊林。

答李晝宣德示詩卷

志學長年患小成，五言今喜繼家聲。因君筆墨多新語，滿路雲山得美名。才業未堪高卧顯，篇章自欲以文鳴。歸時正是春風好，擁彗應教取次行。

哀秦金部

少年書卷是生涯，白屋清朝自起家。數上封章思有補，一生悃愊静無華。初瞻玉節星軺下，俄見銘旌粉篆斜。天理冥冥誰可度，但傷零落掩淮沙。

王夫人輓詞

家聲昔冠秦中望，婦學今傳潁上風。百歲流光方過半，新春逝水忽馳東。丹山鳳泣歸巢冷，寒月烏啼反哺空。他日拂絃悲舊曲，應將哀恨寄孤桐。

鬱鬱佳城潁水涯，素旐今見出重扉。不逢玉鼎仙丹轉，忍見春風畫翣歸。馬鬣起封占鶴表，錦書賜邑得烏衣。須知千古芳魂在，漠漠孤雲嶺上飛。

弔朱給事

筮仕西州佐邑時，高才不厭簿書卑。清修與衆初難合，真節當朝晚始知。諫苑塵埃多舊藁，佛宫粉繪有生祠。與君家世重重契，祖奠靈車涕滿頤。

棣華齋

真長世譽賢兄弟，棠棣名齋爲學詩。華夏何妨因舊址，春風不老是仙枝。攀條漸見傳芳遠，和氣先從近本知。顧我彫零長弔影，感今徒益鬢如絲。

託人求田

緑遶隨城滈水流，百年那免問菟裘。泉甘易汲能蠲疾，土沃翻耕每報秋。欲託高人論地券，共期他日老漁舟。歸身未到心先到，得此餘無一事求。

殘編

殘編斷簡事寥寥，購輯成書匪一朝。韋述投山藏舊史，肩吾去國失宫謠。須知孔壁遺文在，豈逐秦燔烈焰銷。博學多聞予所仰，喜君攜笈過衡茅。

青布道人

逸意閒雲野鶴孤，藥苗山葉綴衣裾。新蒸石卵將留飯，戲酌銅盤便得魚。療疾但分庵畔草，吐言不出世間書。五年密密求真訣，始露三元御氣車。

道士李得柔行太乙法曾傳御容

處世能求出世心，石壇深夜禮星辰。遍遊五岳求真訣，獨向三清有主人。妙筆曾開天日曉，懸壺常鎖洞山春。不知何事飛符動，又見荒林聚鬼神。

予昔爲河東漕屬吏部郎中呂得和出總漕計與予情均兄弟後開府荆渚惠書有人生難得相知之語予後官守鎮京兆聞呂之訃因發篋得舊詩感而作此

三年發篋墨猶新，蹤跡雖疎意更親。雲霧渚宮迷遠夢，兵戈青海困飛塵。自注：時方收青唐。飄零劍外參謀客，自注：杜甫爲劍外參謀，送韋班詩云：飄零爲客久，衰老羨君還。愴惻山陽感舊人。自注：向秀思舊賦：濟黄河以泛舟兮，經山陽之舊居。顔延年作向常侍詩：流連河東遊，愴惻山陽賦。今古交情如覆水，爲君涕淚灑新春。

李毅師載出塞歸熟食日邀客湖上有詩求和遂用其韵

新知劍外朱兼阮，舊侶江邊白與張。去國杜翁爲客久，傳詩韓老遇春忙。一年喜競清明日，千里歸從戰伐場。山寺雪消雲已暖，湖亭冰盡水生光。半生幾見逢三雅，此舉無辭略〔一〕百觴。莫負高名興苦歎，静中閲盡喜難忘。

〔一〕「略」：文津閣本作「醉」。

五言絶句

宿興德寺

東峰霽月出，林叢寒露明。夜久風漸息，深院無人聲。

七言絶句

登後峽寨北山

薄落山前菊未開，鬱孤水畔獨登臺。明朝匹馬衝霜去，直到鳴沙北始回。

予往來秦隴間不啻十數年時聞下里之歌遠近相繼和高下掩抑所謂其聲嗚嗚也皆含思宛轉而有餘意其辭甚陋因其調寫道路所聞見猶昔人竹枝紇羅之曲以補秦之樂府云

柔桑葉菀暗東岡，山下亂石如羣羊。舊沙漸高行路斷，馬蹄踏散飛星光。

繅絲宛轉聽車聲，車聲忽斷心暗驚。舊機虛張未滿幅，新絲更短織不成。

東來健兒身手長，不隨伍籍習弓鎗。何須官廪請租税，白晝衣食出道傍。

短衫窄袖上馬輕，空手常喜煙塵行。論功何須問弓劍，自有主將知姓名。
牛車欲住更催行，官要刻日到新城。軍有嚴期各努力，秋田無種何須耕。
蕃兵入市争賣田，漢人要田蕃無錢。有田賣盡走蕃去，却引生羌來寇邊。
白羌紛紛急攻城，羌酋却走殺漢民。漢民當前死不惜，甌脱更有殺來人。
隴山連峰入無際，天晝封疆限華裔。如何谽谺忽中裂，西通風來動邊氣。
鳴鳳山西五里坂，未渡汧河山漸淺。東來行人漸長嘆，已覺秦川不在眼。
垂白東西幾田父，林間偶坐忘巾屨。共説乾餱付遠人，六月長丁猶築戍。

予幼侍先人作邑夏陽元豐五年來攝是邑過瀵泉題其亭壁

井邑依然舊物華，行穿溪樹踏溪沙。路傍故老遥驚認，十七年前縣令家。

再授雲臺觀過華陰題此

脱身西去度函關，踏雪重過阿對泉。又作蓮花峰上客，祥飆高御紫虚天。

過方山驛

驚塵拂面三千里，走馬東西不識春。忽見長堤新柳色，一時聊慰倦行人。

飛泉

銀河一道下天來，蒼壁衝雲萬仞開。白浪駕風千石轉，四時不斷響驚雷。

卧龍院

杲日珠光照舊都，試從鷄足躡蓮趺。横身何用論明暗，果是能揮寶劍無。

留題北禪院

偶到叢林訪可休，南山依舊滿晴樓。垂釣漫有深潭興，遍滿乾坤是即收。

隴州神泉鋪後池

山腰緑映女郎祠，祠下泉通竹下池。時有游魚自來去，祇應曾見理釣絲。

題甘茂祠

奮身孤旅相秦王，欲去憂讒諭樂羊。不有私金助公賞，可能明日拔宜陽。

王導

鄒人羞比管夷吾，可復中原盡羯胡。郊壘連雲困衣食，縱高練布得充無。

曹參廟

百戰皆收第一功，幾回旁嘆泣良弓。白頭始識人間事，歸向東州問蓋公。

王翦

少李輕兵去不回，荆人勝氣鼓如雷。將軍料敵元非怯，能使君王促駕來。

孟嘉

不將得失供談笑，此語宜爲盛德人。千里同風皆默契，褚裒故識坐中身。

陶淵明

接輿歌鳳溺沮耕，獨往何堪與世親。投紱歸來眠北牖，高風自是葛天民。

二月五日柳溪遇風

狂風擺撼未肯休，直須枯枿生新柔。老松倚雲不關意，開落曾閱幾春秋。

秋庭夜閒步

高秋夜氣聲驚竹，寒月徘徊影趁人。此境靜觀如啖蔗，後來細嚼味尤真。

答安陽叔兩絶集唐人句

春風吹園雜花開，漸老逢春能幾回。不嫌野外無供給，一杯一杯復一杯。
兩人對酌山花開，青天露坐始此回。嗟我與君皆老矣，且盡尊前有限杯。

謁詩僧慧益不遇

晝公昔在雲門寺，曾笑陳丘久不歸。草坐麻衣今不見，獨來林下釣寒磯。自注：唐僧靈徹寄陳丘二侍郎詩云：身老心閑無外事，麻衣草坐亦容身。相逢盡道休官去，林下何曾見一人。

和崔珙望子嶺觀梅

高枝踈淡小花頭，開向殘春破客愁。點墨空山慰寒晚，却如何遜在揚州。

崔珙推官話王園再如昔年爲梅下之會并示絶句和來韵

王家梅樹春常早，露坐曾侵月影來。聞道去年還得意，新花還似舊時開。

閻先復朝議園牡丹一本四月始開予與李成季同往觀閻求詩遂書絶句於其壁

淺蘂凡葩不自持，紛紛競鬬早春時。高情獨負無人識，落盡羣花晚始知。

戲書德公軒後桃花

百葉仙桃倚故臺，劉郎去後幾時栽。紅塵拂面人來看，只有靈雲放眼開。
花發雙林七寶臺，出門是草不須栽。東風一夜都收去，爲問仙桃甚處開。

和張總管菊

雲裏霓裳閑儼雅，霜前黄鵠獨軒昂。不從春意裝褫巧，却被秋風漏泄香。
開落紛紛不自知，春秋莫較後先期。清霜滿地凋零急，正是黄花得意時。

和吕吏部觀延慶院李唐畫山水

道人曾去禮清凉，幻出臺山翠壁光。聞説幻師能幻幻，煙雲草樹攝他方。
遊戲仙人出道場，寶山珠樹發神光。坐間舉手分天界，移入毗耶一室方。

深蒨雲嵐遠意蒼，賓伽猶帶海波光。須知應感神通力，舉步相隨遍十方。

題畫馬圖

龍種天駒産渥洼，五雲毛色散成花。瑤池一去無消息，只許丹青紙上誇。

題嚴賢良東山集

謝公高志渺浮雲，對弈從容静世紛。坐客偶然談小草，無言徒愧郝參軍。

項城主簿趙岍求書惹雲亭爲系二絶

東西飄忽本無心，留礙危簷便不禁。向晚前山風力薄，等閒相引作輕陰。

白雲曾與閒人約，爲怪貪忙久不來。飛過孤亭訪消息，也還遮莫未能回。

和人觀木戲

百尺高竿巧捷身，竿頭立定鬭尖新。更呈失脚翻身様，平地旁觀亦損神。

書潏水集後

長安李履中，世以儒業稱。未冠取國學解，自以年少，十年不試於禮部，刻苦於學。元豐二年始於時邦美牓，登進士第。公既博極羣書，士大夫皆勉就制舉。公謂仕途捷徑，知義守分者不與焉可也。遺書彭元發，往復論難，終不易其操。及從仕干禄，不以貧爲身謀。當是時，朝廷方欲經理靈夏，時宰誘公以侍從，而薦於上，公毅然不就對，故作兵餽行。有「不知何人畫此計，徒困生靈甚非策」之句。後涇原路乞造戰艦五百艘，姚麟乞造戰車三百輛，公時爲熙河漕，被旨專監。昕奏以謂實同兒戲，辨數利害，力詆其非是。上察知其言忠，遂罷其役。其爲王翦將軍廟記云：「自昔凡有深謀遠慮老成審的者，於天下事不肯輕動。新進後生不思遠圖，易其事，其不敗者鮮矣。」蓋譏生事於西戎者。公以通儒喜論事而每執正議，不爲勢利之所移奪。居官行己，咸取則於六經，而尤邃於易。至於星曆、五行、小說百家，罔不研精求是。故時輩多質疑問難，當代名士如張芸叟、李成季、王子發、先伯祖穆父皆文字詩友也。予嘗謂古之學者本志於道，而後世假以爲利民之資，其不爲利動者曾無幾何。孔子曰：「古之學者爲己，今之學者爲人。」至若履中亦可以追配古之君子矣。其孫龜年、龜朋出遺集四十卷。予熟讀其文，想見其風采，姑摭其大槩而志之。公諱復，以字行關中。關中稱名儒者必曰履中也。官至中大夫集英殿修撰，其行事之詳備見于史譜。云乾道癸巳歲閏正月辛丑吴越錢端禮書

象祖嘗讀樂靜先生詩云：「結交賴有紫髯翁，鶴骨嶄嶄爛修目。五言長城屹千丈，萬卷書樓聊一讀。」蓋言潏水先生也。曩先祖觀文，見先生之集，嘗摭其大槩而志之，又爲之說曰：予讀歐陽文忠公集古録，見由漢唐以來士之有德行、文章、功名、事業載於金石，不見於傳記，不可勝言。後世泯絶無聞者多矣。豈真無聞耶？蓋繫乎幸不幸也。如潏水先生其學術淵源，其文章爾雅，其議論醇正，烏可以不傳於世？昔揚子雲作太玄，嚴尤謂桓譚曰：子嘗稱揚雄書豈能傳於後世乎？譚曰：必傳，顧君與譚不及見也。後四十餘年，法言大行，則信知天下自有公論，傳不傳時有隱顯爾。先祖帥會稽時，欲刋先生之集，期以行遠，未幾，奉祠

歸，不克就。象祖今於上饒郡齋刊之，從先志也。淳熙癸卯十月既望，郡守錢象祖書題潏水集後。

潏水先生道可宗，清詩華藻亦云工，欲知派別從何出，具載邦君大集中。徐衡仲。

後跋

宋李履中潏水集，舊傳四十卷，一刻於信州，再刻於廣州，明以來未見傳本。關中學者並其姓氏，久佚之矣。乾隆時修四庫書始輯十六卷，今海内偶有存者，皆四庫抄本也。錢大昕氏養新録云：「嘉慶壬戌訪佺山大令於雉城官舍，架上偶得此書。學有本原，非蹈空逞辨者可比，而宋史不爲立傳，其事跡遂無可考。今据集中可見者言之。元豐二年，登進士第，五年攝夏陽令。嘗爲耀州教授，知潞州，遷熙河轉運使，改知鄭、陳、冀三州，遷河東轉運副使，刑部侍郎官奉祠，知夔州，再任提點雲臺觀，終於集賢殿修撰。據集中文，履中當生於壬辰而賀皇太子登寶位表靖康丙午歲，其壽已七十有五，不知終於何年也。」履中生年略具於此，惟錢氏不言集刊何處，疑即四庫抄本也。履中學問精密，言皆有物。四庫提要備言之，今考其論易各篇，發明象數，不蹈當時道家先後天之談。言禮樂、郊社、製度、律呂，力祛漢魏沿襲之糟粕，言天文曆法詳明，推步於當時。沈氏存中實可抗衡，不僅悉邊情、工文辭已也。宋代朴學如履中者，信未可一二數也。今歲由王幼農君就金陵圖書館抄寫副本寄陝。卷首有危太樸序。似又得之廣州刊本，而脱十餘字，今仍之。原本卷首無目録，今依次補入，裨便檢閲。校印既畢，編入關隴叢書内，記其緣起云。壬戌五月張鵬一跋。

補遺

上限田劄子

臣竊見兼并强侈，使小民不得安於朝廷愛養仁厚之政者，無甚於今日。蓋小民無知，非惟但見目前小利，又多不給。豪猾高貲多張術以網羅之，率餌其毒，良田舊業浸併而盡。且如一村，昔有數十家，爲其兼并，止有三五家，又流而旁侵别村，若火始炎，勢熾未已。是平日數十家盡歸一家，心猶未滿，又有占田，已是中人百餘家之産者。夫强者鳴鐘於堂、列鼎於庭，役保常民千百其指，州縣之勢隨其低昂，弱者日浸以削，歲有不登則有轉徙流散之憂，此不可不慮也。著令雖有限田之法，未嘗推行，其法亦踈而未盡。臣願詔有司重爲講究，使之詳密，别爲立法，官户百姓各爲裁抑，不敢侵凴貧弱，以廣聖朝之仁政。〔一〕

謹權量奏

臣聞王者齊天下之不一必以法，而律度量衡乃其法也。先王巡守所至必參考焉，防其敗法，異政殊俗所自而起。故孔子曰：「謹權量，審法度，四方之政行焉。」古者幅帛不中度不鬻於市，斛龠不中量不列於市，破律改作皆有誅，其法嚴而

〔一〕 見歷代名臣奏議卷一一二。

不敢少弛，所以無有不一，而天下平治也。臣竊知今南方之權衡，北地之斛量，比之中州十增二三，雖中州民間亦多用私造倉庫，增損官器，出納作弊。諸處客商所賫物帛來陝西，紗絹輕者不及三四兩，長不及二丈八尺，闊不及一尺五寸，其他物帛盡類此。又多濫以粉藥，非以欺罔愚弱，以取高價，而與官吏交結，平賣入官，將充衣賜。於春秋給散，軍兵不肯請領，屢曾起事，專吏售之，換易官物，亦累敗露。其弊遍於陝西，近年尤甚，縱而不治，極於人情不便。恭惟陛下智高神禹，而權衡度量頒於天下，奸弊僞濫不法，盡合屏絶。今乞下有司立法，應逐色物帛各立定長闊輕重，粉藥僞濫皆嚴立法禁，許爲告賞。其舊日短狹織具並令納官毀除，見在不中度幅帛，並令送官量支其價，官收以備賞給。如有違犯，物皆没官，使守陛下之法，以絶天下之弊。〔二〕

論刑法劄子

臣聞上有道揆，下有法守。道揆在上，朝廷之事也；法守在下，有司州縣之事也。今之更改條法令式，道揆法守具在是矣。夫條法所立，刑賞何爲而然哉？蓋本之於禮義也。禮義之當否，豈在下之可專，朝廷揆之而已。朝廷揆之，然後著之爲法，頒之天下，遵而行之，敢有違者，乃犯禮畔義而必有罪也。所謂禮義，豈常人所能知哉！必博通古今，深於經術，識其理之所歸，乃可與議。臣竊見修勑局前後所差官，多以明法入仕，或曾試斷案，或曾任刑法職事之人。此等只是曾學舊條，與諸處法吏無異，安知禮義予奪？若任而修立條法，頒而行之，即便是勑，豈足施行？臣欲乞應有更改及有創立，並逐事上朝廷，具聲説所以立法之意，朝廷揆其當否，使中於理，然後俾條而修之，可以成忠厚之政，而流愷悌之風，不勝幸

〔二〕 見歷代名臣奏議卷二一三。

甚。〔一〕

論孟子對齊宣王

問：「好貨好色，孟子何以對齊宣王？」曰：「齊宣之言，有强拒孟子之意。孟子遜以入之，欲漸引而趨善也。其對今樂猶古樂，又及樂之本矣。」〔二〕

釋孟子「浩然之氣」

動必由理，故仰不愧於天，俯不怍於人，無憂無懼，其氣豈不充乎？故曰是集義所生者。捨是則明有人非，幽有鬼責，自歉於中，氣爲之喪矣，故曰無是餒也。〔三〕

濇水遺説

小雅雖言政猶有風之體，大雅之正，幾於頌矣。

〔一〕見歷代名臣奏議卷二一三。
〔二〕見永樂大典卷六五五八。
〔三〕朱熹：晦庵集卷七十一偶讀謾記。

臬氏爲量，鄭玄以方尺積千寸，此乃九章米粟法。某家舊有一銅敦乃周成王時物。甘人侵扈，命正人出師，復扈邦賜有功師氏而數亦皆備。

孔子世家欲尊大聖人而反小之，其所以稱夫子者，識會稽之骨，辨墳羊之怪，道楛矢之異，測桓魋之灾，斯以爲聖而已矣，何其陋也。〔一〕

〔一〕　見王梓材、馮雲濠撰宋元學案補遺。

附録一　史傳所載有關李復的研究資料

直齋書録解題卷十七

潏水集四十卷

集英殿修撰長安李復履中撰，元豐三年進士，博學有氣節。其爲熙河漕，有旨造戰艦、戰車，復奏斥議者之謬妄，以爲兒戲，遂罷其役。時論韙之。案文獻通考作二年。

文獻通考卷二百三十七

潏水集四十卷

陳氏曰：集英殿修撰，長安李復履中撰。元豐二年進士，博學有氣節，其爲熙河漕，有旨造戰艦、戰車，復奏議者之謬，以爲兒戲，遂罷其議，時論韙之。

遂初堂書目

李履中潏水集

晦庵集卷六十

答王南卿

長沙除命，深感上恩。但老病衰懶，昏塞廢忘，恐不能堪一道之寄。而再辭不獲，上語丁寧，伏讀皇恐，遽欲起拜，而鄙意尚有少疑，又苦足疾，未容拜受，遂且宿留。更須旬日，可決去就。萬一可往，不知老兄能一乘興相過否？所欲扣者千條萬端，非面不能究，但恐不成行，即此會又未可知耳〔二〕。

承〔三〕所改後語甚佳，但恐金人立嘉勒氏後一節恐不足深辨耳。彼於我爲外臣，而反連夏寇以爲邊患，則我之討伐自爲義舉。彼於金人非相吞之國，則金人立之以樹黨，在彼不失爲遠交近攻之計，而外假存亡繼絶之名，又足以使之怨我而德彼，亦其狡計之過人也，豈足爲義舉哉？且嘉勒斯賚既有罪，則當時討其所立之子自不爲過，正不必以討其叛孫自解。雖或金人能立斯賚所立之後，亦未足以愧我而爲賢也。又謂因進陣法，而或以咎荆公，亦不記是誰説。然此事只合論其取之是非，而其瑣細皆不足較。若果是矣，則雖進陣法，亦何不可之有耶？又云今爲荆公之累，恐此句亦未甚穩。不知盛意是謂我累彼耶，彼累我耶？若我累彼，則此語可用，而非所爲立説之意。不然，則恐當改之爲安。或云今以荆公爲累，語意似覺深厚也。妄論如此，目昏不見字，潦草勿怪，而并詳之，幸甚幸甚。陣法印本，有便求數册。

信州有潏水集印本，乃長安人李復之文，記董氈非嘉勒斯賚之子，乃盗斯賚之妻而竊其國，不知曾見之否？事冗不暇細看，更考之也。

〔二〕四庫本此處無「耳」字。
〔三〕四庫本此處無「承」字。

晦庵集卷七十一

偶讀謾記

閩中人李復，字履中，及識橫渠先生，紹聖間爲西邊使者。博記能文，今信州有潏水集者，即其文也。其間有論孟子養氣者，「動必由理，故仰不愧於天，俯不怍於人，無憂無懼，其氣豈不充乎？故曰是集義所生者。捨是則明有人非，幽有鬼責，自歉於中，氣爲之喪矣，故曰無是餒也。」此語雖疎，然却得其大旨。近世諸儒之論，多以過高而失之，甚者流於老莊而不知，不若此說之爲得也。惜其亂於詩文博雜之中，學者或不之讀，故表而出之。

晦庵集卷七十一

記潏水集二事

同州韓城縣北有安國嶺，東西四十餘里。東臨大河，瀕河有禹廟，在山斷河出處。禹鑿龍門，起於唐張仁愿所築東受降城之東，自北而南，至此山盡。兩岸石壁峭立，大河盤束於山硤間千數百里，至此山開岸闊，豁然奔放，怒氣噴風，聲如萬雷。廟像豕首而冕服。舊傳鯀入羽淵化爲黄熊，又云鯀爲玄能。熊首類豕，肖像以此。而廟乃稱禹，甚非也。然鄉人不敢以豕肉薦，必致神怒，大風發屋拔木，百里被害。

朱子語類卷五十二

信州刊李復潏水集有一段説浩然之氣，只是要仰不愧、俯不怍，便自然無怯懼。其言雖麄，却盡此章之意。前輩説得太高，如龜山爲某人作養浩堂記，都説從别處去閎祖。

西山讀書記卷四

李復潏水集有一段説浩然之氣，只是要「仰不愧、俯不怍，便自然無怯懼」。其言雖麄，却盡此章之意。

黄氏日抄卷三十五

閩人李復有潏水集，論孟子養氣，云「動必由理，故仰不愧、俯不怍，無憂無懼。」此書信州有本。

黄氏日抄卷三十五

記李復潏水集，云龍門禹廟像豕首而冕服。舊傳鯀入羽淵，化爲黄熊，而廟乃稱禹非也。先生謂其不考漢書，説啓母石處，注中言禹亦嘗變熊。

崇寧中，蔡京當國，欲洗邢恕誣謗宗廟之罪，既拔拭用之，又欲令立邊功以進身，於是以爲涇原經略使，遂謀用車戰法，及造舟五百艘，將直抵興靈，以空夏國。詔以付熙河漕臣李復。復長安人，久居兵間，習熟戎事，力上疏詆切之。予頃書之於國史恕列傳中。比得上饒所刊潏水集，正復所爲文，得此兩奏，歎其能以區區外官而排斥上相之客如此。恨史傳爲不詳盡，乃録於此。其乞罷造戰車疏云：「奉聖旨，令本司製造戰車三百兩。臣嘗覽載籍，古者師行，固嘗用車，蓋兵不妄動，征戰有禮，不爲詭遇，多在平原廣野，故車可以行。今盡在極邊，戎狄乘勢而來，雖鷙鳥飛翥，不如是之迅捷，下寨駐軍，各以保險爲利。其往也，車不及期，居而保險，車不能登；歸則虜多襲逐，爭先奔趨，不暇回顧，車安能收？非若古昔於中國爲用。臣聞此議，出於許彥圭，彥圭因姚麟而獻說，朝廷遂然之，不知彥圭劇爲輕妄。唐之房琯嘗用車戰，大敗于陳濤斜，十萬義軍，無有脱者。畿邑平地且如此，況今欲用於峻阪溝谷之間乎？又戰車比常車闊六七寸，運不合轍，牽拽不行。昨來兵夫，典賣衣物，自賃牛具，終日方進五七里，遂致兵夫逃亡，棄車於道，大爲諸路之患。今乞便行罷造，如別路已有造者，乞更不牽拽前來。」其乞罷造船奏云：「邢恕乞打造船五百隻，于黄河順流放下，至會州西小河内藏放。有旨專委臣監督，限一年了當契勘。本路只有船匠一人，須乞于荆、江、淮、浙和雇。又丁線物料，亦非本路所出。觀恕奏請，實是兒戲。且造船五百隻，若自今工料並備，亦須數年。自蘭州駕放至會州，約三百里，北岸是敵境，豈可容易？會州之西，小河鹹水，其闊不及一丈，深止於一二尺，豈能藏船？黄河過會州入韋精山，石峽險窄，自上垂流直下，高數十尺，船豈可過？至西安州之東，大河分爲六七道，水淺灘磧，不勝舟載，一船所載，不過五馬二十人，雖到興州，又何能爲？又不知幾月得至？此聲若出，必爲夏國侮笑，臣未敢便依旨揮擘畫，恐虛費錢物，終誤大事。」疏既上，徽宗察其言忠，遂罷二役。復字履中，爲關內名儒，官至中大夫、集英殿修撰。李昭玘嘗贈詩云：「結交賴有紫髯翁，鶴骨嶄嶄爛修目。五言長城屹千丈，萬卷書樓聊一讀。」可知其人矣。

說郛卷十下

李履中潏水集

夷堅志　戊卷十

宋都相翁

長安李履中[復]，以元豐元年十月將適淮楚，維舟於宋都城下。旁有他舟，舟中一客如世俗道人者。李熟視之，見其面目光徹，目中白輪如十歲小兒，五色微碧。是時天晦微雪，水風甚寒，但披破布綿裘，草履不襪，膚體不起粟，神全氣充，越兩日不見飲食。疑其收陽内養而有所得也。呼問其舟人，云十餘年間三次來附載，顔色不改。唯蓄藥一大瓢，更無他物。遇泊舟則攜瓢入市，晚則醉歸，不知所貨何藥。但聞能知人過去未來事，無一語失，因此稱爲相翁。李遂召之，凡三召方至。與坐，問其姓，笑曰：「君問甚姓？」乃扣其攝生之法，再三，始言曰：「無用求人，無以與人，多花早落，天藏其明。」謂李請謹行之。旋飲以酒，稍欵熟，又詢其人倫之學，即曰：「載真神靈，可見鬼神；紙上糟粕，翳目枯精。君來年得官，銓選八年改官，預錢穀軍旅者二十五年，因論事得對爲郎官，又爲主計官。當權者遷怒，枉退閒十餘載。晚悟性命之理。」方客談話之次，時時囁嚅於口吻間，不可辨。李默測其有異於人，因告曰：「使予於性命之理脱然有悟，子或肯來訪。掃室共醉，以盡平生，豈不樂哉？」將行，請記其事，李亦酒酣，漫録以贈之。後不知再見與否。李果以次年時彦牓登第，所說升沉禍福多驗，官至中大夫集英殿修撰。

宋史卷二百八

李復潏水集四十卷

説學齋稿卷四

潏水集序

潏水集四十卷，宋中大夫集英殿修撰李公之文也。公諱復字履中，世家開封之祥符，其先人累官關右，遂爲京兆人。公年十有六取國學解，自以年少，十年不試禮部，方刻苦學問。元豐二年登進士第，不就制舉。宋用兵靈夏時，相誘公爲侍從，公毅然卻之。邊臣請造戰船、戰車，公則又力疏其非，役乃罷，其節概之粗見者若此。所壬辰蘊之大者，固未試也。參知政事觀文殿學士吳越錢忠肅公從公之孫竈年、竈朋得公文集，將刻而傳之，不果。錢公之孫左丞相成國公象祖，稱公學問淵源，文章爾雅，議論醇正。淳熙九年守信州乃刻於公庫，以成先志，今百七十年矣。素少讀夏書，建安蔡氏於禹貢，導河積石之下。引公數言，且謂公之學甚博，自是欲求公他文，久而弗得。比供奉翰林，始獲讀公全集，猶是賈丞相似道家本。廣信舒彬文質以書來言曰：吾郡所刻潏水集，僅存而多所脱落，彬遊京師，遂摹刻其書以來。彬又從儒學，假舊藏本補其闕以遺素，仍假翰林本校定。然彬與素皆貧，恨力不能完其版，姑序識之。使吾後之人知先正之文日就湮沒，其難致如此。彬之高誼詎可忘哉！公嘗謂漢唐之文，人皆竭其精思，自謂闊步一時，曾何所補？亦小技而已。其志必欲發道之奥，明理之隱，宜其文之可傳也。

宋元學案　修撰李潏水先生復

李復，字履中，長安人也。（雲濠案：先生世居開封祥符，以父官關右，遂爲長安人。朱子語録稱爲閩人，蓋傳寫之誤。）學者稱爲潏水先生。以進士累官中大夫、集英殿修撰。先生于呂、范諸子爲後輩，然猶及橫渠之門。紫髯修目，負奇氣，喜言兵事。于書無所不讀，亦工詩。崇寧中，邢恕爲涇原經略使，謀立邊功以洗誣謗宗廟之罪，因納許彦圭之説，請用車戰法及造舟五百艘，將直抵興、靈，以控夏國。時先生方爲熙河漕使，詔下委之，先生奏云：「奉聖旨，令本司製造戰車三百兩。臣嘗覽載籍，古者師行固嘗用車，蓋兵不妄動，征戰有禮，不爲詭遇，多在平原廣野，以車可行。今盡在極邊，戎狄乘勢而來，雖鷙鳥飛翥，不如是之迅。下寨駐軍，各以保險爲利。其往也，車不及期；居而保險，車不能登；歸則敵多襲逐，爭先奔趨，不暇回顧，安能收功？非若古時之可用也。臣聞此議出于許彦圭，彦圭因姚麟而獻説，朝廷遂然之，不知彦圭劇爲輕妄。唐之房琯嘗用車戰，大敗于陳濤斜，十萬義軍無有脱者。畿邑平地且如此，況今欲用于峻阪溝谷之間乎？又戰車比常車闊六七寸，運不合轍，牽拽不行。昨來兵夫典賣衣物，自賃牛具，終日方進五七里，遂致兵夫逃亡，棄車于道，大爲諸路之患。今乞便行罷造。如别路已有造者，乞更不牽拽前來。」又乞罷造船，奏云：「經略使乞打船五百隻，于黄河順流放下，至會州西小河内藏放。有旨專委臣監督，一年了當契勘。本路只有船匠一人，須乞于荆、江、淮、浙和雇，又釘線物料亦非本路所出。觀恕奏請，實是兒戲！且造船五百隻，若自今工料并備，亦須數年。自蘭州駕放至會州，約三百里，北岸是敵境，豈可容易！會州之西，小河鹹水，闊不及一丈，深止一二尺，豈能藏船？黄河過會州入韋精山，石峽險窄，自上垂流直下，高數十尺，船豈可過？至西安州之東，大河分爲六七道，水淺灘磧，不勝舟載，一船所載，不過五馬二十人，雖到興州，又何能爲？又不知幾月得至。此聲若出，必爲夏國侮笑。臣未敢便依指揮擘畫，恐虚費錢物，終誤大事。」疏上，徽宗感悟，罷之。已而卒以議邊事不合罷官。久之，金人犯關中，先生已老且病，高宗以舊德強起之，知秦州，空城無兵，卒死

于賊。（修）

祖望謹案：宋史不爲先生立傳。洪文敏公特載二疏于隨筆中，稱其忠鯁，然似未知先生之死事者。若知之，則宋史曾經文敏之手，不應但附見之邢恕傳中也。予讀樓宣獻公集，始得之。先生論孟子集義養氣之旨，謂：「動必由理，故仰不愧，俯不怍，無憂無懼而氣自充。捨是，則明有人非，幽有鬼責，自歉于中，氣爲喪矣，故曰『無是餒也』。」朱子稱其能得大旨。所著有潏水集，今無傳。予從三館中得見永樂大典，則先生之集在焉。（雲濠案：潏水集四十卷，乾道間刻于饒郡，即朱子所謂信州本。後多散佚，今存十六卷，其間有經解、易象、算術、五行、律呂及所上奏議、詩，則失傳久矣。）大喜，欲鈔之，而予罷官，遂不果。[一]

（梓材謹案：宋有兩李復，一即先生，一字信仲，見水心集。謝山答臨川親問云：「潏水是關中之李復，在元祐、紹聖時極稱博學，關中之有文名者也。信仲與之同名，時之相去則甚遠。」）

欽定四庫全書總目卷一百五十五

潏水集十六卷，宋李復撰。復字履中，先世家開封祥符，以其父官關右，遂爲長安人。登元豐二年進士，歷官熙河轉運使，終於中大夫集賢殿修撰。其事跡不見於宋史。洪邁容齋隨筆載其於蔡京邢恕謀用戰車、戰艦一事。上疏排詆甚爲切直，而恨史傳之不能詳盡。朱子語録亦曰：「閩人李復，及識永樂大典本案復非閩人，此句或傳寫之誤。紹聖間爲西邊使者。其氣博記能文，今信州有潏水集者即其文也。其間有論孟子養氣，謂『動必由理，故仰不愧於天，俯不怍於人，無憂無懼。其氣豈不充乎？捨是則明有人非，幽有鬼責，自歉於中，氣爲之喪矣。』此語雖疎，却得其大旨。近世諸儒之論，多似過高，流於

[一] 黄宗羲、全祖望：宋元學案呂范諸儒學案，北京：中華書局。一九八六年。

老、莊而不知，不若此説之爲得也。」今觀是集，如謂揚雄不知道，謂井田兵制不可遽言復古，皆確然中理，其他持論亦皆醇正，不止朱子所稱一條。又久居兵間，嫻習戎事，故所上奏議大都侃侃建白，深中時弊。亦不止洪邁所稱二疏。至其考證今古，貫穿博洽，於易象、算術、五行、律吕之學，無不剖晰精微，具有本末，尤非空談者所可及。在宋儒之中，可謂有體有用者矣。集本四十卷，乾道間嘗刻於饒郡，即朱子所謂信州本也。後散佚無存，談宋文者多不能舉其名氏，今從永樂大典裒輯編綴，釐爲一十六卷，著之於録。既以發潛德之光，且以補史傳之闕略焉。

四庫全書總目提要

潏水集十六卷（永樂大典本），宋李復撰。復字履中。先世家開封祥符，以其父官關右，遂爲長安人。登元豐二年進士。歷官熙河轉運使，終於中大夫集賢殿修撰。其事跡不見於宋史。洪邁容齋隨筆載其於蔡京、邢恕謀用戰車、戰艦一事，上疏排詆，甚爲切直。而恨史傳之不能詳盡。朱子語録亦曰：「閩人李復案，復非閩人，此句或傳寫之誤。及識横渠先生。紹聖間爲西邊使者，博記能文。今信州有潏水集者，即其文也。其間有論孟子養氣，謂『動必由理，故仰不愧於天，俯不怍於人。無憂無懼，其氣豈不充乎！捨是則明有人非，幽有鬼責，自歉於中，氣爲之喪矣』。此語雖疏，卻得其大旨。近世諸儒之論，多似過高，流於老、莊而不知，不若此説之爲得也。」今觀是集，如謂揚雄不知道，謂井田兵制不可遽言復古，皆確然中理。其他持論，亦皆醇正，不止朱子所稱一條。又久居兵間，嫻習戎事，故所上奏議，大都侃侃建白，深中時弊，亦不止洪邁所稱二疏。至其考證今古，貫穿博洽，於易象、算術、五行、律吕之學，無不剖晰精微，具有本末，尤非空談者所可及。在宋儒之中，可謂有體有用者矣。集本四十卷，乾道間嘗刻於饒郡，即朱子所謂信州本也。後散佚無存，談宋文者多不能舉其名氏。今從永樂大典裒輯編綴，爲一十六卷，著之於録。既以發潛德之幽光，且以補史傳之闕略焉。

四庫全書簡明目録　欽定四庫全書簡明目録卷十五

潏水集十六卷

宋李復撰，原本久佚。今從永樂大典録出其文，醇正而通達，如論揚雄不知道，識在北宋諸儒上。論井田兵制不可復古，識尤在南宋諸儒上。其餘奏議亦多，指陳利弊，不失爲有用之言。

四庫全書考證　欽定四庫全書考證卷七十九

潏水集卷一乞罷造戰車。按崇寧中蔡京當國，用邢恕爲涇原經略使，謀用戰車，及造舟五百艘，詔付李復造作，復上疏切詆之，徽宗從其言，遂止。見宋史邢恕傳，此其二疏也。

卷二賀安九鼎表，按宋會要，崇寧三年二月，用隱士魏漢津言，鑄九鼎。四年三月告成，八月奉安于九成宫。帝親幸酌獻，九月朔百官稱賀，此其賀表也。

卷六遊歸仁園記，按洛陽名園記：河南城五十餘里，中多大園池，而歸仁園爲冠。乃唐丞相牛僧孺所築，書郢州孟亭壁，柳色半春天，原本春訛周，据孟浩然集改。

卷十三雲巖，按雲巖所在多有，復所詠乃在四川銅梁縣也，宋李復撰。

十駕齋養新録卷十四

潏水集

嘉慶壬午重陽後三日，訪佺山大令於雉城官署，信宿東齋，於架上得此集。批閱再三，歎其學有本原，非蹈空逞辯者可比。而宋史不爲列傳，其事跡遂無考，今據集中所見者略言之。蓋以元豐二年登進士，歸里，五年攝夏陽令，又嘗爲耀州教授，元祐紹聖間官於潞州。元符二年，以朝散郎管勾熙河路經略安撫司機宜文字。熙寧初，累遷直秘閣熙河轉運使。三年，改知鄭州，又改陳州，四年移冀州。其秋除河東轉運副使，其後嘗爲刑部郎官奉祠。又嘗知夔州。再任提點雲臺觀。終於集賢殿修撰。其撰范恭人墓誌云：「熙寧二年，予生十八。」計其生年當在壬辰，而集中又有賀皇太子等寶位表，則靖康丙午歲履中尚無恙。其壽已七十有五，不知終於何年也。履中家于長安而自題趙郡，蓋舉郡望而言。又或自題東蒙，則未詳其故矣。〔一〕

宋元學案補遺　修撰李先生復

梓材僅案：樓攻媿序靜齋迂論言：先生及與横渠、浮休諸公遊，所著潏水集。四庫書目提要云：是集如謂揚雄不知道，謂井田兵制不可遽言復古，皆確然中理，其他持論亦皆醇正，不止朱子所稱論孟子養氣一條；又久居兵間，嫻習戎事，故所上奏議大都侃侃建白，深中時弊，亦不止洪邁容齋隨筆所稱排詆邢恕諫用戰車、戰艦二疏。至其考證今古，貫穿博

〔一〕錢大昕：十駕齋養新録，上海：上海書店，一九八三年，第三三九—三四〇頁。

洽，於易象術五行律呂之學，無不剖析精微，具有本末，在宋儒中可謂有體有用者也。

灊水遺說

小雅雖言政猶有風之體，大雅之正，幾於頌矣。

臯氏爲量，鄭玄以方尺積千寸，此乃九章米粟法。某家舊有一銅敦，乃周成王時物。甘人侵扈，命正人出師，復扈邦賜有功師氏而數亦皆備。

孔子世家欲尊大聖人而反小之，其所以稱夫子者，識會稽之骨，辨墳羊之怪，道楛矢之異，測桓靈之災，斯以爲聖而已矣，何其陋也。

梓材僅案：深寧困學紀聞考史引灊水李氏說如此。謝山三箋云：灊水原本作淇水。按淇水乃李侍郎清臣有集。其年輩稍前於灊水。灊水則復也。閻氏改「淇」爲「灊」，殆以是書引灊水爲多耳。

同州韓城縣北有安國嶺，東西四十餘里，東臨大河，瀕河有禹廟，在山斷河出處，禹鑿龍門，起於唐張仁愿所築東受降城之東，自北而南，至此山開岸闊，豁然奔放，怒氣噴風，聲如万雷，廟像豕首而冕服。舊傳鯀入羽淵化爲黃熊。又云：鯀爲玄熊，首類豕，肖像以此而廟乃稱禹非也。然鄉人不敢以豕肉薦，必致神怒，大風發屋拔木，百里被害。

朱子曰：舊說禹鑿龍門而不詳，言其所以鑿誦說相傳。但謂因舊修闕去，其齟齬以伏水勢而已。今詳此說，則謂受降以東至於龍門，皆是禹所新鑿。若果如此，則禹未鑿時，河之故道不知卻在何處。而李氏此說又何所考也。李氏之學極博，所論禹像豕首，自不足怪也。[二]

梓材案：朱子文集記灊水集二事，其一記而辨之如此，其一即因邢恕之奏打造船五百隻，於黃河順流放下，至會州西小河內藏住而灊水奏其不然已。先生本傳朱子辨之曰：禹貢所言雍州貢賦之路，亦日浮於積石至於龍門西河，會於渭納

[二] 王梓材、馮雲濠：宋元學案補遺卷三十二，四明叢書之約園刊本。

則古來此處河道固通舟楫，如恕策矣。復之言乃如此，何也？

四庫簡明目録標注

潏水集十六卷，宋李復撰，原本久佚，今從永樂大典録出。録有鈔本。

【續録】潏水集本四十卷，宋乾道間嘗刊於饒郡，即朱子所謂信州本也。明刊本。八千卷樓傳鈔閣本。〔一〕

四庫提要辨證　別集類八總目卷一百五十五

潏水集十六卷

宋李復撰。復字履中。先世家開封祥符，以其父官關右，遂爲長安人。登元豐二年進士。歷官熙河轉運使，終於中大夫、集賢殿修撰。其事跡不見于宋史。洪邁容齋隨筆載其於蔡京、邢恕謀用戰車戰艦一事，上書排詆甚爲切直，而恨史傳之不能詳盡。

嘉錫案：洪邁記李復二事，見容齋隨筆卷六，提要所叙復事，即据邁所記，參之以本集，然特其大略而已。錢大昕養新録卷十四云：「嘉慶壬戌重陽後三日，訪佺山大令於雉城官署。」

竹汀年譜云：「嘉慶七年壬戌九月，至長興。」案長興縣北有雉山，唐初嘗置雉州。信宿東齋，於架上得此集，歎其學有本原，非蹈空逞辯者可比，而宋史不爲立傳，其事跡遂無可考。今據集中可見者略言之，蓋以元豐二年登進士歸里。五

〔一〕邵懿辰著，邵章補續：增訂四庫全書簡明目録標注，上海：上海古籍出版社，一九七九年，第七一一—七一二頁。

年，攝夏陽令，又嘗爲耀州教授。元祐、紹聖間，官於潞洲。元符二年，以朝散郎管勾熙河路經略安撫司機宜文字。崇寧初，累遷直秘閣，熙河轉運使。三年，改知鄭州，又改陳州。四年，移冀州，其秋，除河東轉運副使。其後曾爲刑部郎官奉祠，又嘗知夔州，再任提點雲臺觀，終集賢殿修撰。其撰范恭人墓誌云：「熙寧二年，予生十八。」計其生年，當在壬辰。履案壬辰爲仁宗皇祐四年。而集中又有賀皇子登寶位表，則靖康丙午歲履中尚無恙，其壽已七十有五，不知終於何年也。履中家於長安，而自題趙郡，蓋舉郡望而言；又或自題東蒙，則未詳其故矣。」錢氏之說，視提要加詳，然其所據，亦無出於本集之外者，故不能知其所終。考樓鑰玫瑰集卷五十二靜齋迂論序云：

李君才翁自號。才翁家長安，大父及與橫渠、浮休諸公游，號潏水先生，文集行于世。多入陝西戎幕，曉暢邊事，腐夫握兵，以抗議不合，坐廢歲久。賊犯關中，賊字當原作金虜，蓋殿本以忌諱刪改。年高且病，乃以爲舊德知兵，強起以守秦州空城，卒死於賊。此志士仁人之所痛也。其家避地，深入嶠南，父又卒于瘴鄉，禍患何可堪耶！」方回桐江集卷三讀潏水集跋曰：「長安李復，有潏水集刊於信州，晦翁屢稱之。予近得其集，論車戰及邢恕造舟黃河事。說易尤多可取，未詳知其出處也。及讀樓玫瑰集，謂潏水先生多入陝西戎幕，腐夫握兵，以抗論不合坐廢，則必忤童貫也。金虜犯關中，虜犯二字原闕，據皕宋樓藏書志卷七十八引補。年高且病，乃以舊德知兵，強起以守秦州，卒死於賊，則必靖康時也。有孫龜朋，字才翁，爲參政錢端禮之館客，端禮孫象祖之師，嘗魁流寓不仕，有迂論傳於世，居台州。」樓鑰言腐夫握兵，腐夫者，閹人也，出後漢書・陳藩傳論。論曰：若陳藩之徒，與刑人腐夫同朝爭衡。崇寧四年正月，以童貫爲蘭湟秦鳳路經略安撫制置使，見宋史・徽宗紀。是爲貫握兵權之始。是年之秋，李復爲河東轉運副使，其後遂罷職奉祠。方回以復之抗論坐廢爲忤童貫，蓋是也；至謂復之死於秦州爲靖康時事，則大誤。

朱子語録亦曰：「閩人李復案復非閩人，此句或傳寫之誤。及識橫渠先生。紹聖間爲西邊使者，博記能文。今信州有潏水集者，即其文也。其間有論孟子養氣，謂『動必由理，故仰不愧於天，俯不怍於人。無憂無懼，其氣豈不充乎！捨是則明有人非，幽有鬼責，自歉於中，氣爲之喪矣』。此語雖疏，却得其大旨。近世諸儒之論，多似過高，流於老、莊而不知，不若此說之爲得也。」今觀是集，如謂揚雄不知道，謂井田兵制不可遽言復古，皆確然中理。其他持論，亦皆醇正，不止朱子所稱一條。又久居兵間，嫻習戎事，故所上奏議，大都侃侃建白，深中時弊，亦不止洪邁所稱二疏。至其考證今古，貫穿博洽，於易象、算術、五行、律吕之學無不剖晰精微，具有本末，尤非空談者所可及。在宋儒之中，可謂有體有用者矣。集本四十卷，乾道間嘗刻於饒郡，即朱子所謂信州本也。後散佚無存，談宋文者多不能舉其名氏。今從永樂大典裒輯編綴，爲一十六卷，著之於録。既以發潛德之幽光，且以補史傳之闕略焉。

案集以淳熙中刻於信州，提要乃謂乾道間刻於饒郡，初以爲必是用洪邁之語，然容齋四筆作於慶元三年，亦非乾道間。其記李復二事，第言比得上饒所刊潏水集，不言爲何時，提要此語不知何據？歲初堂書目有李履中潏水集，書録解題卷十七作四十卷，宋史・藝文志不著於録。明危素説學齋集卷十潏水集序云：「潏水集四十卷，宋中大夫、集英殿修撰李公之文也。參知政事觀文殿學士吴越錢忠肅公，從公之孫黽年、黽朋得公文集，將刻而傳之，不果。錢公之孫左丞相、成國公象祖，稱公學問淵原，文章爾雅，議論醇正，淳熙九年守信州，乃刻於公庫以成先志，今百七十年矣。素供奉翰林，始獲讀公全集，猶是賈丞相似道家本。慶信舒彬文質以書來言曰：『吾郡所刻潏水集僅存，而多所脱落，彬游京師，遂摹刻其書以來。』案以上下文觀之，舒彬祇是摹印其書以贈素，未嘗別爲鐫版，而言摹刻其書以來，義不可通，疑有誤字。彬又從儒學假舊藏本，補其缺以遺素，仍假翰林本校定。然彬與素皆貧，恨力不能完其版，姑序識之，使吾後之人知先正之文日就湮沒，其難致如此，彬之高誼，詎可忘哉！」其題下紀年爲壬辰，乃元順帝至正十二年。然則宋淳熙間信州所刻之版，至元末猶存，尚可摹印，但已殘闕不完耳。明文淵閣書目卷九尚載有二部，一部四册全，一部五册全。內閣書目卷三亦云：「李潏水先生集五册全，宋神宗朝長安李復著，此以復爲元豐進士，故稱爲神宗朝。凡四十卷。」又潏水先生集殘闕一束。」其後不知何時亡佚，終明之世不聞有重刻之本，幸修大典時嘗採其文。全祖望曰：「予從三館中得見永樂大典，則先生之集在焉，大喜，欲抄之，而予罷官，遂不果。」見學案。至四庫館開，始得搜輯成書，誠可謂發乾德之幽光。惜乎未以聚珍版印行，

不得與同時昆陵、浮溪諸集並顯於世，猶缺典也。至近年，關隴叢書始爲刊行焉。〔二〕

宋人別集敍録

潏水集十六卷

李復，字履中，長安（今陝西西安）人。元豐二年（一〇七九）進士，官至中大夫、集英殿修撰，死於金兵。師事張載，於書無所不讀，尤工詩，學者稱潏水先生。其集蓋由子孫輯，乾道癸巳（九年，一一七三），錢端禮書潏水集後稱「其孫龜年、龜朋出遺集四十卷」云云。然至淳熙間方有刻本。淳熙癸卯（十年，一一八三），端禮孫象祖書潏水集後曰：「先祖帥會稽時，欲刊先生之集，期以行遠。未幾奉祠歸，不克就。象祖今於上饒（即信州）郡齋刊之，從先志也。」容齋四筆卷六稱「比得上饒所刊潏水集」，即其本。又陳氏解題卷一七所録，當亦爲上饒本：

> 潏水集四十卷，集英殿修撰長安李復履中撰。元豐二年進士，博學有氣節。其爲熙河漕，有旨造戰艦、戰車，後奏斥議者之繆妄，以爲兒戲。遂罷其役，時論韙之。

通考卷二三七同。

是集淳熙刊板後，似再未重刻。元至正十二年（一三五二），危素作潏水集序，謂翰林院有賈似道家藏本；又引舒彬語，稱「吾郡所刻潏水集僅存，而多所脫落」，且曰「後儒學假舊藏本」云云。雖危素感歎是書「難致」，然元季宋本猶傳，且儒學即可得。明文淵閣書目卷九著録二部，一部四册全，一部五册全。至內閣書目卷三著録時，僅一部全：「李潏水先生集，五册全……凡四十卷。又潏水先生集殘闕一束。」私家唯菉竹堂書目卷三著録五册。內閣及葉氏本後皆散佚，今傳乃

〔二〕余嘉錫：四庫提要辨證，北京：中華書局，一九八〇年，第一四〇五—一四〇九頁。

大典本。四庫提要曰：

集本四十卷，乾道間嘗刻於饒郡，即朱子所謂信州本也。後散佚無存，談宋文者多不能舉其名氏。今從永樂大典輯編綴，釐爲一十六卷，著之於録，既以發潛德之幽光，且以補史傳之缺略焉。

所謂「乾道間嘗刊於饒郡」，誤，刊集在淳熙中，余嘉錫四庫提要辯證卷二二已駁其非。四庫全書据大典本收録。今傳清鈔本及民國時鉛印關隴叢書本，皆由四庫本出。

【參考文獻】

錢端禮書潏水集後（影印文淵閣四庫全書本潏水集卷末）

錢象祖書潏水集後（同上）

方回讀潏水集跋（桐江集卷三）

危素摹印本潏水集序（説學齋集卷一〇）[二]

四庫輯本別集拾遺

李復： 潏水集十六卷

李復，字履中。開封（河南）人，後徙長安。宋元豐二年（一〇七九）進士。歷官熙河轉運使，終於中大夫集賢殿修撰。

四庫館臣自永樂大典輯潏水集十六卷。

現存永樂大典録：

[二] 祝尚書：宋人別集敘録上，中華書局，一九九九年版，第五五一—五五二頁。

李復詩【二條】　李復潏水文集【一條】

李復潏水集【十九條】

以上共二十二條【永樂大典卷五千三百四十五「潮」字韵，頁三十七下三陽志引「李復：府官續題名記」（影印本第五十九册），爲元人李復所作無疑，故不予收輯。】，校關隴叢書本潏水集十六卷，館臣漏輯者一條。

【失題】

問「好貨好色」，孟子何以對齊宣王？曰：「齊宣之言，有強拒孟子之意。孟子遂以入之，欲漸引而趨善也。其對今樂猶古樂，又及樂之本矣。」

【永樂大典卷六千五百五十八「梁」字韵，頁十三下引「李復潏水集」。（影印本第六十二册）】〔二〕

现存宋人别集版本目录

潏水集十六卷

清抄本

南京

清守經閣影抄文淵閣四庫全書本

四川

按：存六卷

〔二〕欒貴明輯：四庫輯本別集拾遺，中華書局，一九八三年第一版。

日本昭和四十二年據東京靜嘉堂文庫藏抄本影照

日本京都大學

四庫全書（抄本、影印本、縮印本）

按：陳録卷十七載李復潏水集四十卷。原本久佚，四庫館臣自永樂大典輯出，編爲十六卷。現存永樂大典録潏水集二十二條，校關隴叢書潏水集，館臣漏輯一條。漏輯者見四庫拾遺。

關隴叢書

按：民國十一年陝西文獻征輯處鉛印本。〔二〕

〔二〕四川大學古籍所：現存宋人別集版本目録，成都：巴蜀書社，一九九〇年，第一一八—一一九頁。

附録二　李復年譜

李復（一〇五二—一一二八）字履中，世稱潏水先生。原籍開封祥符縣（今河南開封），因其父累官關右，遂爲京兆（今陝西西安）人。張載門人。在張載歿後，李復持守關學，常被學術界認爲是「關學正傳」。

宋仁宗皇祐四年（一〇五二）一歲

據潏水集卷八李居士墓誌銘記載，熙寧二年（一〇六九）李復十八歲，故推知其生於是年。李復潏水集卷八李居士墓誌銘：「世家開封祥符縣，先人累官關右，遂居京兆，今爲京兆人。」潏水集卷八恭人范氏墓誌銘：「熙寧二年（一〇六九）予生十八年矣，來長安居。」元危素潏水集序：「公諱復，字履中。世家開封之祥符，其先人累官關右，遂爲京兆人。」（清）陸心源宋史翼卷八：「李復字履中，長安人也。案復世居開封祥符，以復關右遂爲長安人。朱子語録稱爲閩人，蓋傳寫之誤。學者稱爲潏水先生。以進士累官中大夫、集英殿修撰。復于呂范諸子爲後輩，然猶及橫渠之門。」〔一〕案：陸氏案語中，「復關右」當爲「父關右」。宋元學案卷三一呂范諸儒學案：「李復，字履中，長安人也。雲濠案：先生世居開封祥符，以父官關右，遂爲長安人。朱子語録稱爲閩人，蓋傳寫之誤。學者稱爲潏水先生。以進士累官中大夫、集英殿修撰。先生于呂、范諸子爲後輩，然仍及橫渠之門。」〔二〕

關於李復的出生地、少年遷居地。潏水集卷一六予幼侍先人作邑夏陽。元豐五年來攝是邑，過瀵泉題其亭壁云：「井邑依然舊物華，行穿溪樹踏溪沙。路傍故老遙驚認，七年前是先令家。」以元豐五年（一〇八二）逆推十七年，即治平元

〔一〕陸心源：宋史翼，北京：中華書局，一九九一年，第八五頁。
〔二〕黃宗羲原著、全祖望補修：宋元學案，第一一一六頁。

年（一〇六四），時李復十三歲。是年，李復因其父攝官夏陽（今陝西韓城市南）縣令，而遷居夏陽。又據潏水集卷八李居士墓誌銘所云，李復出生地當在開封祥符縣。其詩文題屬爲「趙郡李某」，「趙郡」即指祥符縣趙氏郡望。潏水集卷八恭人范氏墓誌銘又載：「熙寧二年（一〇六九）予生十八年矣，來長安居。」熙寧二年（一〇六九），李復始居長安，故又遂爲京兆人。晦庵先生朱文公集卷七一記和靜先生五事云：「閩中人李復，字履中，及識横渠先生，紹聖間爲西邊使者。」〔一〕晦庵先生朱文公集卷六〇答王南卿又云：「信州有潏水集印本，乃長安人李復之文。」〔二〕顯然，朱熹二説存在矛盾。故四庫全書總目注云：「復非閩人，此句或傳寫之誤。」（四庫全書總目卷一五五集部八別集類八）或为「關中」二字誤傳爲與之近似的「閩中」二字。李復詩文也存在題屬「東蒙李某履中」的情況，如潏水集卷七送衛奕致仕歸詩序。對此，清儒錢大昕云：「履中家于長安，而自題趙郡，蓋舉郡望言。又或自題東蒙，則未詳其故矣。」〔三〕錢氏之論雖合理，但對題屬「東蒙」「未詳其故」。近人胡玉縉四庫全書總目提要補正卷四七別集五「潏水集十六卷」下又考征云：「其事跡不見於宋史。案錢大昕養新録，據集中所見，考其歷官頗詳，以爲元豐二年進士，終於集賢殿修撰。又云『履中家于長安，而自題趙郡，蓋舉郡望而言，又或自題東蒙，則未詳其故矣。』（鄭翼謹案：老學庵筆記卷九中有『東蒙蓋終南峰名，杜詩「故人昔隱東蒙峰」，种放有東蒙新居詩，皆長安也。注杜者妄引顓臾事以爲魯地。』」〔四〕胡氏所引鄭翼案語甚是，「東蒙」言指「長安」，故可佐證李復曾寓居長安之事。

同年五月，范仲淹卒，追贈謚號曰文正。范仲淹，字希文，吳縣（今屬江蘇）人。宋真宗朝進士。著有范文正公文集。

〔一〕晦庵先生朱文公集，朱子全書第二四册，第三四一三頁。

〔二〕晦庵先生朱文公集，朱子全書第二三册，第二八八一頁。

〔三〕錢大昕：十駕齋養新録嘉定錢大昕全集第七册，江蘇古籍出版社，一九九七年，第三九三頁。

〔四〕胡玉縉：四庫全書總目提要補正，上海書店出版社，一九九八年，一二九六—一二九七頁。

宋仁宗至和元年（一〇五四）三歲

張載遊學于扶風賢山寺，訪諸老，研佛道，觀察體悟宇宙人間之道。

宋仁宗嘉祐二年（一〇五七）六歲

張載至京師舉進士，設虎皮講易于相國寺。初見二程，共論道學之要。

横渠先生行狀載：「先生嘉祐二年登進士第……」

河南程氏外書載：「横渠昔在京師，坐虎皮，説周易，聽衆甚衆。一夕，二程先生至，論易。次日，横渠撤去虎皮，曰：『吾平日爲諸公説者皆亂道。有二程近到，深明易道，吾所弗及，汝輩可師之。』横渠乃歸陝西。」

横渠先生行狀載：「嘉祐初，見洛陽程伯淳、正叔昆弟于京師。」

宋英宗治平元年（一〇六四）十三歲

隨父任同州夏陽縣（今陝西韓城南）令而移居關右。因生於官宦之家，「世以儒業稱」（書潏水集後），家庭教育對李復後來的思想和仕途也有很大影響。

同年八月，司馬光彈劾任守忠。

宋英宗治平三年（一〇六六）十五歲

張載應長安京兆尹文彥博〔一〕之邀至郡學講學。講學中多教人以德，「孰能少留意於科舉，相從於堯舜之域否？」

設置機構，開始撰寫資治通鑑。

宋英宗治平四年（一〇六七）十六歲

是年取國學解。「予幼時所學，聲律偶麗之文耳。年十六就太學取解，是時試詩中，以故不赴禮部試，遂不復以科舉爲

〔一〕梁曉菲：李復年譜及其交遊考中作「王樂道」，根據宋史張載傳及呂大臨横渠先生行狀等判斷，當爲文彥博，即「文潞公」。

意……後十餘年，迫於生計……」（卷四答彭元發書一）（李復）年十有六，取國學解，自以年少，十年不試禮部，方刻苦學問。」（說學齋稿卷四潏水集序）

張載遷著作佐郎，簽書渭州軍事判官公事。横渠學案作「熙寧初，遷著作佐郎」（宋元學案卷十七），即在治平四年。

宋神宗熙寧二年（一〇六九）十八歲

定居京兆杜陵（今陝西西安市長安區韋曲東南）。「（熙寧二年）予生十八歲矣，來居長安。」（卷八恭人范氏墓誌銘）

是年冬，張載被召入對，問治國之道。除崇文院校書。宋史卷四百二十七道學一：「神宗方一新百度，思得才哲士謀之，召見，問治道。對曰：『爲政不法三代者，終苟道也。』帝悦，以爲崇文院校書。」横渠先生行狀載：「上即命召。既入見，上問治道，皆以漸復三代爲對。上悦之，曰：『卿宜日見二府議事，旋且將大用卿。』先生謝曰：『臣自外官赴召，未測朝廷新政所安，願徐觀旬月，繼有所獻。』上然之。」

張載此次被召似與宋神宗是年頒布「均輸法」、「青苗法」、「農田水利法」和「募役法」有關。然因與王安石政見不一，請辭官歸鄉。不允，命去浙東明州（今浙江寧波）審理苗振案。宋史卷四百二十七道學一：「明州苗振獄起，往治之，未殺其罪。」横渠先生行狀曰：「或有爲之言曰：『張載以道德進，不能使之治獄。』執政曰：『淑問如皋陶，猶且獻囚，此庸何傷？』獄成，還朝。」

學者劉敞死。敞字原父，新喻（今江西新餘）人。官至集賢院學士。著有公是集等。

宋神宗熙寧三年（一〇七〇）十九歲

約於此時從學於北宋著名理學家張載。今潏水集中尚存與張横渠書，記載李復與張横渠討論宗法之事。李復認爲應遵循周禮，「若得其說，禮可行也」（卷三）。師從張子，經過關學等熏陶，李復「幼時所學，聲律偶麗之文耳」向「居官行己，咸取六經，而尤邃於易」。

張載自浙東明州審理苗振案後還朝。適逢弟張戩以語犯王安石變法，四月，貶監察御史爲公安縣（今湖北江陵地區）

令，徙監司竹監。張載益不安，遂以病爲由，辭去崇文院校書之職，回歸陝西横渠故里。横渠先生行狀：「會弟天祺以言得罪，益不安，乃謁告西歸，居於横渠故居。」宋史卷四二七道學一：「（張戩）累章論王安石變法，乞罷條例司及追還常平使者。效曾公亮、陳升之、趙抃依違不能救正，韓繹左右殉從，與爲死黨。……書數十上，又詣中書爭之，安石舉扇掩面而笑。戩曰：『戩之狂直宜爲公笑，然天下之笑公者不少矣。』」

清人武澄言「天祺以言被黜在熙寧三年」，故張子年譜有「宋神宗熙寧三年，張子歸郿」。宋史卷四百二十七記載他在西歸後的情況：「終日危坐一室，左右簡編，俯而讀，仰而思，有得則識之，或中夜起坐，取燭以書。其志道精思，未始須臾息，亦未嘗須臾忘也。敝衣蔬食，與諸生講學，每告以知禮成性，變化氣質之道，學必如聖人而後已。以爲知人而不知天，求爲賢人而不求爲聖人，此秦漢以來學者大蔽也。」

呂大臨、呂大鈞兄弟於此時「遂執弟子禮」，隨張載學，直至熙寧十年張載逝世。

宋元學案卷三十一呂范諸儒學案曰：「横渠倡道於關中，寂寥無有和者。先生（呂大鈞）與横渠爲同年友，心悦而好之，遂執弟子禮，於是學者靡然知所趨向。」

張載始在郿縣授徒講學。

范育爲崇文院校書，權監察御史裏行。

宋神宗熙寧六年（一〇七三） 二十二歲

前往川峽墾荒，在以刀耕火種爲習的川峽地區種植水稻。續資治通鑑長編卷二百四十七：「詔布衣李復與王諶聽往川峽，人分耕畿縣荒地，以爲稻田。」川峽路，今四川、陝西省境内。

續資治通鑑長編卷二百九十三：「元豐元年十月，司農寺言進士李復王諶踏視府界言荒地，募誘閩屬民稻有勞，乞推恩詔李復王諶并與廣南路攝官。」後有雙行小注：「李復王諶初遣，時當熙寧六年十月丁丑。」

宋神宗熙寧十年（一〇七七） 二十六歲

約於此年作朝邑縣令郭君墓誌銘（卷八）。郭幾，字造微，開封人。熙寧六年中進士乙科。熙寧六年十月到官，遇連年歉收，民多流亡。「君方思救荒之術，郡將公廨田在其邑，將欲盡征其租，時予奉檄至邑，乃謂予曰：『茲所謂凶年必取盈焉也，恐大得罪，當自求。』遂引疾，久不報。」十年二月二十八日卒，葬於開封府祥符縣，享年三十七歲。郭幾之卒略有傳奇色彩，年少時有人謂之曰：「君能不仕宦，於吾同遊海上，可以出世，若祿仕止得五年。」故其少時不以科舉爲意。後依母意辭學得官。五年而卒，臨卒曰「果然」，也許正指「被祿止五年」的預言。

此篇原文爲「元豐六年四月到官」，全宋文中有按：「熙寧六年中進士，不應經十年，至元豐六年到官。又下文云十年二月卒，而元豐只八年。疑此『元豐六年』當作『熙寧六年』，蓋熙寧六年到官，熙寧十年而卒，故云『祿仕止得五年』也。」其作催發諸邑民兵至朝邑縣官未至遂宿其驛（卷十三）：「羸馬趨程晚，沖風雪滿衣。城荒更鼓暗，市冷吏民稀。烏壘兵初起，河橋客未歸。北行殊未已，拜檄寸心違。」大概亦作於此時。流露出催檄的矛盾心情和對民生的同情。朝邑縣，今陝西境內。

按視沙苑、與任鯤同按沙苑約作於此年。「南瀕清渭北洛水，寒沙東西横百里。中條太華塞秦關，衆川無歸皆瀦此。」（卷十二）沙苑，陝西大荔縣南，接朝邑縣界。元和志云：「沙苑東西八十里，南北三十里。」同州志：「沙苑在州南洛渭之間，亦名沙海，亦曰沙澤。」因此詩可能作於在李復朝邑縣催發民兵行中。

同年，呂大防向宋神宗推薦張載。按：宋元學案横渠學案作「熙寧九年，呂汲公薦，召同知太常禮院」。但張載門人范育在正蒙序中説：「熙寧丁巳歲，天子召以爲禮官，至京師，予始受其書而質問焉。」「熙寧丁巳」即十年，今依范育説。

横渠先生行狀曰：「會秦帥呂公薦之曰：『張載之學，善法聖人之遺意，其術略可措之以復古，乞召還舊職，訪以治體。』詔從之。先生曰：『吾是行也，不敢以疾辭，庶幾有遇焉。』及至都，公卿聞風慕之，然未有深知先生者，以所欲言嘗試於人，多未之信。會有言者欲請行冠婚喪祭之禮，詔下禮官。禮官安習故常，以古今異俗爲説，先生獨以爲可行，且謂

『稱不可非儒生博士所宜』，衆莫能奪，然議卒不決。郊廟之禮，禮官預焉。先生見禮不致嚴，亟欲正之，而衆莫之助，先生益不悦。」因在「禮」的問題上與主管禮官意見不合，此年冬，謁告西歸。正蒙范育序：「其年秋，夫子復西歸。」

十二月乙亥，行次臨潼，卒於館舍。其門人弟子奔喪臨潼，并奉柩歸郿。伊洛淵源録卷六河南邵氏聞見録曰：「横渠再移疾西歸，過洛，見二程先生曰：『載病不起，尚可及長安也。』行至臨潼，卒於館舍，享年五十有八。是月以其喪歸葬於家，卜以元豐元年八月癸酉葬於涪州墓南之兆。……歿之日，惟一甥在側，囊中索然。明日，門人之在長安者，繼來奔哭致賻襚，始克斂，奉柩歸殯以葬。」一代大哲竟貧窮至此。

宋神宗元豐元年（一〇七八）二十七歲

奉詔與王諶赴廣南路攝官。「元豐元年十月，司農寺言進士李復王諶踏視府界官荒地，募遊閩屬民種稻有勞，乞推恩詔李復、王諶并與廣南路攝官。」（續資治通鑑長編卷二百九十三）廣南路，宋置，分爲廣南東路（今廣東）和廣南西路（今廣西）。

續資治通鑑長編卷二百四十七：「詔布衣李復與王諶聽前往川峽募人分耕幾縣荒地，以爲稻田。」後有雙行小注：元豐元年十月乙卯，復、諶推賞。所募耕者，閩人亦任焉，不但川峽也。

夷堅志戊卷十宋都相翁：「長安李履中以元豐元年十月將適淮楚，維舟於宋都城下，……」

同年，張載葬於郿縣横渠。「葬以三月而葬，其治喪禮一用古，以終先生之志。」

張先逝世。張先，字子野，烏程（今浙江吴興）人。有安陸集、張子野詞。以「雲破月來花弄影」等名，號「張三影」。

宋神宗元豐二年（一〇七九）二十八歲

三月，進士及第。

四庫全書總目卷一百五十五別集類八：「（李復）登元豐二年進士。」

説學齋稿卷四潏水集序：「（李復）元豐二年登進士第，不就制舉。」

文獻通考：「濡水集……長安李履中復撰。元豐二年進士。」夷堅志戊，卷十宋都相翁載：「長安李履中以元豐元年十月將適淮楚……君來年得官，銓選八年改官……果以次年時彥登第，所説升降禍福多驗。」書濡水集後：「長安李履中……元豐二年三月庚辰，親試禮部進士。」

按：直齋書録解題卷十七作「元豐三年進士」，誤。宋三年一試，續資治通鑑長編卷二九七「元豐二年三月：「庚辰，御集英殿策禮部進士（舊紀具載策題）。」

夏五月，自汴歸雍。作華陰遇雨記（卷六）：「元豐二年夏五月，予自汴歸雍……趙郡李某履中記」。此文記汴旱久極暑，所以一路所行艱難，至潼關暴雨大作，逾時雨霽天晴，萬物一新，華峰偉然。於是題此文於驛站墻壁。所謂「一切景語皆情語」，此行踏上歸途，加之「金榜題名」，所以文字亦暢快清亮。汴，今河南開封；雍，今陝西鳳翔縣南。

九月，作劉君俞墓誌銘（卷八）：「元豐二年七月以疾終，享年三十。……其年九月二十八日，葬於長安縣善政鄉中臺村。」李復與劉君俞感情深厚，唱和之作頗多。

不到兩年的時間，師友相繼而歿，這對李復的影響不可謂不大，這可以從他後來作的後招魂中看出一二：「予之友明善篤行，以退爲進，相繼大喪，傷而不已。昧命上愬，以極其情，爲作後招魂……魂兮歸來居攸寧，無極鬱陶傷予心。」（卷七）黯然銷魂者，惟別而已矣。

同年，呂大臨兄弟與蘇昞等關中學者先後入洛，師事二程。二程集卷二有「元豐己未，呂與叔東見二程語……」

宋敏求逝世。宋敏求字次道，趙州平棘（今河北趙縣）人。官至史館修撰、龍圖閣直學士。編唐大詔令集，著有長安誌、春明退朝録。

宋神宗元豐三年（一〇八〇）二十九歲

與長安范氏實之成婚（前娶既喪）。「歸予三十八年，雖婢使輩未嘗輕詈責。」（卷八恭人范氏墓誌銘）

此年，呂大臨陪同程頤西行至關中雍華間。「關西學者相從者六七人」，程頤一路所講經關中學者記述爲入關語録。程頤特作雍行録，以誌大臨關於「有體而無用」之説。二程集卷七雍行録有程頤的自述：「元豐庚辰歲，予行雍、華間，關西學者相從者六七人……至雍，以語呂與叔……與叔曰『誠善矣。然觀先生之言，則見其有本而無用者也』。余因書而誌之」。

宋神宗元豐四年（一〇八一年）三十歲

毅然拒絕時宰誘爲侍從以征靈夏。宋史卷四百八十六外國二：「四年（元豐）四月……帝然之，遂遣王中正往鄜延、環慶，稱招募禁兵，從者將之……」

書潏水集後：「及從仕干禄，不以貧爲身謀。當是時，朝廷方欲經營靈夏，時宰誘公以侍從而薦於上，公毅然不就對。故作兵餽行。有『不知何人畫此計，徒困生靈甚非策』之句。」

説學齋稿卷四潏水集序：「元豐二年登進士第，不就制舉。宋用兵靈夏，時相誘公爲侍從，公毅然卻之。邊臣請造戰船、戰車，復則又力疏其非，役乃罷。其節概之粗見者若此。所藴之大者，固未試也。」

書潏水集後：「公既博極羣書，士大夫皆勉就制舉，公謂仕途捷徑，知義守分者不與焉可也……終不易操……」由此，可見李復爲人。

其兵餽行（卷十五）云：「調丁團甲差民兵，一路一十五萬人。鳴金伐鼓别旗幟，持刀帶甲如官軍。兒妻牽衣父抱哭，淚出流泉血滿身。前去不知路遠近，刻日要渡黄河津。人負六斗兼蓑笠，米供兩兵更自食。高卑日槩給二升，六斗纔可供十日。大軍夜泊須擇地，地非安行有程驛。更遠不過三十里，或有攻圍或鏖擊。十日未便行十程，所負一空無可索。丁夫南運軍北行，相去愈遠不接跡。敵聞兵侵退散隱，狡筭極深不可測。師老凍餓無鬬心，精鋭方出來戰敵。古師遠行不裹糧，因糧於敵吾必得。不知何人畫此計，徒困生靈甚非策。但願身在得還家，死生向前須努力。征人白骨浸河水，水聲嗚咽傷人耳。來時一十五萬人，彫没經時存者幾。運糧懼恐乏軍興，再符差點催餽軍。比户追索丁口絶，縣官不敢言無人。盡將婦妻作男子，數少更及羸老身。尫殘病疾不堪役，室中長女將問親。暴吏入門便驅去，脫爾恐爲官怒嗔。紐麻纏腰袍印字，兩脛束布頭裹巾。冥冥東西不能辨，被驅不異犬豕羣。到官未定已催發，哭聲不出心酸辛。負米出門時相語，妻求見夫女見父。在家孤苦恨妗娦，軍前死生或同處。冰雪皸瘃遍兩脚，懸淚尋親望沙漠。將軍帳下鼓無聲，婦人在軍軍氣弱。星使奔問來幾時，下令倉黃皆遣歸。聞歸南欲奔漢界，中途又爲西賊窺。悽惻自歎生意促，不見父夫不得哭。一身去住兩茫然，欲向南歸却望北。」極寫戰爭殘酷和民生艱難。以百姓身家性命計，反對宋廷對西夏用兵。此言此情，令人想起杜甫自京赴奉先縣詠懷五百字結語：「生常免租稅，名不隸征伐。撫跡猶酸辛，平人固騷屑。默思失業徒，因念遠戍卒。憂端齊終南，澒洞不可掇。」身爲朝廷官吏，有這樣的認知是十分可貴的。

宋神宗元豐五年（一〇八二）三十一歲

攝夏陽令。「元豐五年予官馮翔之屬邑」（卷六馮翊行記）。「予幼侍先人作邑夏陽。元豐五年來攝是邑……」（卷十六有予幼侍先人作邑夏陽元豐五年來攝是邑過瀵泉題其亭壁詩）。夏陽縣，今陝西韓城縣南。

作馮翊行記（卷七）。本文記這一帶的地徵、歷史典故和風俗掌故，內容甚豐。「夏旱秋潦，被檄視稼，遍走旁邑，因記所歷云。」馮翊，漢之左輔郡，今陝西大荔縣治。

宋神宗元豐六年（一〇八三）三十二歲

十二月，作劉師嚴字序（卷七）。劉師嚴，穎上人。其友將劉氏之言予李復，希望李復能廣其說，李復乃作此篇，于文中闡明「師道」：「爲師有道，其禮嚴，其道嚴。」若能如此，則「雖千百世，亦將使若遊其門矣。……君子之于師，非必日相親接也，考於百世之上，讀其書，聞其風，亦得其傳焉……元豐六年十二月李某序。」

是年，曾鞏逝世。鞏字子固，南豐（今屬江西）人。有元豐類稿。

宋神宗元豐七年（一〇八四）三十三歲

資治通鑑撰畢。此時參加編寫的劉邠已被貶爲監衡州酒務，劉恕已去世。

宋神宗元豐八年（一〇八五）三十四歲

作和蘇內翰趙伯堅大卿清池詩（卷十）。

三月，宋神宗去世，趙煦即帝位，即宋哲宗。

六月，程頤逝世。程頤，字伯淳，人稱明道先生，河南（洛陽）人。後世將程頤與其兄程顥的學術稱之爲「洛學」。

宋哲宗元祐元年（一〇八六）三十五歲

約於此間任耀州教授。夷堅志戊卷十：「君來年得官銓選，八年改官，……所説升沉禍福多驗。」卷四答耀州諸進士書：「某昨得郡符，召詣郡議事，既至，適會二使者在郡中。使者與太守誤以某治邑爲能，欲與華原史令對易，庶令兼教官職事。某聞之，日得與諸君講學，不勝幸甚。然徐思之，史令非次對易，異日調官有礙，此外不敢默然無言也，故託以他事辭之。今尚未報，前日承州符，先令兼教授，除攝於外，舊無此例，已辭不獲。……」該期詩作有美原縣北軒（卷九）：「嗟予敢言勇，門禄徒爲貧。形骸强包束，種種秋毛新。堨來渭水陰，訟簡民風淳。因喜縱懶僻，鑿牖開星辰。吏散鳥下階，清談可娛賓。歸去終亦賦，聊此蟠窮鱗。」登美原縣樓：「三月春光入眼稀，試尋高處看芳菲。影行平野孤雲過，點破青山白鳥飛。秦甸氣回驚緑滿，渭川勢穩競東歸。憑虚便欲乘凌去，清吹飄飄已拂衣。」（卷十四）美原縣，位於陝西省富平縣東北六十里，接蒲城縣界，即今美原堡。與王漕欽臣書（卷四）：「某承問王巖碑乃耀州美原縣學碑也。王巖，唐美原縣令。其碑書撰皆巖，自爲碑，今尚在。」故此文亦當作於耀州任上。

李復與人問答較多集中在這一時期。潏水集中保留了大量論學的問答書信。如答耀州諸進士書二等。可見在耀州任上，李復爲諸生答疑解惑，積極弘揚關學。

四月，觀文殿大學士、荊國公王安石去世。

九月，尚書左僕射門下侍郎司馬光去世，追贈太師、溫國公，賜謚文正。有資治通鑑、司馬文正公文集、法言集注、太玄集注、道德真經論、潛虛等著作。

宋哲宗元祐二年（一〇八七）三十六岁

丁卯春，作和石蒼舒喜雨（卷十）：「元祐丁卯春，旱日透地赤。三農失歲事，嗷嗷嗟艱食。宸心動惻怛，祠禱馳星驛。張圖繪玄龜，探穴求蒼蜴。荒潭幾挈瓶，方壇徒舞覡。神龍忽應求，飛灑自前夕。蕩滌六合清，萬物湔蒸疫。陰陽有沴氣，備禦須多術。聖人不罪歲，能助天地力。風流仍叔詩，宣王中興日。」

清明日，作題李勣绘像（卷七）。

宋哲宗元祐三年（一〇八八）三十七歲

約於此期作答李忱承議書（卷三）。書中有言「某居長安已二十年」。

宋哲宗元祐四年（一〇八九）三十八歲

始官於潞州。「予官上黨凡七寒暑，暇時往觀焉……紹聖丙子清明日記。」（卷六七祖院吴生畫記）元豐九城志卷四有「上黨爲潞州下轄縣」。故清人錢大昕言「元祐、紹聖間官於潞州」。潞州，今山西長治。

居上黨期間，李復思想、學識進一步成熟。作于于齋記（卷六）以「明志」：雖居於容膝之室者六年，然「吾之室，與其廣者同在太空中，烏足辨哉？吾之六年，與其速者化於浩刧中，烏足校哉！此吾所以居之安，于于而自得也」。

作禮賓使劉府君墓誌銘（卷八）。記友人劉公量事跡，贊其「喜學多聞，篤義樂施，臨事知變……遇敵奮勇，爲士卒先」，多次克西戎戰事。「治平元年十月二十八日感疾卒」，元祐四年葬於鳳翔府。其子長旦，次師中，三師嚴。按：李復曾作劉師嚴字序。

十二月，作潘原縣主薄高君墓誌銘（卷八）。高士慶，字慶之，華州人。潘原縣主薄，「滿即退歸，更不復出」。嘉祐二年七月二十九日，以疾終。葬於華州鄭縣。潘原縣，故治在今甘肅平涼縣東。

劉攽逝世。攽字貢父，臨江新喻（今江西新餘）人。官至中書舍人。參加通鑑漢代部分撰寫。著有彭城集、公非先生集。

宋哲宗元祐五年（一〇九〇）三十九歲

呂大臨卒。大臨，初學於張載，後學業于二程（程顥、程頤），爲程門四大弟子之一。

宋哲宗元祐六年（一〇九一）四十歲

清明日，作易說送尹師閔（卷八）。在文中總論「易」之大義，不僅重視易學的「象數」成果，還要重視其「義理」。在另一文中，他曾針對劉敞的「形由象生，象由數生」的命題提出：「物生而後有象，象生而後有數。……數出天地之自然也，蓋有物則有形，有形則有數也。」（卷五答曹鉞秀才書之一）反對象數之學，認爲應是先有象，後有數。

八月，作題寇安雅所藏十八學士繪像（卷七）。

蘇軾知潁州（今安徽阜陽）。

宋哲宗元祐八年（一〇九三）四十二歲

與張商英談河北水利事。「右，某準河東路轉運司牒，坐準尚書省劄子，檢會相度河北河事張商英奏，河北西山諸水今爲水患，衆河之水出自河東，乞令差都轉運司官前來河北同共相度。某準本司牒……」（卷一相度河北西山水利害申尚書省狀）。「元祐八年八月丁未，久雨……壬戌遣使按視京東，河南北，淮南水災。」（宋史卷十七哲宗本紀一）「哲宗初……張商英上書……呂公著聞之，不悅，出提點河東刑獄連使河北、江西、淮南。哲宗親政……」（宋史卷三百五十一）。

按：張商英視河北水患，應在元祐四年任河北西路轉運副使之後，而後元祐四年李復官居上黨後，史載元祐八年河北水患，由此可推知張商英與李復共議水患當在此年。

是年，蘇邴被薦爲博士。

宋太皇太后高氏病卒，哲宗親政，實施元豐新法。

宋哲宗紹聖元年（一〇九四）四十三歲

作出承天院候客（卷十）：「到官今年五，踽踽幾持謁。執板手有痕，脱冠頂無髮。將迎跡愈多，應接面常熱。野性素曠蕩，人事苦羈紲。久願整歸駕，渡汾尋舊轍。躬耕望雲岑，築室俯清澈。」

蘇轍罷相，被貶知汝州（今河南臨汝）。

四月，蘇軾被削去端明殿學士館職，貶官英州（今廣東英德）。

五月，秦觀以「影附蘇軾」被判去館閣校勘之職，差派爲監處州茶鹽酒稅，後又被編管郴州（今湖南郴州）、橫州（今廣西橫縣）。元符元年（一〇九九）九月，移送雷州編管，其罪名是附會司馬光等人。

黃庭堅以詆毀、誣衊先帝之罪名被貶黔州（今四川彭水）。紹聖四年（一〇九七）被遷逐至戎州（四川宜賓）。

宋哲宗紹聖二年（一〇九五）四十四歲

三月，作周夫人墓誌銘（卷八）。周夫人，京兆萬年人。

九月，於太原作送衛奕致仕歸詩序（卷七），敘衛奕致仕，非懷憂不得已而去，實乃「無應時之術」而「屢思平子之西園，願上淵明之印綬。」

沈括逝世。括，字存中，杭州錢塘人。有夢溪筆談及長興集在沈氏三先生文集內。

宋哲宗紹聖三年（一〇九六）四十五歲

官居上黨七年。清明日，作七祖院吳生畫記：「予官居上黨凡七寒暑，暇時往觀焉……紹聖丙子清明日記。」由上黨七祖院壁畫，敘「喜蓄玩好」引人本心，書畫之好，本是人之所尚，然「以勢力穴鑿其壁，特取其一二而破毁其什百」，不僅壞其古物，而且令後來者「不得快目」，實不應取。此篇爲李復清明日記，篇幅不長，記其所見所聞所思，語句亦如水墨丹青，設色清淡。

作晉州會上送衛伯紹休官南歸：「去冬懷綏到并州，投鞭三月春風滿。」

范祖禹被貶昭州別駕，居於賀（今廣西賀縣）。紹聖四年（一〇九七），范又被遷往賓州（今廣西賓陽）。元符元年再遷化州（今廣東化州），而劉安世於次年閏二月移往高州（今廣東高要）安置，元符元年（一〇八九）七月被移梅州（今廣東梅州）。

宋哲宗紹聖四年（一〇九七） 四十六歲

作詩病目（卷九）：「昔年勤細書，廣博求多益。謂經手一抄，可勝讀數百。矻矻三十年，嘗廢寢與食。磨墨見硯穿，敗筆如丘積。高編連大軸，不知幾萬億。當時氣血盛，未覺損目力。今年四十六，百病乘其隙。雙瞳舊勞甚，凝血聚成脉。虚炎更上攻，常若包芒棘。遠視但霿霿，浮空亂花黑。少功跂前修，鑽仰極窺測。志欲繼絶學，九萬希鵬翼。求於形器外，脱然有所得。上友千古魂，神遇展良覿。年來老且病，筋骸當少息。六物已熬成，昏氣須清滌。」

負暄（卷十）蓋作於此時，其中有：「予生本多羸，憂患百箭攻。三十已白髮，歲常苦嚴冬。凝陰晝埋户，擁火裘蒙茸。寒氣深刺骨，有如嬰利鋒。晨曦忽入牖，心喜舊疹空。開門曝晴暖，暄酣春意融。温温百骸舒，漸發兩頰紅。乃知萬物生，陽德有全功。天輪浩無際，冥冥轉洪濛。盧敖遊八極，妄欲求初終。卒然至濛谷，見呵鳶肩翁。陽烏出扶桑，振轡馳六龍。轉盼億萬里，夸父走追蹤。遺策化鄧林，狂奔如捕風。我今觀天運，四序周無窮。東西逐日車，不出環堵宫。上古有至人，御風登璇穹。手挈日月行，返景回高春。陰陽在掌握，默坐與天通。固知二子愚，可嘆如蠰蟲。」

謝賜茶藥表（卷二）約作於此期。其中有「伏念臣素慚譾薄，叨預使令。飛挽徒勤，尚闕關中之粟；斡旋雖力，未流地上之泉。」

和遊趙韓王園（卷十一）約亦作於上黨任上，其中有：「病餘量隘不禁醉，騎馬歸舍猶未醒。」

官居上黨期間還有詩作登上黨郡樓（卷十五）；潞守歐陽叔弼召登鼎軒暑飲（卷十五）；和尹宗閔書記四月二日候客溪上潞守李獻甫具飯有詩（卷十五）；答潞城令谷大同（卷十六）；賀韓丞相太原禮上啓（卷二）。

同年，吕大防卒。吕大防（一〇二七—一〇九七），字微仲，原籍汲郡（今河南汲縣西南），祖父吕通葬於藍田（今陝西藍田）後，遂爲藍田人。乃吕大忠之弟，吕大鈞、吕大臨之兄。吕大防爲官忠貞，敢於直諫；生平極力推行禮教，注重教化鄉俗。據李燾續資治通鑑長編、宋史等載，吕大防卒於紹聖四年（一〇九七），年七十一歲，故推知其生於是年。

宋史卷三四〇吕大防傳：「吕大防字微仲，其先汲郡人。祖通，太常博士。父賁，比部郎中。通葬京兆藍田，遂家焉。……紹聖四年，遂貶舒州團練副使，安置循州。至虔州信豐而病，語其子景山曰：『吾不復南矣！吾死汝歸，吕氏尚有遺種。』遂薨，年七十一。大忠請歸葬，許之。」〔一〕（宋）李燾續資治通鑑長編卷四八五：「（紹聖四年四月）己亥，舒州團練副使循州安置吕大防卒於虔州。」〔二〕（宋）王稱東都事略卷八九：「吕大防字微仲，京兆藍田人也。……紹聖初以言者落職，知隨州，貶秘書監，分司南京，郢州居住。史臣修神宗實録直書其事，而言以爲誣詆，責居安州，再責舒州團練副使，循州安置，未逾嶺卒，年七十一。」〔三〕宋史卷一八哲宗二：「四年……夏四月……己亥，吕大防卒於虔州。」又參見杜大珪名臣碑傳琬琰集下卷一六、馮從吾關學編卷一進伯吕先生附傳、黄宗羲宋元學案卷一九范吕諸儒學案、張驥關學宗傳卷二吕正愍公傳等。

文彦博卒。彦博，汾州介休（今山西介休）人。進士及第，官至樞密副使同中書門下平章事，封潞國公，謚忠烈。逮事四朝，任將相五十年，工書。

四月，蘇軾被貶爲瓊州（今海南海口南）别駕，安置昌化軍（今海南儋縣西北）。此時，其弟蘇轍也被貶雷州（今廣東海康）。六月，蘇軾、蘇轍兄弟至雷州。其後蘇軾從徐聞縣渡海到達儋州。

四月，司馬光被追貶清海軍節度使，再貶爲朱崖軍司戶參軍。其他元祐黨人也遭類似追貶。

宋哲宗元符二年（一〇九九）四十八歲

〔一〕脱脱等：宋史，北京：中華書局，一九七七年，一〇八四四頁。

〔二〕李燾：續資治通鑑長編，北京：中華書局，一九九三年，一一五三四頁。

〔三〕王禹稱：東都事略，臺北：臺北文海出版社，一九七九年，一三六一—一三六五頁。

調任熙河路經略安撫都總管司機宜文字。「本路昨自七月初四日後來探報，得夏國大段點集人馬。又每日得涇原關報：夏賊決來侵犯平夏城一帶，及稱國母、夏國主自統領傾國人馬前來。」（卷三又上章丞相書）可見李復調離上黨與當時動盪的邊患時局有關。熙河，宋熙寧時置，治熙州（今甘肅臨洮），轄熙、河、洮、岷等州。

參與招降西藩，並作上章丞相書（卷三上章丞相書）。書中有言「昨準朝旨措置招納，及須要收復青唐……但轄沁既來，待之須優，首領高下須有等級……」，因而作於收復青唐之前。

九月二十一日夜，地震不斷，大雪突至，狂風不息，觀次天象。「元符二年九月二十一日夜，鎮、洮大雷，自初更至四鼓方已，凡一百三十餘震，墻壁摇動，簷瓦散墜，人危立不敢寢，惴惴然甚有覆壓之虞。予與元帥胡公終夕坐於中堂，黎明出視之，雪深二尺。胡公問予曰：『是何祥也？』予曰：『雷烈多發於盛夏，其發也必有龍火之異。今秋已去，雪深如此，震發暴而非常。古諺云：天怒不移晷，天喜行千里。言怒不久，其發三四而止。雷、風，天之號令，終夜不息，必將大有誅殺。』公曰：『事將何如？』予曰：『比收復青唐，不費一鏃，恐姦酋深謀，爲内外連結攖城之變。吾雖係其主而餘黨桀黠，如星摩沁戩，結斡綽克等，皆在青唐城内，其部族衆强。又邈川馬用誠不足倚辦，可遣人密諭王贍，令嚴設備，自宗噶爾抽回王愍，令守邈川，互相應援，以防不測。』乃以蠟封書僞羌蕃官嘉木燦伊費赫，置蠟封於衲衣中，遣間道令四日至青唐，責報而還。閏九月十一日，西羌果叛，攻圍青唐、邈川，及陷納木宗堡、丹巴等城，賴贍得諭已有備，及愍已帶兵馬至邈川，内外無結連，隨遣苗履應援，破賊錫喇卜宗堡。十二月，王贍、高永年再破奇塔特城、布敦谷賊聚，苗履又破南丁壘，青唐、邈川皆完。明年三月，羌酋綽爾結又挾羌雛小隆贊斷省章硤路，圍隆赤特城，攻犯青唐，再遣將破之。朝廷命王贍過河州，前後斬獲一萬六千餘級，於青唐之東築爲京觀。予初言此，胡公亦未以爲然，已而幡然見從。若少遷延，必敗大事，官軍八萬餘人無骨可歸。嗚呼！天之去人高且遠矣，詔告如此，近世有謂天變出於偶爾，無足懼者，甚非君子畏天之意。朝散郎、管勾熙河路經略安撫都總管司機宜文字李復記。」（卷六震雷記）李復受震雷啓示成功策劃了青唐、遂川反擊西牆第保衛戰，成功平息了西羌叛亂。不僅力保城池的安全，又使八萬官兵倖免于難。

樓鑰曾在攻媿集卷二十二的雷雪應詔條具封事中引用過李復的這一事例：「熙河機宜文字李復言于師臣胡宗回曰：『雷、風，天之號令，其多發於盛夏，今秋且盡，震暴非常，終夜不息，而又大雪，殆將有不測之變。因爲規畫秘論守將嚴備，又以兵守邈川，緩急相應。越月，羌果叛……邊備未堅，臣實憂之，欲望陛下俯采李復之言，申飭諸道邊師，修備固圉，以防不測之警。』」

樓鑰所引李復的言論即來自於李復潏水集中之震雷記。宋光宗紹熙二年一二月間，氣候出現了異常現象。在當時人看來，這一「陰陽失實」的情況，是來自上蒼對於人事不滿的表現，當政者應據此「警示」檢討自己時政的得失。宋史卷三十六光宗本紀載：「紹熙二年春正月……戊寅，雷電，雨雹。二月庚辰朔，大雨雪……乙酉，詔以陰陽失時，雷雪交作，令侍從、台諫、兩省、卿監、郎官、館職，各具時政闕失以聞……三月丙辰，建寧府雨雹，大如桃李，壞民居五千餘家。溫州大風雨，雷電，天苗桑果蕩盡。」顯然，這一篇奏議反映的是樓氏因見雷雪等災異天象，以李復多年前見微知著的成功事例爲例證，應召上書建言光宗提早修備邊防，以防「金人之強狡」。青唐（今甘肅西寧，宋初屬吐蕃）；邈川（今青海樂都）。答李成季書（卷四）中有：「今降酋只青唐河南人」，可能即作於收復青唐之後。書中指出：「河源圖咋據降酋所說畫之，亦恐未然。」並舉例說唐貞觀時事例。既以事服人，又體現出作爲軍事指揮者的素養。

十二月，王贍、高永年再破敵。高永年，宋史卷四百五十三有傳。

宋哲宗元符三年（一一〇〇）四十九歲

在熙河路經略安撫都總管司機宜文字任上，作上章丞相言邊事書（卷三）：「復近見尚書省樞院劄子下經略司，皆立畫一措置邊事，經略司一一遵依施行，復竊深思有未盡然者。」在此書中，他提出戰機瞬息萬變，「間不容髮」，應允許「將在外，君命有所不受」。此外很多獻策「多徵引舊事，如漢文帝時匈奴大入蕭關」，但「今夏賊所用之兵及首領與夫犯邊之策，盡如漢文時匈奴事體否？此皆空言而不可用也」。顯然教條地套用不能解決邊患。這體現出李復對邊事和敵我形勢的洞悉、獨特的軍事眼光以及直言進諫的勇氣。也將「筆作劍鋒長」的意氣訴諸文字之間。

是年，西羌再攻青唐，王贍敗之。「明年（元符三年）三月，羌酋……攻犯青唐，再遣將破之。」（卷六震雷記）

正月，宋哲宗趙煦病逝，宋徽宗趙佶繼位。

秦觀卒。觀字少游，號淮海居士，揚州高郵（今屬江蘇）人。元豐八年（一〇八五）進士，元祐間任太學博士，遷秘書省正字兼國史院編修官。因與蘇軾兄弟關係被列爲元祐舊黨而遭貶。觀與黃庭堅、晁補之、張耒合稱蘇門四學士，是北宋婉約派的重要作家。有淮海詞。

宋徽宗建中靖國元年（一一〇一） 五十歲

移官慶陽（隸屬永興軍）。「春郊二月浴蠶時……三年厭應西烽急，千里重隨北鳥飛。若問前籌慘潦倒，欲辭虎帳訪魚磯。」（卷十四移官慶陽過定平縣）「三年」也許即指任熙河路經略安撫都總管司機宜文字以來，守邊三年（實際兩年）。慶陽（今甘肅境內）；定平縣（今甘肅寧縣南）。

宋徽宗親政，追復舊黨元祐大臣官職，重開黨爭之禍。起用蔡京。崇寧元年七月，除尚書右僕射兼中書侍郎。

蘇頌卒。頌字子容，泉州同安（今屬福建）人，徙居潤州丹徒（今江蘇鎮江）。慶曆二年（一〇四二）進士。歷仕仁宗、英宗、神宗、哲宗四朝。元祐七年（一〇九二），拜右僕射兼中書侍郎。

宋徽宗崇寧元年（一一〇二） 五十一歲

崇寧初，累遷直秘閣。「困簿領之塵迷，已餘半世。」（卷二謝直秘閣表）

五月，蔡京除尚書右丞。宋史卷十九徽宗本紀一：「崇寧元年五月……庚辰……翰林學士承旨蔡京爲尚書右丞」；「秋七月……戊子，以蔡京爲尚書右僕射兼中書侍郎」。此後李復的仕途隨着蔡京的掌權而黯淡下來。

十二月二十九日，陳師道卒。師道字履常，一字無己，號後山居士，徐州彭城（今江蘇徐州）人。是江西詩派的代表性作家。呂本中江西詩社宗派圖將其列爲江西詩派二十五人中第一名。著有後山集、後山談叢等。

十二月，下令敘述元祐學術政事之書一律不能用以教授學生，嚴令禁止傳播元祐學術思想及政事。

蔡京將司馬光、范純仁、蘇轍、范純禮、程頤等共計一百二十人，分別定罪，稱作奸黨，徽宗親自書寫姓名，刻於石上，立「元祐黨人碑」。

宋徽宗崇寧二年（一一〇三） 五十二歲

任熙河路轉運使。「秉性惟愚，受材非敏。自元豐西夏之問罪，迄元符隴右之納降。效官九被於終更，歷歲八逢於餘閏。……」（卷二謝熙河路轉運使到任表）

初至鄜州有「二年青海因征鞍」，「二年」當指熙河轉運使任上，由此推知李復任熙河路轉運使當在崇寧二年。

作乞置榷場奏（卷一）。文中有「今潢州新復」，姑且系於此年。潢州，即邈川城，今青海樂都南。「潢州新復」指宋軍收復潢州的作戰。宋史卷十九徽宗本紀一：「崇寧二年六月壬子……是月，中太一宮火。復潢州。」賀破蕃賊表有：「肅爾王師，遂再臨於鄯壘。復收故境，憚赫嚴威……崇寧真興，屢憂勤而西顧。」（卷二）蓋亦指收復潢州一事。

爲世人稱道的乞罷戰船、戰車二疏即完成於任熙河路轉運使這一時期。

容齋隨筆·容齋四筆卷六記李履中二事：「比得上饒所刊潏水集，正復所爲文，得此兩奏，歎其能以區區外官，而排斥上相之客如此。恨史傳爲不詳盡，乃録於此。乞罷造戰車疏云……其乞罷造船奏云：『……觀恕奏請，實是兒戲，……』疏既上，徽宗察其言忠，遂罷二役。」

宋史卷四百七十一：「恕乞筑蕭關，采其里人許彥圭車戰法，爲淺攻計。又欲使熙河造船，直抵興靈，以空夏國巢穴。其謀皆迂誕。轉運使李復言，恕所爲類兒戲，不可用。帝亦燭其妄。」

文獻通考卷一百五十八兵考十：「徽宗時，涇原邢恕建兵庫之議，下令創造，買牛以駕，凡數千乘。已而，蔡碩又請河北置五十將，兵器仍爲兵車萬乘。蔡京主其説，行之。奸吏旁緣，即日散行郡縣，掠民緡錢矣。崇寧三年，河北、陝西都轉運司皆奏，兵車用許彥圭所定式，則車大而費財復多；依往年二十將兵車式，輕小易用，復可省費。詔卒用許彥圭式行下。時熙河轉運副使李復先奏曰……其後，彥圭卒得罪。」按：李復先當爲「李復」。

宋元學案卷三十一呂范諸儒學案表修撰李潏水先生復亦載此事：「崇寧中，邢恕爲涇原略使，謀立邊功，以洗誣謗宗廟之罪，因納許彥圭之説，請用車戰法，及造舟五百艘……先生奏云……疏上，徽宗感悟，罷之。已而卒以議事不合罷官。」

宋史翼卷八：「崇寧中，邢恕爲涇原經略使，謀立邊功，以洗誣謗宗廟之罪，因納許彥圭之説，請用車戰法，及造舟五百艘……復方爲熙河漕使。詔下委之，復奏云……疏上，徽宗感悟，罷之。」

蔡京意通過戰功而擢昇親信邢恕，安排其守邊。立功心切的邢恕在不瞭解形勢的情況下貿然提出了建造戰車、戰船以抗擊西夏的方法，並得到批準。朝廷遂命李復以熙河轉運使身份督辦此事，而熟悉邊事的李復不畏強權，連上乞罷戰車、乞罷戰船二疏，後來成爲歷代著名的「抗顔直諫」的奏議典範之一。危素記敘此事並感歎：「邊臣請造戰船戰車，復則又力疏其非，役乃罷。其節概之粗見者若此。」

文獻通考卷一百五十八兵考十：「崇寧三年，河北、陝西都轉運使司皆奏，兵車用許彥圭所定式，則車大而費財實多；依往年二十將兵庫式，輕小易用，復可省費。詔卒用許彥圭式行下。時熙河轉運使李復先奏曰……其後，彥圭卒得罪。」「李復先」當爲「李復」，且其官職應爲「熙河轉運使」，而非「副使」。也許是文獻通考記載有誤。「謝某某到任表」一般而言是較正規的文章，是要呈給皇帝「御覽」的，李復有熙河路轉運使到任表，當以此爲是。

元符二年（一〇九九），宋攻佔吐蕃邈川、青唐地區後，遭到吐蕃羌人的反抗。不久，失湟、鄯二州。崇寧二年（一一〇三）六月，宋命知河州兼洮西安撫王厚、監軍童貫統軍十萬攻吐蕃，欲奪回湟、鄯二州。十四日，王厚、童貫率主力軍出安鄉關（今甘肅東鄉族自治縣西北）西進。並遣統制官高永年率漢、蕃軍萬餘人由北路出京玉關（今蘭州西北），與主力夾擊潢州。十七日，童貫率前軍抵巴金城（今甘肅永靖西南），偏將安永國等見城門大開，率軍爭先突入中伏，被吐蕃軍擊殺。次日，吐蕃軍背城而陣，揮旗鳴鼓，意欲決戰。王厚率大軍繼至，親臨陣前勸降遭拒，遂以強弩齊射，擊退吐蕃軍。偏將鄒勝率精騎出間道迂迴其後，四面合擊，克巴金城，斬守將阿令結及強悍首領百餘人。十九日，乘勢進克瓦吹寨（今青海循化東北）。北路高永年軍亦相繼攻克通川堡（今青海民和東北）、把梭宗城（今青海民和西北）。二十二日，宋南北兩路軍會師圍湟州，城中守軍士氣益振，晝夜擊鼓力戰，宋軍屢攻不克。二十三日，王厚令諸將率軍乘夜圍城猛攻，同時遣驍將王用率精騎出宗水（今西寧南湟水）上游，擊敗吐蕃援兵。湟州守軍援斷勢孤，大首領蘇南抹令呃密降宋軍，請爲內應。是夜，宋軍與城內部分守軍裏應外合破城。丹波禿令結僅率數十騎逃走。宋軍遂占湟州。

四月，宋下令將蘇洵、蘇軾、黃庭堅、張耒、晁補之、秦觀和馬涓的文集等書的印版全部焚毀，禁止流傳。又下詔禁止宣傳元祐時曾任館職的程頤的學術思想，對其著作令本路監司認真審查。程頤不得已遷居龍門，停止授徒講學。

宋徽宗崇寧三年（一一〇四）五十三歲

約於此期作乞於阿密鄂特置烽臺奏（卷一）。李復認爲湟州路巴咱爾宗一帶之途「峻窄險滑……陡臨宗河」，於是商販客旅皆由宗河北路過往。而宗河北路近西夏，多賊馬。於是建議在京玉關東北舊阿密鄂特城置烽臺，可供往來之人停泊。也許正是湟州新復，當地尚未安定，李復故有此奏。京玉關在今甘肅皋蘭縣西北。

約於此年乞罷任熙河路轉運使。「傾懷敢望時情合，論事須思後計深。髀肉久消筋力倦，但能操筆謝知音。」（卷十四乞罷未報承延晉秦慶皆惠書）作熙州再乞罷（卷十四）：「白頭久厭戎衣窄，黧面空嗟寒色深。東望故山今有約，清秋應得訪雲林。」

在熙州任上，因往來秦熙，得民歌鄉調，有詩作予往來秦熙汧隴間不啻十數年時聞下里之歌遠近相繼和高下掩抑所謂其聲嗚嗚也皆含思婉轉而有餘意其辭甚陋，因其調寫道路所聞見猶昔人竹枝紇羅之曲以補秦之樂府云（卷十六）。汧水，源出陝西隴縣西北汧山南麓，東注渭河。汧縣，故城在今陝西隴縣南。

作論錢鈔法疏：「陝西自寶元、康定年間西鄙用兵支費不足，遂鼓鑄爲錢。邊事才息，即時罷鑄。至熙寧九年，皮公弼主領漕計復奏鑄之，迄今二十七八年……近年西邊拓地，增築州軍城寨，添屯軍馬，急於年計，添價糴買。兼併鉅賈蓄穀待價而不出。」（歷代名臣奏議卷二七〇）

改知鄭州，後又改陳州。

作初至鄭州：「二年青海困征鞍，歸望天威咫尺間。雨露忽頒西輔印，鵷鸞阻綴紫宸班。往來擾擾無虚日，應接紛紛祇强顔。吏責無窮人事拙，夢魂時到舊家山。」（卷十四）顯然，多次「乞罷」被批準後移官知守西輔——鄭州。另錢大昕言「三年（崇寧）改知鄭州」〔二〕有誤，初置鄭州爲「四輔郡」之一的西輔在崇寧四年秋七月。「秋七月丙申朔……置四輔郡……鄭州爲西輔……」（宋史卷二十徽宗本紀二）爲了京師的安全，崇寧四年（一一〇五）七月，宋徽宗根據蔡京等人的奏議，下詔在京畿四面設置四輔郡。以潁昌府（今河南許昌市東）爲南輔，拱州（今河南睢縣）爲東輔，鄭州爲西輔，澶州（今河南濮陽）爲北輔，各屯馬步兵二萬人，以屏衛京師。

作乞開黄河中灘奏：「臣某蒙恩差知鄭州，於今月初四日到任，首見差發人夫，急於星火，知大河漲溢，原武等埽危急，緊要修疊固護。臣久知原武一帶堤埽比諸處不同，爲鄭北盡是積水，陂湖相連，直接國門。又地勢高於京師，若有決溢，勢迅東下。臣遂親至河上，體度水勢次第。……」剛到任便遇大河漲溢，他親至原武堤壩以體水勢，認爲水患原因是河中有灘，水漲且爲灘所激，因而奔射南岸。於是奏請將「中灘於中心東西開透，令引放河身於河槽。」此舉「用工不多，可絶後患」。原武，今河南陽武縣治。

鄭州任上還作了自壽安之長水（卷十三）：「二年渾作客，山驛過重陽。」壽安，今河南宜陽縣治；長水，故治在河南洛寧縣西。和人筍诗（卷十五）、項城主薄趙岍求書惹雲亭爲系二絶（卷十六），項城縣（今河南境内）。

相度河北西山水利害申尚書省狀同爲水患，約亦作於鄭州任上。此狀分析河北西山水患成因：河東地勢高，其水匯爲三川，一爲汾河，一爲滹沱河，一爲漳河，此三河皆入黄河。河北地勢低，其近西山之水，不僅是滹沱河與漳河，還有其他河流，水漲時翻沙滚流，淤塞水口，以致漫流。

〔二〕錢大昕：十駕齋養新録，上海：上海書店，一九八三，第一三九—一三四〇頁。

此間有詩伊川道中(卷十一；伊川，今河南嵩縣及伊陽。)還有過李氏園，其中有：「伊川北首始知春，問路听騶僕候門。」(卷十四)；過沔池驛(卷十四；沔池，即今河南澠池縣治。)；分按洛西諸邑登山出永寧西望晚宿韶山寺：「淆陵東盡開周邑，熊耳中分放洛河。」(卷十四；崤陵，即崤山，在河南洛寧縣西北，西接陝縣界，東接澠池縣界。)；陸渾王秀才園：「兩歲伊川擁傳行，往來屢喜訪雲扃。」(卷十四)過彈箏峽：「悠悠薄洛水，東出彈箏峽。」(卷九)。

李復論鹽鈔法疏有着重要的時代背景。熙寧七年(一〇七四)五月，中書執政大臣討論陝西鹽鈔問題，認爲陝西地區官府發行鹽鈔過濫，而所糴買的糧草卻極爲有限，因而建議陝西地區改行交子法，用交子代替鹽鈔，因此朝廷委派皮公弼等人具體負責，同時從內藏庫撥出專款收購原來官府發行的鹽鈔。至明年，陝西地區鹽鈔發法正式確定。熙寧十年(一〇七七)，陝西地區鹽鈔法又出現了弊端，熙河路鹽鈔發行太多，因而鹽鈔價格越來越低，這樣，相應地抬高了糧食價格。同時，陝西地區以外的許多地區都實行鹽貨通商製度。於是官府不得不出錢先將原來發行的鹽鈔收購回來，並下令商人補交舊鹽鈔與現行鹽鈔之間的差額，並由官府組織人力驗證鹽鈔的真僞，再加蓋印章，如果商人願以舊鹽鈔換取食鹽，東南地區鹽每一席增收二千五百文差額，陝西解鹽每一席增收三千文差額。同時，政府進一步嚴格通商與官買鹽貨的製度，降低部分官鹽的價格，使官鹽銷路日益暢通。

宋徽宗崇寧四年(一一〇五) 五十四歲

改知冀州。「淮陽閉閤欲偷閒，新捧除書墨未乾。五日御風方假翼，兩河試郡別移官。生緣有定隨流易，世事無端用力難。今日得陪門下客，一枝容息便心安。」(卷十四守鄭易陳方及境改信都過大名書呈吕太尉)信都，冀州郡治所。「崇寧四年正月，知雄州和詵奏冀州民與北人接連造妖，予奉詔往冀密究，仍守其郡。……」(卷二題恩州東寺壁)

奉詔赴冀途中于貝居所作題恩州東寺壁(卷六)，記魏地、冀地的歷史沿革。貝，恩州(今河北清河縣)。

作謝冀州到任表(卷二)

三月，與好友幾人名等往游歸仁園雅游，作游歸仁園記，李復由此園舊主——唐丞相牛思黯而評人論史，以爲「君天下者以聽斷爲明」。（卷六）歸仁園在洛陽：「洛陽泉甘土沃……歸仁園特高於洛，……」因此此文可能作於冀州任上。

冀州任上還作有過澶州感事（卷十一），慕寇準人品高格。澶州，在今河北清豐縣西南；送客至黎城（卷十三）：

「山連長狄國，水過鄴王城。」

秋，除河東轉運副使。有予昔爲河東漕屬吏部郎中呂得和出總漕計與予情均兄弟後開府荆渚惠書有人生難得相知之語予後官守鎮京兆聞呂之訃因發篋得舊詩感而作此詩（卷十六）。

四庫提要辯證卷二十二：「是年之秋，李復爲河東轉運副使，其後遂罷職奉祠。」

在河東轉運使任上，作河東鹽法議（卷一）。認爲對於鹽業，不論官自賣、客販還是官賣及客販兼行，均有其弊。因而提出「乞將本路盡行解釋，給將解鹽文鈔三十萬席付本司，依陝西例分擘與沿邊州軍，許客人用見錢請買，或入中斛斗算請般販解鹽前來，聽其自便。將兩監及馬城池鹹地，盡令開耕，嚴禁私煎，立定日限，令巡尉躬親遍行點檢。如私販於他處販獲，並連私煎及巡捕透漏皆坐罪，……」針對具體情況，提出切實可行的舉措。回舒之翰承議書（卷四）大概作於此書之後，仍論鹽法。「本司已奏乞罷燕復及乞禁抑配立法。……不敢變前日已奏之議。」概此書在河東鹽法議之後。

李復在此年亦任京西轉運副使職。書郢州孟亭壁（卷六）：「予崇寧四年秋九月將漕幾右，巡按過郢。……」作謝京西路轉運副使到任表（卷二）：「朔部分符，中玷兩河之邑；豫疆持節，東依千里之畿。……」欒城集卷二十三京西北路轉運使題名有「由是京西始判……南治襄陽，北治洛陽，……」

資治通鑑長編卷二百三十七記載：「（熙寧五年八月）乙亥，詔以京西路分南北路：襄，郢……八州爲南路；京西，孟，陳……七州，信陽軍爲北路。」大概李復所任的京西路轉運副使的治所在洛陽，谷水與洛水從正西和西南方交匯於此。這裏的「兩河之邑」即指洛陽。其間有詩過襄陽（卷十四）：「表裏山川舊楚畿，棄關乘險事皆非。」

秋，巡按過郢，訪孟亭，見其久廢，論假守錢劭復立之。孟亭，舊名浩然亭，以孟浩然與王維相遇後，戲其寒峭苦吟之狀於茲亭而得名。後易名爲孟亭。孟浩然，名浩，字浩然，襄陽人，人稱孟襄陽。早年隱居在離襄陽城三十里的鹿門山，因此襄陽城內東北角「鑑湖」附近曾建有「孟亭」（今湖北省鐘祥縣境內）。皮日休有郢州孟亭記。

歸途中作江行至黃牛廟山特奇秀晚檥舟廟下留詩於壁（卷九）：「明朝走夷陵，便入襄陽道。從此步平陸，歸程已可料。」夷陵，在湖北境內。

過葉縣（卷二）：「襄城已遠方城近，圖志分疆入楚封。」葉縣在今河南葉縣南。

久翠堂辭（卷七）中有「雖度荆郢沅湘之音」，且系於此年。

西夏侵擾宋邊境。徽宗以童貫爲熙河、蘭湟、秦鳳路經略安撫制置使。是爲貫握兵權之始。宋史卷二十徽宗本紀二記載：「四年春正月（崇寧）……丁酉……以內侍童貫爲熙河蘭湟、秦鳳路經略安撫制置使。」以童貫爲熙河、秦鳳路經略安撫制置使，經營西邊。顯然，童貫在西北的權力空前膨脹。李復在崇寧三年至四年期間被頻頻調任，也許正是因爲開罪於煊赫一時的權臣蔡京與童貫，且「每執正議，不爲勢利之所移奪」的緣故。後李復也以抗論迕童貫輩，罷職奉祠。童貫，北宋宦官，字道夫（一作道輔），開封（今屬河南）人。性巧媚。初任供奉官，助蔡京爲相。京薦其爲西北監軍，領樞密院事，掌兵權二十年。宣和四年，攻遼失敗，乞金兵代取燕京，以百萬貫贖燕京等空城而回，侈言恢復之功。七年，金兵南下，由太原逃至開封，隨徽宗南逃。欽宗即位，被處死。宋史列爲「奸臣」。

三月，陶節夫率兵收復銀州（今陝西榆林東南）。西夏派兵攻打塞門寨（今陝西安塞西北）。宋夏再次爆發戰爭。四月，遼遣使到宋，請宋退兵，宋不允。西夏爲此頻繁侵擾宋境，並與吐蕃軍隊會合，攻打潢州（今青海樂都）。後又進逼宣威城（今西寧市北），殺知州高永年。

黃庭堅卒。庭堅字魯直，號山谷道人，晚號涪翁，洪州分寧（今江西修水）人。治平進士，早年以詩詞受知於蘇軾，與張耒、晁補之、秦觀並稱爲「蘇門四學士」，創「江西詩派」。有豫章黃先生文集、山谷琴趣外篇。

宋徽宗崇寧五年（一一〇六）　五十五歲

作與喬叔彥通判書二（卷五）：「某來畿右，行將二年。」在此書中，李復亦云：「公私無補，但奔走無定。……」可知他幾年之間頗爲奔波輾轉。

八月，又至郢州，孟亭已立，書幼昔所聞及皮日休論孟浩然詩之語於亭壁，作書郢州孟亭壁（卷六）。

京西轉運使任上，作京西初歸作（卷十四）。

二月，罷蔡京尚書左僕射。宋史卷二十徽宗本紀二：「五年……二月……丙寅，蔡京罷爲開府儀同三司、爲開府儀同三司、中太一宮使。」趙挺之任相。

宋夏停戰和好。宋徽宗統治時期，實行開邊政策，對西夏造成嚴重威脅。爲了維護西夏政權的穩定，夏崇宗（即乾順帝）請求遼出面斡旋，欲讓宋停止用兵，歸還佔領的西夏領土。宋崇寧五年，遼天祚帝派使臣爲西夏請和，要求宋將元符和議以後所取的西界土地歸還給西夏。宋同意歸還崇寧以來佔領的西夏土地。七月，西夏奉表向宋謝罪，宋徽宗下令歸還佔領的西夏土地。

宋徽宗大觀元年（一一〇七） 五十六歲

正月，蔡京復尚書右僕射兼中書侍郎。宋史卷二十徽宗本紀二：「大觀元年……甲午，以蔡京爲尚書左僕射兼中書侍郎……」

九月，程頤卒。程頤字正叔，世稱伊川先生，河南洛陽人。早年與兄顥同學於周敦頤，二人學說也基本一致，主張格物致知，以「天理」爲哲學的最高範疇。有易傳、顏子所好何學論等。

宋徽宗大觀三年（一一〇九） 五十八歲

約於此期作答李公蘊（卷十六）：「自歎東西求斗禄，兵戈已過十年生。」

蔡京復被罷相。

宋徽宗大觀四年（一一一〇） 五十九歲

大約此年知夔州。謝夔州到任表（卷二）：「比嘗塵疏，願終亳社之仙祠；今須拜恩，俾載江寧之侯旆。……」夔州（在今重慶市奉節縣）。

宋史卷二十徽宗本紀二：「是歲（四年），夔州江水溢。」李復此前曾治黃河，積累了丰富的治水經驗，大概此年調知守夔州以應付水患。

李復入蜀在夔州任上所爲值得注意。他的夔州藥記（卷六）是一篇反映官員在西南地區引導民衆棄巫信醫、努力挖掘地方藥材資源重醫治病的典型文獻，他曾在種藥賦（卷七）有言：「藥，山蘋也，求必養之，而後用焉。」在夔州藥記中亦說：「予少亦留心于醫，家人輩疾病未嘗呼醫，率多自療。」可見李復對醫藥頗有研究。經過多年積累，他以爲「古之醫者於藥，皆就其所出之地，按其節候之早晚，及運氣所宜，率自採之，故其藥多效。」而「今醫者不能通知其意，妄用臆說，無不有失。」尤其在目睹夔州當地情形後，更加痛心：「夔居重山之間，壅蔽多熱。又地氣噫泄而常雨，土人多病瘴瘧，頭痛脾泄，略與嶺南相類。他處藥材皆不至，市無藥肆，亦無學醫者。其俗信巫而不求醫，人無老幼，不問冬夏，飲茱萸茶一兩杯，以禦山氣。……多病而不知治療。……」對這種狀況，他採取了各種方法：「博爲詢訪，欲求土產藥，區處以療之。」尋訪當地老鄉，瞭解當地藥材資源、藥性特點與對症藥方，認真地「寫其枝葉花實之形，繪而爲圖，録其治療、性味、畏惡相得之性，詳而爲經」。整理成篇以爲醫書，同時還以此爲教材，「擇鄉民之可教者，命學之，以成一方之醫」。革除當地由來已久的「信巫而不求醫」的落後習俗。他的努力真正惠澤一方：「其所說藥品種甚多，皆在本草外云。云其採之，各有用。……荒山僻遠，土人皆如此服食，病皆良愈。異乎哉，真古之良醫用藥也。」夔州地區瘴氣極爲嚴重，李復此舉反映出「不爲良相，即爲良醫」的可貴情愫。

任夔州時，有詩夔州旱（卷十一）：「夔人耕山灰作土，散火滿山龜卜雨。春日不知秋有饑，下種計粒手中數。七月八月旱天紅，日脚散血龍似鼠。汙邪甌窶高下荒，草根木皮何甘苦。蠻商姦利乘人急，緣江轉米貿兒女，己身死重別離輕。歸州州南神有靈，歸人刲羊求山神。驅風灑潤應香火，飛點不到巫山村。巫山縣南也伐鼓，不告歸神告神女。江心黑氣卷江流，雷車載鬼雲中語。太守身作勸農官，子粒今朝多貸汝。春種須作三年計，上滿隆原下水滸。他時更勉後來人，老去子孫無莽鹵。」文定集卷四曰：「夔州路最爲荒瘠，號爲刀耕火種之地。」[一]此詩既反映了李復在巴蜀真切感受到的異風異俗，即夔州生民所保留的原始形態的勞作方式和觀念，又反映了夔州畬田因七月、八月持续亢旱而饑民不得不以草根樹皮充饑的心痛情景。值得注意的是，在宋代，包括夔州在内的西南地區，依然停留在原始落後狀態，普遍流行着諸如「殺人祭鬼」、「信巫不信醫」等現象。來此的官員人士則起到了普及教育、移風易俗的重要作用，他們超越爲官職責的「分内」範圍的所爲，典型體現了古代文人所特有的對儒家使命的終極關懷和雖「處江湖之遠」依然踐履關懷民瘼的文化理念。對於入蜀文人官宦對當地發展所起的作用，已有學者關注並進行了相關研究。

登夔州城樓（卷十四）：「夔州城高樓崔嵬，浮空繞檻雲徘徊。百川東會大江出，羣山中斷三峽開。關塞最與荆楚近，舟帆遠自吳越來。雄心乘險争割據，功業俯仰歸塵埃。」該詩的格調與縮寫夔州之景正是一致。夔州山勢險峻，江流齊湧。李復之詩也體現出一種急速流盪、雄壯有力的氣勢，有高古之情。

夔州任上有賦杜子美劉夢得遺事（卷十五）：「秋去書懷傳北客，歸時遺曲祠蠻神。……嗟我南來心跡似，臨風把酒寄情親。」

大江（卷十四）有：「西南水會大江出，萬里奔激瞿塘開。……岷山發源四瀆長，盧峰白浪九道來。」

玉泉寺（卷十一）有：「鳴鐘擊鼓四百年，法席巍巍傾楚蜀。」

送解敞（卷十）有：「飛魂不可關，昨夜先到蜀。」

峽山遇雨（卷九）有：「侵曉登楚山，山峻苦難陟。」具有明显的楚地特色。

荆門軍蒙泉（卷十四）有：「美潤散分周下澤，餘波還入楚江流。」

[一]（宋）汪應辰：文定集，北京：中華書局，一九八五年叢書集成初編，卷四御劄問蜀中旱歉書一問奏。

寄延帥趙龍圖禼(卷十三)有：「瘴嶺有毒霧，鳴沙無美田。」

再過方山驛(卷十三)有：「南來心不競，時羨北歸人。」

其他詩作還有夔州制勝樓(卷十四)；樂章五曲(卷七)；過方山驛(卷十六)；題武侯廟(卷十四)。

別夔州衆官(卷十六)：「半年漁浦巴城守，兩任雲臺太華宮。豈欲背時聊免俗，但能省事略成風。玉泉古剎須留客，峽水安流好向東。祖帳聯翩催棹急，臨溪灑淚落丹楓」「須留客」寫出臨行之際的惜別之情。「臨溪灑淚落丹楓。」，楚地本多是潮潤的，何況微雨連江，霧氣度空而來，一切都變得遲緩了，正與「急」字相襯。而當我們縱觀李復一生的際遇，則詩中所含的離情別緒與他整個人生旅途的坎坷不平融爲一體。

李復自陳「每自侍其愚直，故動忤於權貴，敢萌怨尤，分甘流俗。知公議之有在，荷聖朝之不遺。察臣志不圖於妄動，知臣利匪在於苟求……使安靖而少康，益堅素心。……」他性情耿直狷介，但結果是「方講此而予遽得罷」(卷六夔州藥記)。可見這次仕途受挫出乎他的意料，且對他的內心打擊很大。

宋徽宗政和元年(一一一一) 六十歲

兩次以刑部郎官的身份提點雲臺觀。曾作再任提點雲臺觀(卷十四)：「三生難轉靈源靜，六歲空驚迅景催。欲挹蓮花峰頂水，普將甘冽淨浮埃。」再授雲臺觀過華陰題此(卷十六)。

李復及其思想研究中認爲李復提點雲臺觀在知夔州之前，誤。十駕齋養新録卷十四云：「其後嘗爲刑部郎官奉祀。又嘗改知夔州，再任提點雲臺觀。」答夔州舊僚被召見寄(卷十四)中有「聖恩優厚得西還，又向雲臺作地仙。」別夔州衆官(卷十六)中有「半年漁浦巴城守，兩任雲臺太華宮。」

次兄李革卒。「居士李氏，諱革，字行之，余次兄也。……政和元年正月初一日終，享年六十有四。……銘曰：剛其直也，弗悔於劌；復其克也，勿慊於忌。裕乎其高，不以跂，其鬱不爲躓。藐矣，其有以眇乎，非苟以爲異。」(卷八李居士墓誌銘)

由李復爲其次兄縮寫的銘文可見，李革的耿直態度與李復如出一轍。藉爲其兄寫墓誌銘的機會，在緬懷其兄的同時，更像是爲自己仕宦生涯作一總結。也許正是經過對宦海沉浮的反思，才真正使自己的「素心」爲之「益堅」。這大概是李復以隱晦的方式所昭示的人生境界與追求。這與張載的西銘，呂大臨的克己銘有異曲同工之妙，只不過與前兩者相比更加具體。

此後，李復罷官。宋史翼卷八云：「以議邊事不合，罷官久之。」

宋徽宗政和二年（一一一二）六十一歲

十月，蘇轍卒。蘇轍字子由，一字同叔，號潁濱遺老，眉州眉山（今四川）人。爲唐宋八大家之一，有欒城集、春秋集解、詩集傳、古史、龍川略志、龍川別志、老子解等。

宋徽宗政和四年（一一一四）六十三歲

張耒卒。耒字文潛，淮陰（今屬江蘇）人。著有宛丘集。

宋徽宗政和六年（一一一六）六十五歲

於此年之前累加集賢殿修撰。

容齋隨筆・容齋四筆卷第六記李履中二事：「（李復）官至中大夫、集賢殿修撰。」

説學齋稿卷四潏水集序：「潏水集四十卷，宋中大夫、集賢殿修撰李公之文。」

宋元學案卷三十一呂范諸儒學案表・修撰李潏水先生復「李復，……以進士累官中大夫，集英殿修撰。」

書潏水集後：「關中稱名儒者，必曰履中也，官至中大夫，集英殿修撰……」

宋史卷一百六十四：「政和五年四月，詔秘書省殿以右文爲名，改集賢殿修撰爲右文殿修撰。」

宋史卷一百六十四：「政和六年，始置集英殿修撰、右文殿修撰、秘閣修撰。」

作問候集賢相公啓（潏水集卷二）。

宋徽宗政和七年（一一一七）六十六歲

約於此年後賦閑十餘年。「見齒清時，蒙還舊物，十年屏跡，形凋墜谷之憂……」（卷二謝復任表）「當權者遷怒，枉退閑十餘載，……」（夷堅志戊卷十宋都相翁）。

八月二十九日，妻范氏以疾終。「於政和七年八月二十九日以疾終，享年五十有七」。范氏品質純正，「不喜以人之得失供談笑，亦惡以驕浮尚人，……」又極爲勤儉，「服用極素約，而經理內事又勤，故予得奔走盡心於外事。……政和七年八月二十九日以疾終，享年五十有七。……氣昇魄降，何逮歸兮。……」（卷八范恭人墓誌銘）十二月七日，其妻葬於長安縣杜城之原，作恭人范氏墓誌銘。

十二月，作李居士墓誌銘（卷八）。李革，字行之。京兆人。李復次兄。政和元年正月初一日終，有二子，長曰約，次曰經，皆業進士；有孫男三人，皆幼；有女二人。政和七年十二月庚申葬於長安縣。敘其兄李革「卓犖不羈，倜儻有大志」的性格。早年「欲以功能見於世」，故「勉就科舉」，但卻黜於禮部，於是歸還鄉里，「自是觀羣書，優遊里閈，不復以仕進爲意。」

宋徽宗宣和二年（一一二〇）六十九歲

作論治道奏（卷一）：「聖人御天下也必以道」，如果將道隱於「綱紀、法度、禮樂、德政之間」來弘揚，並且「不以喜而妄予，不以怒而妄罰」，則可以「四海安然而無事，至千萬世而無弊」，並且「使居官者修其職，安其分，而不敢妄作，不敢苟悅，無狂易徼幸之心；百姓守其業，樂其生，無橫擾困苦之患。」作議禮奏（卷一）：「聖王治世莫重於禮，事不由於禮，無巨細皆不可行。」周禮所傳無幾，今禮尚未完備，因而要詔有司「據于古而不泥，宜於今而不陋，著爲一代之典」。強調禮至關重要。

此兩奏中有「累聖循之，迄今一百六十年……」、「國朝承平一百六十年……」，「一百六十年」系約數，姑且系二文於此年。

宋徽宗宣和三年（一一二一）　七十歲

正月，周邦彦卒。邦彦字美成，錢塘（今浙江杭州）人。有清真居士集，已佚，今存片玉詞。

宋徽宗宣和六年（一一二四）　七十三歲

十月，宋徽宗再次下詔，重申禁毁蘇（洵、軾、轍）黄（庭堅）之文。

宋徽宗宣和七年（一一二五）　七十四歲

宋徽宗時，作上徽宗乞限田奏（歷代名臣奏議卷一百十二）。就當時雖有「限田之法，未嘗推行」，而日益嚴重的兼併問題，使「豪滑高貲多張術以網羅之……弱者日浸以削，歲有不登則有轉徙流散之憂」，提出「願詔有司重爲講究，别爲立法，官戶百姓各爲裁抑。」仍不忘社稷、關心民生。

十二月，宋徽宗退位，皇太子趙桓即皇帝位。趙桓廟號爲欽宗，故史稱宋欽宗。

宋徽宗靖康元年（一一二六）　七十五歲

上賀皇太子登寶位表（卷二）。「伏睹去年十二月二十四日手詔，皇太子即皇帝位……」

十駕齋養新録卷十四：「而集中又有賀皇太子登寶位表，則靖康丙午歲履中尚無恙，其壽已七十有五……」

宋史卷二十二徽宗本紀四：「七年（宣和）十二月，庚辰詔内禪，皇太子即皇帝位。」宋史卷二十三欽宗本紀：「靖康元年春正月丁卯朔，受羣臣朝賀。……」

李昭妃卒。

种師道卒。

金軍過黄河，宋徽宗南逃。

宋高宗建炎元年（一一二七）　七十六歲

高宗以復舊德知兵，強起李復爲秦鳳路經略使。

九月，李復臨危受命守秦州（今甘肅天水）空城。潏水集卷二代入京兆謝上表：「沉舟已棄，但興駭浪之悲；戴盆至幽，忽被容光之照。起于久廢，付以中權。……委秦關之藩服，屢懷故授，薦殿名城。……自省遭逢，惟慚忝冒。臣方力圖涓末，期寬霄旰之憂；遙睇雲天，徒結痗勞之思……」

宋史翼卷八：「復以老且病，高宗以舊德強起之，知秦州空城。」

梁溪集·建炎時政記：「六月十三日，是日三省、樞密院同奉旨，唐重除本閣學士，差知京兆府。……李復陞職一等，差知秦州……」

攻媿集·靜齋遷論序：「腐夫握兵，以抗議不合，坐廢歲久。賊犯關中，年高且病，乃以爲舊德知兵，強起以守秦州空城。」

三月，金人立張邦昌爲帝，國號大楚。

四月，宋徽、欽二帝被虜北去。

五月，康王趙構即位，改元建炎，爲高宗。重建宋王朝，史稱「南宋」。李綱爲相。

宋高宗建炎二年（一一二八）　七十七歲

宋史卷二十五高宗本紀二：「金人陷秦州，經略使李復降。」

建炎以來繫年要録卷十三「建炎二年二月」：　壬午，（金將）羅索既陷同州，系橋以爲歸路，西陷陝、華、隴、秦諸州。秦鳳經略使李復生降，陝右大擾。」羅索，金貝勒，女真人，字斡里延，完顔部人，舊作婁室斡里延。（御批歷代通鑑輯覽卷八十），曾任陝西諸路鋒都統，死於紹興元年乙亥（建炎以來繫年要録）卷四十八）。

宋十朝綱要卷二十一：「建炎二年正月辛亥，金人陷秦州，本經略使李復降，虜勢益張，引兵犯熙河。」

攻媿集卷五十二靜齋遷論序中記載：「（李復）年高且病，乃以爲舊德知兵，強起以守秦州空城，卒死於職。此志士仁人之所痛也。」

三朝北盟會編卷一百一十六：「建炎二年三月二十六日庚戌……婁室殘長安，鼓行而西，跨鳳翔府汧隴，不浹旬，降秦州，垂頭，熙河，隴右大震。」(四庫本無「垂頭」二字)。

宋史翼卷八：「(李復)知秦州，空城無兵，卒死於賊。」

宋元學案卷三十一呂范諸儒學案表・修撰李潏水先生復：「高宗以舊德強起之知秦州。空城無邊卒，死於賊。」祖望僅案：宋史不爲先生立傳，洪文敏公特載二疏於容齋中，稱其忠鯁，然似未知先生之死事者。若知之，則宋史曾經文敏之手，不應但附見之邢恕傳中也。梓材僅案：……全祖望於李復死事知之未詳。李復復出，官秦鳳經略使，降于金，不知所終。故其不進正史，或當因此故也。」

十駕齋養新録卷十四：「(李復)不知終於何年也。」

可見，關於李復的結局問題，文人文集與諸史中存在巨大反差。值得注意的是，錢端禮在書潏水集後序中有「關中稱名儒者，必曰履中也……其行事之詳，備見於史諜云。……」這表明即便晚至此時，李復行事於史書中尚有記載。此外，樓鑰曾在奏摺中引用李復震雷記事例，而錢端禮、錢象祖祖孫不懈努力，將潏水集「刻於公庫，以成先志」，顯然潏水集是由國家出資刊刻。這些資料似乎表明，在當時李復殉國是世人共識。如果是「叛臣」，樓氏應不會在奏摺中援引其事例。

三朝北盟會編、建炎以來繫年要録與宋十朝綱要所載史實在時間上略有出入，雖均繫於建炎二年，但三朝北盟會編爲三月，建炎以來繫年要録爲二月，宋十朝綱要又記爲正月，這反映出資訊的不確切。除此之外，不論是李心傳(一一六六—一二四三)還是李埴(一一六一—一二三八)，都晚於徐夢莘(一一二六—一二〇五)、樓鑰(一一三七—一二一三)以及洪邁(一一二三—一二〇二)等人，錢端禮則或年紀更長。徐氏可能不是很瞭解當時戰事，所以在三朝北盟會編中並未對李復究竟是殉國還是降敵下斷言，只寫「降秦州」。樓鑰則直言「卒死於賊」，很爲之痛心。洪邁亦「稱其忠鯁」，其容齋隨筆・四筆卷六記李履中二事亦未言李復之結局，全祖望以爲因爲其「未知先生之死事者。若知之，則宋史曾經文敏之手，不應但附見之邢恕傳中也」。生當建炎時諸公應該比晚於他們三十餘年的李心傳、李埴所載史事更準確。李復結局問題尚存較大爭議，有待進一步研究與辨析。

宋孝宗淳熙九年（一一八二）

李復潏水集經錢端禮、錢象祖努力終刊刻於信州，得以行世。

說學齋稿卷四潏水集序：「參知政事、觀文殿學士吳越錢忠肅公，從公之孫黿年、黿朋得公文集，將刻而傳之，不果。錢公之孫、左丞相、成國公象祖，稱公學問淵源，文章爾雅，議論淳正。淳熙九年守信州，乃刻於公庫，以成先志。今百七十年矣。」且敘其得潏水集經過：「素少讀夏書，建安蔡氏于禹貢『導河積石』之下，引公數言，且謂公之學甚博。自是欲求公他文，久而勿得。比供奉翰林，始獲讀公全集，猶是賈丞相似道家本。廣州舒彬文質以書來言曰：『吾郡所刻潏水集僅存而多脫落。彬遊京師，遂摹刻其書以來。彬又從儒學假以舊藏本，補其闕以遺素，仍假翰林本校定。然彬與素皆貧，恨力不能完其板，故序識之，使吾後之人知先正之文日就湮沒，其難致如此。彬之高誼，詎可忘哉！』」危素慕其學識，敬其高格，因而望能傳其文。

四庫全書總目卷一百五十五集部八別集類八：「集本四十卷，乾道間嘗刻於饒郡，即朱子所謂信州本也。」所謂「乾道間嘗刻於饒郡」，誤。余嘉錫四庫提要辨證卷二二已駁其非。」〔一〕

〔一〕 余嘉錫：四庫提要辨證，北京：中華書局，一九八〇年，第一四〇七頁。

後記

春去秋來，轉眼即进入收穫季節。當農人們臉上綻放出豐收的喜悦之情的時候，我的内心也洋溢着不盡的歡樂。一年半前，由恩師劉學智教授提攜，出於研究的興趣和濃厚的鄉土情結，我接下了收入關學文庫的李復潏水集的整理任務。而今，這一工作伴隨着最後一遍標點核校的結束而宣告完成。

二〇一一年五月底完成畢業論文答辯，安頓好工作，兒子順利出生後，幾分喜悦之餘，一切又復歸於平靜。在工作與繁瑣的家務之餘，我幾乎用了全部時間來完成這一神聖而又艱巨的研究任務。中間斷斷續續，歷一年有餘，現在終於爲這本文集的校點畫上了最後一個句號。其間翻閱了大量資料，儘可能充分吸收了學界有關李復及其思想研究的相關成果。尤其是李東峰先生的李復及其思想研究（陝西師範大學歷史文化學院二〇〇七届碩士論文）和梁曉菲女士的李復年譜及其交遊考（西北大學文學院二〇〇九届碩士論文），對本點校工作的順利完成起到了重要的作用。另外，在本文集整理以前，全宋文和全宋詩已經分別將李復之文和詩分別納入其中進行了整理，也爲本文集的整理提供了重要的參考。在整個文集的整理過程中，多承師友戚好幫助。劉學智老師曾多次就文集整理的相關問題進行耐心而又詳盡的解答，摯友張波、米文科、邸利平、張瑞元及陝西師大圖書館古籍室的陳典平博士也在繁忙的工作、學習之餘，爲我提供了許多很有價值的參考資料，學友陝西師範大學歷史文化學院教師盧中陽博士幫我解決了許多疑難字的輸入問題，西北大學出版社的黄偉敏先生更是爲本書的出版付出了艱辛的勞動，在此一併致謝！

關中學術，源遠流長，博大精深。李復，作爲長安名儒，秉承了關中學術「學貴自得、務求實用」的傳統，爲今日我輩關中後學繼承關學優良傳統、進一步弘揚關中文化，樹立了良好的榜樣。關學宗師張載曾言「文要密察，心要弘放」，對我們的學術研究和爲人提出了嚴格的要求和期望。踏着張載、李復、呂柟、馮從吾、李二曲、李元春、劉古愚等先賢的足跡，今日關中後學在振興關中、復興關學方面已邁出了堅實的步伐。希望我們在奮起直追、弘揚關學精神的未來道路上能真正將張載的「四爲」精神發揚光大，以無愧於前賢，嘉惠於學林！

魏濤

二〇二二年十月識於鄭州

圖書在版編目(CIP)數據

李復集/（宋）李復著．魏濤點校、整理．—西安：西北大學出版社，2014. 10

（關學文庫/劉學智，方光華主編）

ISBN 978-7-5604-3518-3

Ⅰ. ①李…　Ⅱ. ①李…②魏…　Ⅲ. ①李復（1052～?）—理學—文集　Ⅳ. ①B244. 99－53

中國版本圖書館 CIP 數據核字(2014)第 242125 號

出品人　徐　曄　馬　來

篆　刻　路毓賢

出版統籌　張　萍　何惠昂

李復集　[宋]李復 著　魏濤 點校整理

審定專家　駱守中　**責任編輯**　黄偉敏

裝幀設計　澤　海　**版式統籌**　曹勁剛

出版發行　西北大學出版社

地　址　西安市太白北路 229 號　**郵　編**　710069

網　址　http://nwupress. nwu. edu. cn　**E－mail**　xdpress@ nwu. edu. cn

電　話　029-88303593　88302590

經　銷　全國新華書店

印　裝　西安華新彩印有限責任公司

開　本　720 毫米×1020 毫米　1/16

印　張　21. 5

字　數　336 千字

版　次　2015 年 1 月第 1 版　2015 年 1 月第 1 次印刷

書　號　ISBN 978-7-5604-3518-3

定　價　78. 00 圓